新しい教職教育講座 教職教育編 ⑫
原清治／春日井敏之／篠原正典／森田真樹 [監修]

教育相談

春日井敏之／渡邉照美 [編著]

ミネルヴァ書房

新しい教職教育講座

監修のことば

　現在，学校教育は大きな転換点，分岐点に立たされているようにみえます。

　見方・考え方の育成を重視する授業への転換，ICT教育や特別支援教育の拡充，増加する児童生徒のいじめや不登校への適切な指導支援，チーム学校や社会に開かれた教育課程を実現する新しい学校像の模索など。切れ間なく提起される諸政策を一見すると，学校や教師にとって混迷の時代に突入しているようにも感じられます。

　しかし，それは見方を変えれば，教師や学校が築き上げてきた地道な教育実践を土台にしながら，これまでの取組みやボーダーを超え，新たな教育を生み出す可能性を大いに秘めたイノベーティブな時代の到来ともいえるのではないでしょうか。教師の進むべき方向性を見定める正確なマップやコンパスがあれば，学校や教師の新たな地平を拓くことは十分に可能です。

　『新しい教職教育講座』は，教師を目指す学生や若手教員を意識したテキストシリーズであり，主に小中学校を対象とした「教職教育編」全13巻と，小学校を対象とした「教科教育編」全10巻から構成されています。

　世の中に教育，学校，教師に関する膨大な情報が溢れる時代にあって，学生や若手教員が基礎的知識や最新情報を集め整理することは容易ではありません。そこで，本シリーズでは，2017（平成29）年に告示された新学習指導要領や，今後の教員養成で重要な役割を果たす教職課程コアカリキュラムにも対応した基礎的知識や最新事情を，平易な表現でコンパクトに整理することに心がけました。

　また，各巻は，13章程度の構成とし，大学の授業での活用のしやすさに配慮するとともに，学習者の主体的な学びを促す工夫も加えています。難解で複雑な内容をやさしく解説しながら，教職を学ぶ学習者には格好のシリーズとなっています。同時に，経験豊かな教員にとっても，理論と実践をつなげながら，自身の教育実践を問い直し意味づけていくための視点が多く含まれた読み応えのある内容となっています。

　本シリーズが，教育，学校，教職，そして子どもたちの未来と可能性を信じながら，学校の新たな地平を拓いていこうとする教師にとって，今後の方向性を見定めるマップやコンパスとしての役割を果たしていくことができれば幸いです。

　　　　　　　　　　　　　　監修　原　　清　治（佛教大学）
　　　　　　　　　　　　　　　　　春日井敏之（立命館大学）
　　　　　　　　　　　　　　　　　篠　原　正　典（佛教大学）
　　　　　　　　　　　　　　　　　森　田　真　樹（立命館大学）

はじめに

　本書は，大学で教師を目指して学んでいる学生の皆さん，および日々学校現場で児童生徒と向き合いながら教育実践を重ねている若手教師の皆さんを意識して編集，執筆されています。各章の執筆者はすべて，その分野において第一人者として研究，教育，実践をリードされてきた研究者の方々であり，一読していただければわかりますが，学生の皆さんから若手，中堅，ベテランの先生方にとっても豊富な知見と示唆に富んだ内容となっています。

　児童生徒との教育相談に際して，聴くこと，対話することの重要性が指摘されていますが，これはどのようなことを意味するのでしょうか。たとえば，児童生徒の言動の意味を分析することから理解を図るのではなく，その前に，そこに含まれた願いや感情を受けとめながら児童生徒と一緒に考えるというプロセスを大事にしているでしょうか。

　教師には，縦の上下関係ではなく，児童生徒と横のフラットな関係を意識的につくりながら，「問う，聴く，語る」ことを大切にした丁寧な双方向のコミュニケーションが求められています。児童生徒と対話する関係は，そんなところから生まれてくるからです。たとえば，児童生徒の小さな自己決定を教師が尊重しながら，「10年後，あなたはどんな人になっていたい？」といった本質的な問いを投げかけ，教師自身も小中高校の頃自分はどんな子どもだったのか，進路の夢や挫折，葛藤なども含めて語ることを大切にしてほしいのです。教育相談の際にも，「あなたはどうしたいの？」「担任として，私にできることは？」「Aさん最近元気ないんだけど，何かあったのかな？」といった児童生徒に聴く姿勢を大切にしてほしいのです。

　『教育相談』をテーマとする本書の内容に関して，序盤，中盤，終盤の3つに分けて少し紹介しておきます。

　序盤では，教育相談をどのように捉えたらよいのかについて論じています。今日の教育相談にとって，歴史的経過も含めて理解しておくことは，多職種連携を進めていくうえで，重要になっています（第1章）。加えて，教育相談の主

たる対象である児童生徒を取り巻く社会状況，家庭状況についての理解は，児童生徒理解を深めるためにも重要です（第2章）。さらには，教師の行う教育相談とスクールカウンセラーの行うカウンセリングの共通点と相違点，連携などについて検討し（第3章），教育相談と生徒指導の関係についても，教育相談を軸にした生徒指導のあり方について論じています（第4章）。教育相談の組織的展開にあたっては，「チーム学校」が機能を発揮していく必要があります。そのために，チームによる児童生徒支援のあり方について，具体的な事例をもとに検討しています。さらに，教師にとって求められている体制と姿勢の転換についても提起しています（第5章，第12章）。

中盤では，学校における教育相談の具体的な展開について，開発的支援，予防的支援，問題解決的支援の視点から論じています。具体的には，次のテーマに即して検討しています。それは，ピア・サポートからのアプローチ（第6章），認知行動療法からのアプローチ（第7章），学級づくりにおけるアプローチ（第8章），問題行動への指導・支援におけるアプローチ（第9章），インクルーシブ教育におけるアプローチです（第10章）。

終盤では，教育相談におけるリスクマネジメントについて論じています。まず，保護者との教育相談のあり方，どのように保護者と向き合っていくのかについて，具体的に検討しています（第11章）。さらに，問題への初期対応，重大事態への対応，予防のための中長期的対応を含めたリスクマネジメントと教育相談のあり方について，政策動向を踏まえながら検討しています（第13章）。

本書は，大学における半期の授業を想定して，全13章で構成されていますが，それぞれ独立した内容となっていますので，関心のある章から読み始めていただければ結構です。また，各章の末尾には，「学習の課題」と「さらに学びたい人のための図書」が紹介されています。グループでの議論や今後の学習に生かしながら，テーマに関する探究を深めていっていただくことを期待しています。

編者　春日井敏之
渡邉照美

目 次

はじめに

第1章 教育相談の歴史と変遷 … 1
1 教育相談への歴史的視点 … 1
2 教育相談とカウンセリングの誕生 … 3
3 戦前・戦中の日本における職業指導としての「教育相談」 … 5
4 戦後日本の教育相談とその展開 … 9

第2章 子どもの生きづらさと教育相談 … 19
1 教育相談が対応する児童生徒の困難や課題 … 19
2 子どもの生きづらさ … 21
3 成長にともなう生きづらさ … 23
4 生きづらさに関わりのある指標 … 26
5 不登校への対応にみる生きづらさ … 29

第3章 教育相談とカウンセリング … 35
1 教師に求められる臨床的視点とは … 35
2 「聴く」ということ,「待つ」ということ … 40
3 スクールカウンセラー … 42
　　——導入から現在まで
4 SCとスクールソーシャルワーカー … 48

第4章 教育相談と生徒指導 … 51
1 「生徒指導」とは … 51
2 「問題行動」とは何か … 54
3 積極的生徒指導としての教育相談 … 57

4　指導と受容の融合 ………………………………………………… 60
　5　チーム支援体制の確立 …………………………………………… 63

第5章　教育相談とチーム支援 …………………………………… 68
　1　教育相談から考えるチーム支援のあり方 …………………… 68
　2　事例でみるチーム支援の働き ………………………………… 77
　3　教育相談による児童生徒最優先のチーム支援 ……………… 83

第6章　教育相談とピア・サポートの可能性 …………………… 86
　1　教育相談におけるピア・サポートの可能性 ………………… 86
　2　ピア・サポートの歴史と動向 ………………………………… 87
　3　学校におけるピア・サポート ………………………………… 89
　4　ピア・サポートプログラムの構造 …………………………… 92
　5　2次支援・3次支援の必要な児童生徒にとってのピア・サポート …… 96

第7章　教育相談における認知行動療法の可能性 …………… 105
　1　人間の4つの機能 ……………………………………………… 105
　2　認知機能からのアプローチ …………………………………… 112

第8章　教育相談と学級づくり ………………………………… 122
　1　学校教育の目標と教育相談 …………………………………… 122
　2　学級づくりの目的と教育相談 ………………………………… 123
　3　生徒指導と教育相談 …………………………………………… 123
　4　子どもへの関わりの基盤としてのアセスメント …………… 125
　5　いまの時代に求められること ………………………………… 127
　6　学級の様態とリーダーシップ ………………………………… 129
　7　学級づくりを導く理論 ………………………………………… 131
　8　発達の包括的支援 ……………………………………………… 135

目 次

第9章　教育相談と問題行動への指導・支援……………………138

1. 子どもの問題行動とは何か……………………138
2. 問題行動と教育相談……………………144
3. いじめ・暴力と教育相談……………………148
4. 共存的他者としての教師像……………………151

第10章　教育相談とインクルーシブ教育……………………157

1. 特別な支援を必要とする子ども……………………157
2. 特別支援教育……………………158
3. 発達障害……………………160
4. インクルーシブ教育……………………166
5. インクルーシブ教育と連携……………………168

第11章　なぜ保護者との向き合い方に悩むのか，どう自信をつけていくか……………………173

1. 連絡帳事件……………………173
2. 好きでなった教師だけど……悩む……………………175
3. ヘリコプター・ペアレント……………………176
4. 「指摘・お尋ね」「要望」「苦情」そして「イチャモン（無理難題要求）」……………………177
5. 教師は理屈，保護者は思い……………………179
　　──怒りのこぶしの源には？
6. 注意！　対応が難しいケースもある……………………181
7. 保護者は怖い⁉……………………183
　　──向き合うことでつながれる部分がある
8. 「40分の1」と「1分の1」の違い……………………186
9. 教師になることを目指したこころざしを胸に……………………187
10. 対話をしよう……………………189

第12章　教育相談の担い手である教師が子どもを支える仕組み…191

 1 チーム学校時代の教師の役割……………………………………………………191
 2 チームによる子どもの援助………………………………………………………194
 3 教師の連携を疎外するもの………………………………………………………198
   ——なぜ連携がうまくいかないのか
 4 チームで子どもを支えるためには………………………………………………203

第13章　教育相談とリスクマネジメント……………………………206

 1 学校教育におけるリスクマネジメント…………………………………………206
 2 学校教育における教育相談と政策動向…………………………………………208
 3 子どもとの出会いと学級担任……………………………………………………212
   ——学校教育相談の構造に触れて
 4 具体的な問題事象・状況へのリスクマネジメントと教育相談…………214

索　　引

第1章 教育相談の歴史と変遷

> **この章で学ぶこと**
>
> 　教育相談は教育の歴史のなかで多様な意味を込めて使われてきた言葉であるが，その意味を理解するためには少なくとも次の2つの面から捉える必要がある。その1つは，社会が学校教育に求める役割の変化に応じて変わってきた面である。そしてもう1つは，社会の変化が家族のかたちや生活スタイル，そして文化や情報などの変化を生み，それらが子どもの心身の成長に与える影響に対応しながら，学校が自らの役割を果たせるように子どもの発達を支援するなかで変わってきた面である。
>
> 　この章では，教育相談の役割と意味の歴史的な変遷を理解することを通して，今日の社会と子どもの状況が求める教育相談のあり方を理解し，現代の教師に求められる資質と能力への認識を深めることを目的としている。

1　教育相談への歴史的視点

　「教育相談」は子どもの教育の一端を現すものとして広く使われてきた言葉である。だがその意味は多様であり正確に理解するのは決して容易ではない。なぜなら教育相談という言葉は一般的に理解されているイメージとは別に，学校教育の歴史の中で非常に複雑な変遷を経て使われてきた言葉だからである。

　ちなみに『広辞苑（第七版）』（2018）を見ると，教育相談とは「子供の教育について，専門的な立場から診断し，助言・指導・治療などを行うこと。学校で教師や学校カウンセラーが行うほか，専門的な機関として教育相談所・児童相談所などがある」と説明されている。

　だが文部科学省が教師向けに刊行した『生徒指導提要（改訂版）』（2022）には，「教育相談の目的は，児童生徒が将来において社会的な自己実現ができる

ような資質・能力・態度を形成するように働きかけること」とあり、「生徒指導と教育相談を一体化させて、全教職員が一致して取組を進めることが必要です」と述べられている。

つまり『広辞苑』では、教育相談は学校の内か外かを問わず子どもに対する専門的な診断に基づく指導、助言や治療を行うこととされ、社会の一般的な認識を反映して個人を対象とした援助活動をイメージさせる説明になっているが、他方、文部科学省の説明では専ら学校における児童生徒への働きかけについて述べており、人間関係の調整や生活への適応など社会的適応に向けた自己理解と人格の成長を促すものとされている。

この違いに注目することは、学校で教育相談といわれる仕事の歴史と変遷を理解するうえで非常に重要である。というのは個々の子どもと教師あるいはカウンセラーとの間で営まれる、人格の成長の援助という一般的な相談活動のほかに、産業の発展と社会の変化に子どもを適応させるために学校に求められる仕事としての教育相談があることがわかるからである。

そこで改めて教育界で教育相談とみなされた活動の歴史を振り返ってみると、当初のそれは学校の外で始まったものであり、義務教育（当時は小学校）を終了する子どもを産業社会に巣立たせ定着させるための職業指導を指していた。それは子どもと企業とのマッチングを図り、仮に厳しい労働であってもそれを天職と意識させることで退職や失業に至る者を減らすために取り組まれていたが、やがてそれが学校が担うべき仕事とみなされるようになったのである。

そして産業社会が発展し中間層といわれる都市部の勤労者が多数派を形成するようになると、義務教育後の上級学校への進学がほとんどの子どもの問題になり、教育相談は個々の子どもの進路選択を支援する仕事になった。それは同時にエネルギーに溢れて受験勉強や学校の秩序に反抗する子どもを、学校の秩序に適応させる生徒指導の一部をも意味するようになったのである。

さらに情報化社会という激しく変化する社会に直面している現在、教育の名による学力競争は幼少期の子どもをも巻き込む家族ぐるみの様相を呈しており、その強いストレスの下で人間関係を病み精神が蝕まれる子どもの数は増えてい

る。そのなかで今日の学校にはいじめや授業妨害など他者への暴力や学習秩序崩壊などへの対応とともに，精神的混乱やストレスによって心理的葛藤を抱える子どもを適切なケアと支援につなぐことも求められている。

このように教育相談の歴史を学ぶことは，現代社会が求める教育と教師の役割をより深く学ぶことでもあるといえるだろう。

2 教育相談とカウンセリングの誕生

「カウンセリング」という言葉が誕生したのはアメリカにおいてであった。それは産業社会が発展し重化学工業の出現が産業構造を大きく変え，学校と社会をつなぐ「職業選択のための指導」が不可欠となった1900年代初頭（明治時代の末）のことである。

教育相談の原点となったカウンセリングは3つの運動として展開されたと考えられているが，その3つの運動とは「ガイダンス（職業指導）運動」と子どもの心理検査法の活用を意味する「教育測定運動」，そして精神障害者の内面理解の重要性に着目した「精神衛生運動」のことである。これら3つの運動の関係と発展の経緯については平木（1989）の『カウンセリングの話』に詳しく紹介されているが，ここではその要点を紹介しておくことにしよう。

第1のガイダンス運動は，産業社会の発展による農民層の分解と都市化の進展によって都市の人口が増加し，子ども・青年の職業選択の機会が急速に拡大した時代に登場したものであった。その運動はそれぞれの職業の特徴と個々の子ども・青年の個性との一致を図るという理念のもとで「天職との出会い」を支援するものだと考えられた。当時社会問題化していた増え続ける離職者や失業者の存在は，職業と個性との不一致が生み出した不幸な現象と捉えられ，その不幸を減少させる指導としてもガイダンスは期待されていた。

この運動のなかでカウンセリングという言葉を最初に使ったのはガイダンス運動の父と呼ばれているパーソンズ（Persons, F. 1854～1908）であった。パーソンズはこの運動の理念を「適材適所」と表現し，職業の分析と個人の特性の分

析をもとにして両者の適合を図ることは可能だと考え，両者の適合を図るガイダンスの方法をカウンセリングと呼んだのである。この意味におけるカウンセリングは，今日的な意味で考えた場合も学校における本来の進路指導の一部と考えられるが，当時のアメリカの学校ではそれはもっぱら職業指導の方法として導入され，「職業カウンセリング」という言葉も使われていたのである。

第２の教育測定運動は人間の知能や興味は定量的に測定可能だと考えたソーンダイク（Thorndike, E.L. 1874～1947）の提唱によって始まった。この運動の背景には技術の発展による戦争の巨大化や総力戦化があり，第一次世界大戦がもたらした人類史上初の国民総動員体制づくりからの要請があった。

徴兵された兵士に対する適材適所の配置が重要な課題となり，心理テストによる測定結果が活用された。そのために心理学者が大量に動員され，心理測定の方法である知能テストや性格テストが開発，活用されて飛躍的に発展したのである。その結果，1930年代に入ると心理測定の方法は学校にも導入され，職業カウンセリングのなかで積極的に活用されていくことになる。

しかし心理測定は人間の諸特性の一面を理解するうえでの補助的な手段にすぎないものである。にもかかわらずその方法が確立し対象が広がり内容が精緻化されるとともに，人々の人間観に多くの影響を与えるものとなっていった。測定の結果によって他者の特性を理解したつもりになり，それによって人間理解ができたかのような錯覚をも生み出すことになったのである。

そうした社会の動向に警鐘を鳴らしたのが第３の精神衛生運動であった。精神衛生運動を提唱したのはビアーズ（Beers, C.W. 1876～1943）である。彼は大学卒業後保険会社に勤務するが，3年目に発症したうつ病と自殺未遂による3年間の入院・転院体験があった。退院後には精神病院で行われていた入院患者に対する暴行と強圧を伴う悲惨で残酷な体験を社会に訴える手記を公表し，精神障害者が外面的な言動（症状）によって「異常」とみなされ，監禁などのひどい扱いを受けている現状を告発した。やがてそれをまとめた『わが魂にあうまで』を1908年に出版し，精神疾患を予防する精神衛生運動を提唱したのである。

そのなかでは，精神障害や神経症患者の人間としての内面世界（心理だけで

なく）を理解することの重要性を訴えているが，強調しているのは精神障害や神経症の早期発見と治療であり，治療の過程における患者の内面理解に基づく精神衛生的な配慮の必要性であった。

この運動をひとつの契機として一見「異常」とみなされる精神障害者の言動も理解可能な内的世界の表出であることが人々に理解され，アメリカの心理療法にも変化が生まれるとともに，その動向が職業指導における職業カウンセリングにも大きな影響を与えたといわれている。

3　戦前・戦中の日本における職業指導としての「教育相談」

（1）職業指導の導入と急展開

戦前の日本で，アメリカの"Vocational Guidance"を最初に「職業指導」と翻訳したのは教育学者の入澤宗寿（1885～1945）であった。彼は「職業指導とは，単に職業を紹介するというのではなく，児童に自分の長所と世間の職業とを知らせ，選択の際に誤りのない準備を与える指導である」と述べている（入澤，1915）。そして1915（大正4）年，日本児童学会の事務局に設けられた「児童教養相談所」において日本で最初の職業指導が取り組まれた。それは知能検査研究の一部として取り組まれた「選職相談」（職業選択の相談）であり，尋常小学校と高等小学校を卒業する一部の児童生徒を対象として行われたにすぎないものであった。

1917（大正6）年には，心理学者の久保良英（1883～1942）が「児童教養研究所」を設立し，そのなかに「児童相談所」を附設して教育相談を行っている。児童相談所の活動の狙いは学力の向上と進学を含む進路相談そして進路選択の適正化であり，小規模のものではあったがそれは今日的意味における教育相談にかなり近い稀有な事例であったと考えられる（那須，1981）。

このような日本における教育相談という新しい活動の誕生は，職業選択や進路相談に対する社会的需要の高まりと深く関係しており，それはすでにアメリカで誕生し，発展しつつあった各種の心理検査や相談方法への関心と結びつく

必然性をもっていた。時期はやや先のことになるが1936（昭和11）年，東京文理科大学（現筑波大学）には田中寛一を中心とする教育相談部がつくられ，田中・ビネー式知能検査法や田中B式集団検査法の作成と標準化が行われている。この知能検査法の開発と標準化は，その後の日本の教育相談の拡大と発展に大きな影響を与えることになるのだが，心理検査や知能検査を取り入れた教育相談は戦前の日本ではあまり発展がみられず，それが日本で本格的に行われるようになるのは第二次世界大戦以後のことになるのである（仙崎他，2006）。

一方，職業指導の方法として始められた教育相談は，その後1919（大正14）年には大阪市立児童相談所が，1921（大正11）年には東京府児童相談所と広島県社会事業協会児童相談所が，そして1925（大正14）年には東京麹町区児童相談所が設立され，「選職相談」としての教育相談へと拡大していった。

ここでこの時期に次々と「児童相談所」が設立された背景を改めてみておきたい。那須はこの動向を日本における「職業指導運動の開始」と述べ，「青少年の失業とか転職が増大することへの対策としての発想」に基づくものであったと指摘している。より具体的には，第一次世界大戦を経て「重化学工業の急速な発展と……産業構造，生産様式，労働需要構造などの変化に伴う定期的な恐慌と失業，とくに若年未熟練労働者の失業の増大を機としてこの運動が展開されてきた」と指摘している（那須，1981）。

第一次世界大戦終結後には，近代産業発展の裏側で景気縮小による失業と失業への不安が増大する状況下で，国民のなかに西欧の民主主義思想やロシアに成立した社会主義国とその運動の影響が広がりをみせていた。労働運動や農民運動が活発になり体制批判の動きが活性化するなかで，ときの政府による体制の維持と擁護のための政策も強められることになったのである。

同時にその頃，近代産業発展の必然として大都市にはそれを支える人々の集中が始まり，農民や漁民という出身階層を離れて新たな階層に移動する人々も増え始めていた。それは都市中間層といわれる勤労者階層形成の始まりであり，その階層のなかでは子どもの教育に対する関心が非常な高まりをみせていた。その教育熱は一方では上級学校への進学志向として現れ，他方では子ども中心

主義に立つ西欧式の自由教育を求める志向として現れていた。

　政府はこれらの社会的，政治的な変化に対応するために，中等教育と高等教育機会の飛躍的拡大を進めると同時に，「職業指導」の本格的導入によって子どもたちへの国家主義的な労働観（価値観）教育の強化に乗り出したのである。

　戦前の日本における「教育相談」の実態は，近代産業の急激な発展がもたらした社会経済環境の変化，とくに生産様式と労働の質の変化が求める人材像と急増する労働者とのミスマッチを調整し，解決する方法としての強い期待を担っていた。だが同時にそれは子どもたちに対して社会への適応を強める労働観や人生観の教育を行う役割を果たしていくのである。職業指導としての教育相談が如何に緊急性を帯びた重要課題であったかは，上記の各地における児童相談所の設置と並行して，若年労働者に対する適性検査の研究機関が設置されたことからも理解できる。たとえば，1919（大正7）年には産業能率研究所が，1921（大正10）年には労働科学研究所が設立されて，職業適性とともに作業心理・生理や職務分析などの研究が行われたのである。

　富国強兵政策のもとで，政界，官界と経済界の要求を受けたこのような職業指導政策の展開は，当時の学校教育に直ちに大きな影響を及ぼすようになった。

（2）職業指導の学校への導入そして消滅

　学校教育への「職業指導」導入の草分け的存在となったのは，東京赤坂高等小学校における職業指導の実践であった。1923（大正12）年には校内に職業指導の研究会が組織され，職業指導の方法が検討されており，「この動きはたちまち東京の小学校に広がった」（那須，1981）といわれている。こうして1920年代中頃には「学校おける職業指導」が明確な姿をみせ，赤坂高等小学校では体系的な職業指導の実施案が考案されて，指導体制のモデル校とみなされるようになった。この動向を踏まえて文部省（当時）は1927（昭和2）年4月に「少年職業指導協議会」を開催し，同年11月には「児童生徒ノ個性尊重及職業指導ニ関スル件」と題した訓令を出すに至っている。

　その訓令の要点を現代的表現で記述すると次のようになる。

> 学校では常日頃より児童生徒の個性と環境に合った教育を行い，各人の長所を発揮させることに努め，職業選択においては丁寧な指導を行う必要がある。そのようにして国民精神を養成するとともに，職業について理解させ，勤労を重んじる習性を形成して初めて教育の本来の趣旨を達成することが出来る。

「学校における進路指導の嚆矢」とさえいわれるこの訓令の性質について，那須（1981）は次のように述べている。

> 第一次大戦後の「自由主義的な思潮」の影響を受け，子どもの個性尊重，個性に応じた指導を謳っているものの，そのような教育の目標はあくまでも「国民精神の啓培」「勤労を重んじる習性を養う」として絶対主義的国家に奉仕することを明記せざるを得なかった点で，歴史的な制約を大きく受けていた。

那須が指摘するように，1936（昭和11）年の日中戦争開始以降，先の訓令が掲げた職業指導の自由主義的な規定は根本的に変質させられていく。職業指導が「勤労動員」になっていったのである。つまり子どもの個人的特質への配慮は一切なくなり，思想善導や職業的陶冶の思想の徹底という社会政策として職業指導が強調されるようになり，一切の相談的な性質が排除されていった。しかも1938（昭和13）年の厚生省・文部省訓令「小学校卒業生ノ職業指導ニ関スル件」が発出されて以降，名前だけは残ったものの「職業指導」は教師の手で行うことが禁止され，子ども一人ひとりの勤労動員先を国家（行政）が直接指示することとされた。そして戦時体制が敷かれ，国民学校制度が導入された1941（昭和16）年度からは，職業指導という言葉すらも使われなくなった。

先にアメリカにおけるカウンセリングの誕生とその歴史を概観したが，民主主義国における個人への理解を志向する職業指導の歩みと，絶対主義国家であった日本における子どもを国家と企業に奉仕させる職業指導の変遷の間には歴然とした違いがあったことがわかるであろう。

4　戦後日本の教育相談とその展開

（1）ガイダンスとしての生徒指導の導入

　パーソンズが提唱したガイダンスが戦後の日本に本格的に紹介されたのは，1946（昭和21）年3月に出された「アメリカ教育使節団報告書」であった。報告書は民主主義教育の方向性を示すとともに，今日の生徒指導の原点ともなるガイダンスの理念と方法を紹介していた。敗戦直後の学校ではガイダンスは，戦前・戦中における国家主義的教育とは正反対の民主主義教育の価値観を表す代表的な言葉と受けとめられ，子ども個々人の人格を尊重して個性の伸長を図るとともに，民主的な社会の形成者に求められる倫理観や正義感などの社会的資質と行動力を高めるための教育の方法と理解された。

　その8カ月後の1946（昭和21）年11月には「日本国憲法」が公布され，翌1947（昭和22）年には「教育基本法」，「学校教育法」が公布・施行されて，6・3制による新しい学校制度が発足した。1947年に文部省（当時）が「学習指導要領一般編（試案）」を発表したとき，ガイダンスは民主教育の一環となる職業指導や生徒指導における相談の方法として位置づけられていた。たとえば中学校における職業指導においては，教師や校長を相談員と位置づけ「相談室では相談員と来談者とだけが秘密に相談できるようにされていることが望ましい」とあり，学校のなかに相談室の設置を求めていた。

　1949（昭和24）年，文部省は『中学校・高等学校の生徒指導』を公刊し，中等教育の参考図書においてもガイダンスを「生徒指導」と訳して採用した。そこでは教育相談は生徒指導の方法として位置づけられていた。しかし当時の学校のなかでは民主主義や個人の尊重という言葉は使っていても，その基本原理を理解する者は少なく，ガイダンスは問題児童の「検査」と「分析」に基づく「特別教育活動」という形式的な手続きに終始することが多かった。生徒指導の理念はその後幾多の曲折を経て徐々に学校に浸透していくことになる。

　ガイダンスが学校のなかに広がり始めたその同じ時期に，学校や各種の相談

機関には教育相談や心理相談の方法としてロジャーズ（Rogers, C.R. 1902〜87）の来談者中心療法が紹介され始めた。しかし相談室における来談者と相談者の1対1の「非指示的カウンセリング」である来談者中心療法は，学校外の相談機関では比較的好意的に受けとめられたが，学校現場では肯定的に評価されることはあまりなかった（大野，1997）。

　相談に来る子どもの話をひたすら共感的に傾聴するというその方法は，ガイダンスの導入に試行錯誤しながら新しい教育の内容と方法を必死に模索していた教師たちからは，むしろ強い違和感をもって受けとめられた。つまり「指示的カウンセリング」であるガイダンスが心理分析を活用した指導であったのに比べて，非指示的で指導を行わないカウンセリングの方法はあまりにも異質なものだったからである。

　それとともに戦争による家族の離散・崩壊や貧困あるいは格差などの重い現実を背負った子どもの状況を受けとめながら，民主主義社会への理解を進める新教育の課題に取り組んでいた教師たちからは，非指示的なカウンセリングはあまりにも無力なものとみなされたということができる。それゆえ教師のなかからは「甘やかし」や「放任」あるいは「生活の無視」や「心理学主義」という批判の声も聞かれた。

　さらに個人の心理に焦点を当て，別室で1対1の対話をする方法よりも，戦前・戦中の極めて困難ななかで生み出された「生活綴り方」の方法を引き継いだ「生活指導」の実践に，多くの教師たちははるかに強い説得力を感じていた。生活を綴るという取り組みを通して生活の現実とそこで生きる自分自身をリアルに見つめ，さらに集団的な対話を通して自分自身の認識を捉え直すという実践は，日本の教師が独自に創造してきた「生活指導」だったからである。それこそが当時の学校に来談者中心療法が定着しなかったことのより本質的な理由ともいえる。

　それはとくに，無着成恭（1927〜）の『山びこ学校』（1951）をはじめとする実践記録が出版されたとき，生活綴り方的教育方法による民主主義的な生活指導の典型として，多くの教師や研究者たちに深い共感をもって迎えられた事実からも理解できる。

（2）教育の変化と教育相談の新たな展開

　1950年代の末頃から始まった高度経済成長を背景として，国民の教育要求は急速に変化し始めた。高校進学率が上昇から急上昇に転じ，日本全国で高校の増設が始まった。その変化のなかで中学校卒業が職業選択，つまり就職を意味する子どもの数は急減し，1960年代の末には高校進学率が90％に近づいていた。中学校教育の中心的課題がもっぱら高校入試のための教育になってきたのである。

　しかも能力主義に基づく人材養成路線を徹底する政府の教育政策のために，1960年代の末になると高校には新たな序列化がもたらされるようになった。「普・商・工・農」という校種別による序列化も生まれその枠組みのなかで高校増設を行ったために，普通科が狭き門となり，高校は増えたものの高校受験は激しい競争の機会と化した。ちなみに富山県のケースでは，高校増設計画の校種別の割合は普通科対職業科が3対7だったが，中学生とその保護者の希望は，普通科対職業科が7対3だったといわれている。高校受験期である「15歳の春」がその後の人生を決めるほどに大きな意味をもつと考えられるようになり，中学生のストレスはかつてなく強いものとなっていった。

　中学生たちにみられた問題行動や非行が，1950年代のような経済的貧困を背景とした万引き，たばこや家出などを代表とする「欲求充足型」の非行から変わり始め，1970年を迎えた頃には受験競争のストレスを発散させる「遊び型」の非行へと変わっていた。いじめ，暴力や麻薬，性非行などが増え始めたのである。

　社会の変化のなかで教育への期待が急激に変化し，子どもの問題行動の質が変わるにつれて，集団を対象として指導し管理するという生徒指導の方法では，対応が不可能なケースが増え始めた。ストレスや苦悩を深めた子どもを対象とし，個別的で「非指示的カウンセリング」を生かした相談方法の導入が避け難くなるとともに，日常的にストレスや苦悩を減らす関わり方や相談しやすい関係をつくるなど，「開発的・予防的なカウンセリング」への期待も強まり始めたのである。

　このような教育相談への関心と需要の高まりを反映して，1967（昭和43）年には「全国学校教育相談研究会」が発足した。同年にはまた「日本相談学会」が東京教育大学（現筑波大学）で設立総会を開くに至っている。この学会は

1988（昭和63）年に「日本カウンセリング学会」と名称を変更し，現在も教員を含む多数の会員を擁して教育相談・心理相談の充実に寄与している。さらに1982（昭和57）年に創立された日本臨床心理学会を中心として1988年には日本臨床心理士認定協会が結成され，同年から臨床心理士の認定を行うようになった。その後臨床心理士の存在は学校と心理臨床の現場で急速に重要性を増しつつ，現在に至っている（高橋・伊藤，2016）。

（3）カウンセリングマインドが求められた教師たち

教育における競争が日常化し，子どもの非行の質的変化が一層顕著になった1970年代中頃以降，中学校の校内では対教師暴力やいじめが吹き荒れ始め，そのなかで不登校状態に陥る子どもの数が増え始めた。

1975（昭和50）年，高校進学率は90％を越え，大学短大進学率も40％（男子43％，女子32％）に近づきつつあった。その頃から小中学生の多くが，学校が終わった後さらに塾に通って夜遅くまで勉強をする風景が日本中でみられるようになっていく。希望する高校や大学・学部に入れるか，または振り落とされるかをめぐる熾烈な競争が，小学生をも巻き込んで展開されるようになったのである。そしていじめを背景として自殺する子どもの出現が社会問題化していくのが1980年代中頃からのことである。

学校の現場では荒れる子どもを前にして校内の規律を維持するために管理を強め，叱責や懲戒の厳格化などで対応するケースが目立ちはじめた。その結果その方法は体罰の問題として問われるようになっていく。それは「個性の尊重」に基づく指導を意味するガイダンスの対極にあるだけでなく，日本の教師たちが追求してきた集団的生活指導とも異なる管理主義的生徒指導というべきものであった。しかもその効果は極めて一時的なものでしかなく，不登校増加のひとつの背景とさえみなされるようになっていく。

その矛盾の深まりのなかから，いつでも誰でも行うことができる「開発的・予防的カウンセリング」の必要性への認識が急速に広まり，日常の人間関係に対する心理学的手法の応用が求められるようになった。文部科学省も「生徒指

導資料」などを通して「中学校におけるカウンセリングの進め方」などを提起し続けてきたが，そのなかで教育相談を担い続けてきた全国の教師たちを中心として，1990（平成2）年には「日本学校教育相談学会」が設立された。以後毎年の研究大会と学会誌の刊行を行うとともに，「学校カウンセラー」の資格の認定も行っている（大野，1997）。

そして1984（昭和59）年に文部科学省は激増する不登校を背景として，すべての教師に対して「カウンセリングマインド」をもって子どもを指導することを新たに提起した。それはもちろん狭義の「治療的カウンセリング」における心理カウンセラーの姿勢をそのまま教師に求めたものではない。だが教育相談に主体的に関わり学んできた一部の教師を除くほとんどの教師たちにとって，その提起の意味を直ちに理解し実践することは極めて困難なことであった。そもそも教師の専門性とカウンセラーの専門性との違い，あるいは教師の実践スタイルとカウンセラーの実践スタイルとの本質的な違いを考えたとき，それらを超えていわゆる「カウンセリングマインド」を教育実践に貫くのは非常に難しい問題だったからである。

（4）スクールカウンセラーの導入

文部科学省が提起した「カウンセリングマインド」がその有効性を徐々に発揮していくのは，1995（平成7）年から始められた「スクールカウンセラー活用調査研究委託事業」を経て，すべての中学校にその配置が目指されるようになってからである。その意味することは，すべての教師が自分の教育実践にカウンセリングマインドを生かすということよりもむしろ，学校に配置されたスクールカウンセラー（School Counselor；以降，SCと言う）とともに心理職，教育職という専門性の違いを越えて対話を行う資質としてカウンセリングマインドが機能することであり，その対話を通して子どもの内面を深く理解するときに発揮される力としてということである。

その意味で当初は一部の学校であったとはいえ，学校へのSCの導入は教育と教育相談の歴史にとって極めて大きな変化であった。それまでは学級崩壊や

不登校児の増加あるいはいじめと関連した自殺が報じられるたびに，学校と教師が常に批判の矢面に立たされてきた。しかしほとんどの学校では，教育相談の業務は校務分掌としての相談担当教師と担任が，授業をもちながら放課後に行うしかなく，その条件と体制の下で新たに惹起する問題に対応せざるを得なかったのである。それゆえに社会と子どもの変化に対処できる教育相談の機能と対応力を高めるうえで，SC が導入されたことは画期的であった。教育相談をサポートする心理職を専門的職員として学校に新たに配置する必要があることが，社会的に認知されたことをも意味したからである。

「スクールカウンセラー活用調査研究委託事業」では，SC は当面 2 年間，週 2 回で原則として35週，1 日 4 時間，しかも校長の指揮・監督の下という限られた条件のなかでの導入であった。SC の業務は次のようにされていた。

① 児童生徒へのカウンセリング
② カウンセリングなどに関する教師と保護者に対する助言と援助
③ 児童生徒のカウンセリングに関する情報の収集と提供

当初 2 年の予定で始められたこの委託事業は結局 6 年間続けられ，2001年度からはすべての中学校が SC を活用できる方向で，各自治体が検討し対応することとなった。

だが現在もなお多くの SC はフルタイムの専任職員ではない。それもひとつの要因であろうが，筆者の直接の取材によっても学校現場では SC の位置づけや活用方法をめぐって今なお多くの問題が指摘されている。なかでも子どもの個人情報に関して，守秘義務を重視するカウンセラーと情報共有の重要性を知悉している教師との矛盾は解決されているとは言い難い。また不登校や授業に適応できない子どもをカウンセラー任せにして，学級経営と授業に集中しようとする教師がいることも指摘されている。誤った分業化の傾向である。

こうした状況を克服するためにも，一般の教師と SC をつなぐ「学校カウンセラー」への期待は非常に大きくなっている。一般の教師が研修などで身につけた「カウンセリングマインド」を発揮して SC との有効な連携を進めるために，カウンセリングの専門性も身につけた教師である学校カウンセラーが両者

をつなぐ役割は非常に重要だからである。

（5）特別支援教育と教育相談

1990年代の中頃から，小学校における「学級崩壊」が大きな社会問題になってきた。小学校の4年や5年のクラスで授業中歩き回り，大声を出したりほかの子どもの学習を妨害したりする例も増え始め，なかには教師を攻撃する子どもの例さえ報じられるようになった。「発達障害」の概念がまだ共有されていなかったこともあり，独自の発達特性をもって生まれた子どもへの適切な理解と対応ができていないケースもそのなかには含まれていたと考えられる。

当時は知的には高い発達障害を「軽度発達障害」と呼んでいたが，2002（平成14）年に文部科学省が行った調査によって「軽度発達障害」の子どもが通常学級のなかに約6.3％（40人学級で平均2～3人）存在することが明らかになった。学習を続けるために特別の支援を必要とする子どもたちである。彼らを含む障害のある子どもたちのための「特別支援教育」導入の必要性が広く認められるようになり，そのための「特別支援学級」と「特別支援学校」の整備に向けて準備が始められた。それは同時に教育相談をめぐる状況が大きく変わることを意味していた。発達障害の子どもをもつ保護者との教育相談を行う力量と体制が，すべての学校に求められるようになってきたからである。

そして2007（平成19）年度から特別支援教育が制度化されると，特別支援学校が小学校や中学校に在籍する発達障害の子どもの教育を支援する地域のセンターとしての機能を受けもつようになった。同時に障害児教育の経験が豊かな教師のなかから「特別支援教育コーディネーター」が選任されて，通常学級と特別支援学級あるいは普通学校と特別支援学校との連携と教育相談への支援が行われるようになった。教師たちは，子どもの発達診断の専門家や障害児の特別支援教育に詳しい「特別支援教育コーディネーター」と連携しながら，特別な支援を必要としている子どもをめぐる教育相談に対応することが新たな職務として求められるようになったのである（高橋・伊藤，2016）。

特別支援教育が制度化されて以来今日まで，通常学級に在籍しながら特別支

援学級に通級したり，特別支援学級に在籍して通常学級との交流教育に参加したりする子どもの数は増えており，特別支援学校の在籍者の数も急速に増え続けている。

（6）スクールソーシャルワーカーの導入と教育相談

2000年代に入ると，いじめや不登校などの教育問題とともに，児童虐待・ネグレクトや相対的貧困のなかで生きる子どもの生活問題に関わることが学校の大きな課題になってきた。学校内に留まらず家庭と社会に関する問題への対応が必要になり，社会福祉との連携が不可欠のケースが目立つようになってきたのである。その変化を踏まえて文部科学省は2008（平成20）年度から「スクールソーシャルワーカー活用事業」に取り組み始めた。

スクールソーシャルワーカー（School Social Worker；以降，SSWと言う）は1900年代初頭のアメリカで始まった制度である。それは労働を強いられて教育を受けることができない子どもたちを支援するため，学校と家庭をつなぐ訪問教師としてスタートし，1913年に学校制度として正式に採用されている（斉藤・守谷，2016）。しかし日本の場合は，児童労働から子どもを守り，学ぶ権利を保障することよりも，虐待・ネグレクトあるいは格差のなかの貧困など，家庭的な困難に遭遇している子どもの問題や問題行動への対応という側面が強い。それを文部科学省（2008）は次のように定義している。

> スクールソーシャルワークとは，問題を抱えた児童生徒に対し，当該児童生徒が置かれた環境へ働き掛けたり，関係機関等とのネットワークを活用するなど，多様な支援方法を用いて，課題解決への対応を図っていくことである。

すなわち子どもの内面に焦点を当てるだけでなく，「生活環境と関係性に着目して環境を改善し，子ども自身で問題を解決できるように寄り添いながら支援する」ために，ときには家庭にも介入し関係諸機関との間をつないで，問題解決に向けた働きかけをすること，ということができる（大河内，2008）。

つまりSCがもっぱら心理臨床の視点から対話を中心として子どもの内面に

関わるのに対して，SSW は社会福祉の視点から，損なわれた「子どもの最善の利益」を回復するために，家庭への介入や諸機関との橋渡しを含んだ非常に幅広い支援を行うのである。一人ひとりの子どもの支援には教師，SSW そしてSC との連携・協働の実現が望まれているが，勤務形態の違いや専門性の違いもあり協働のかたちは極めて多様で，模索が続いている段階といってよい。

2010（平成22）年に文部科学省は，子どもの変化に対応した生徒指導と教育相談の展開を期して『生徒指導提要』を作成した。いじめの被害や不登校などの早期発見と未然防止を図るために，教育相談と生徒指導に関する教職員の力量を向上させ，SC や SSW 等，専門家との連携を進めるための基本的な知識を網羅したテキストである。

しかし学校におけるいじめや不登校の増加は止まっていない。SC や SSW との連携の大切さを知りながらも，困難を抱えた子どもの支援をそれらの専門家に丸投げする傾向も見られるなど，教職員の対応の不十分さが問われてきたのである。その状況を踏まえて，文部科学省は2022（令和4）年に新しい『生徒指導提要』を作成した。

そこでは定期的な会議と臨機応変な対応を可能にするため，全国の学校に「教育相談コーディネーター」を中心とした校内の連携体制を確立することを求め，定期的な会議には子どもの心理と生活そして健康の専門家である SC，SSW，養護教諭の参加を求めている。校内での連携と校外の専門機関との連携を円滑に行うためである。

さらにその連携は，情報を共有し子ども一人ひとりの支援ニーズを理解した全教職員がチーム学校として支援に関わる相談・指導体制であり，困難を抱えた子どもの早期発見と適切な支援を行う上で，不可欠な体制だと位置づけられている。

引用・参考文献
入澤宗寿（1915）『現今の教育』弘道館。
大河内彩子（2008）「スクールソーシャルワークと学校福祉」喜多明人他編『学校における相談・救済制度に関する調査研究資料集――スクールソーシャルワーク

（SSW）及び児童虐待対応教員に関する制度の自治体・学校調査資料」（文部科学省科学研究費萌芽研究「いじめ・虐待など子どもの権利侵害に関する校内救済システムの研究」）。

大野精一（1997）『学校教育相談理論化の試み』ほんの森出版。

C. W. ビアーズ著，江畑敬介訳（1980）『わが魂にあうまで』星和書店。

斉藤富由紀・守谷賢二（2016）『教育相談の最前線』八千代出版。

仙崎 武・野々村 新・渡辺三枝子・菊村武剋編著（2006）『生徒指導・教育相談・進路指導』田研出版。

高橋陽一・伊東 毅編著（2016）『新しい教育相談』武蔵野美術大学出版局。

那須光章（1981）「日本における職業指導・進路指導の展開」『滋賀大学教育学部紀要』133～149頁。

日立システムアンドサービス（2009）CD版『世界百科事典第2版＆百科事典マイペディア』。

平木典子（1989）『カウンセリングの話』朝日新聞出版。

広木克行（2008）「教育相談の歴史・意義・役割」広木克行編『教職教育テキストシリーズ14 教育相談』学文社。

文部科学省（2008）「スクールソーシャルワーカー活用事業」。

文部科学省（2022）『生徒指導提要（改訂版）』。

無着成恭（1951）『山びこ学級』青銅社。

【学習の課題】

(1) 戦前・戦中の職業指導の特徴を整理し，自分が体験した今日の進路指導の特徴との違いについて教育相談の視点から考察してみよう。

(2) 今日の教育相談における教師とスクールカウンセラーとの連携の重要性について自分の言葉で整理してみよう。

(3) 今日の教育相談における「非指示的カウンセリング」の必要性が意味するものは何か，不登校を例にしてその意味を考察してみよう。

【さらに学びたい人のための図書】

平木典子（1989）『カウンセリングの話』朝日新聞出版。
　⇨カウンセリングについて学生にもわかりやすい入門書である。

吉田圭吾（2007）『教師のための教育相談の技術』金子書房。
　⇨子どもの教育相談における保護者との関係が学べる一冊。

横湯園子（2002）『教育臨床心理学』東京大学出版会。
　⇨教育学と心理学の接点の問題に関心がある方におすすめしたい一冊。

（広木克行）

第2章 子どもの生きづらさと教育相談

この章で学ぶこと

教育相談は児童生徒が抱える教育上の困難や課題，つまり「生きづらさ」について，本人や保護者などに，その望ましいあり方を助言することが基本だと考えられてきた。しかし，今日ではこの困難や課題が複雑多様化し，その対応方法も1対1の面接による相談活動だけでなく，また助言という方法だけでなく，すべての教師が児童生徒に接するあらゆる機会を捉え，チーム体制を前提に実践するものとされている。本章では子どもの抱える「生きづらさ」について考え，その対応としての教育相談上の配慮について学ぶ。

1　教育相談が対応する児童生徒の困難や課題

　本章では，教育相談が，どのような困難や課題に対応しようとするのかを考え，またこの困難や課題を「生きづらさ」という視点で探ることにする。この「生きづらさ」は，本来子ども自身がそう感じているというところを出発点とする表現であり，親や教師などから見える困難や問題を抱える児童生徒という視点とは異なり，子ども中心にみるという教育的視点としての意味をもつものである。しかし，ここではその点よりも，今日の子どもが直面する生きづらさの多様性を強調するため，子どもの視点か否かにはこだわらずに解説することにする。

　教育相談については，かつての『中学校学習指導要領解説　特別活動編』において，次のように説明されていた。

　個別指導の代表的な形態には教育相談があるが，教育相談は，一人ひとりの生徒の教育上の問題について，本人またはその親などに，その望ましいあり方

を助言することである。その方法としては，1対1の相談活動に限定することなく，すべての教師が生徒に接するあらゆる機会を捉え，あらゆる教育活動の実践のなかに生かし，教育相談的な配慮をすることが大切である。また，生徒との相談だけでは不十分な場合が多いので「生徒の家庭との連絡を密に」することも必要である。

　この意味は，生徒に対する特別活動や生徒指導は，主として集団を前提とした指導となるが，個別の指導というものも大切であり，その代表例が教育相談である。ただし，教育相談は，一般にイメージされがちな個別に面接し助言するということだけでなく，すべての教員や時にはスクールカウンセラーやスクールソーシャルワーカーなどの学校職員も関わって，組織として対応すると同時に，家庭との連携も大切だということである。この組織としての部分は，チーム支援として近年強調されているものでもある。

　また，2017年に文部科学省の委員会がまとめた「児童生徒の教育相談の充実について（報告）」では，教育相談のねらいは，児童生徒それぞれの発達に即して，好ましい人間関係を育て，生活によく適応させ，自己理解を深めさせ，人格の成長への援助を図るものとされている。つまり，このような人格の成長の妨げになる課題のうち，とくに個別的に対応する必要のあるものが，教育相談の対応すべき課題と考えられる。

　この課題について，前述の学習指導要領解説は，学校の実態や生徒の発達の段階および特性等を考慮した対応を求めており，また集団への適応という点で，小1プロブレムや中1ギャップなどと呼ばれる特定学年に多発する児童生徒の課題を指摘する。また，やや一般的な傾向として，情報化，都市化，少子高齢化などの社会状況の変化を背景に，生活体験の不足や人間関係の希薄化，集団のために働く意欲や生活上の諸問題を話し合って解決する力の不足，規範意識の低下などが顕著になっており，好ましい人間関係を築けないことや，望ましい集団活動を通した社会性の育成が不十分な状況がみられるとも指摘しているので，これら一つひとつの課題については確認しておきたい。

2　子どもの生きづらさ

　ところで，近年生きづらさを訴える若者が増加しているとされる「生きづらさ」についてデータベースで記事や論文など検索すると，概ね2000年以降に急増しているのがわかる。しかしながら，実際に昔に比べて若者が生きづらくなっているのか，それともそのように表現することが広まっているのかははっきりしない。というのは，そもそも飢饉により飢え死にしたり，貧しいので子どもを殺したり，他人に預けたりということは，古来からあったことだからだ。また生きることそのものに悩んできたことも，どの時代にでも見出すことができる。

　「智に働けば角が立つ。情に棹させば流される。意地を通せば窮屈だ。兎角に人の世は住みにくい」夏目漱石は『草枕』の冒頭で，主人公に山路を上らせながら，こう語らせている。続いて彼は，この世で行き詰まりを感じて観念したとき，詩や絵などの芸術が生まれるともいう。人はみんな悩んで大きくなるのだと考えたのかもしれない。時代をもっとさかのぼると，仏教の創始者とされるブッダは，人が生きること自体が生老病死を代表とした苦しみの連続で，みな苦しむものをもっているので，それを正しい道を通して乗り越えようと説いたことが，その後の仏教へとたどり着いた。ここでは，このように人が生きることで出会う悩みや苦しみを，人生観や宗教で克服することをすすめるものではないが，しかし，多くの人が悩み苦しみつつ，それをさまざまな心構えや工夫で乗り越えて，時にそれをきっかけにしてしっかり生きているということを意識しておくことが大切である。また，悩みや苦しみを完全に取り去ることが，人生を豊かにすることとも限らず，その意味では当の本人が何を望んでいるかに寄り添いつつ，本人がその悩みや苦しみとどのように付き合って生きていくのかという点を尊重することも大切なのだろう。そのため，教育相談を担当し，教育に関わろうとする者は，人間が悩みや苦しみとどのように付き合ってきたのかということについて，小説や映画や音楽などさまざまなメディアを

通じて広く知識を得ておくことが大切である。そのうえで、あくまでひとつの方法としての教育相談や生徒指導であるとの限界をわきまえることも大切である。

　とくに、教育現場においては、子どもの抱える困難は、子どもの成長や発達とも重なり、より大きな意味をもつことになる。学校は、授業に出るとか、宿題をするなど、子どもにとっては楽しいだけではない、ある種のストレス発生装置の役割を果たすところで、このようなストレスを乗り越える、つまり困難をどのように解決するかを考える作業をするのであるから、それ自体が難しい作業となる。筆者は子どもの頃から気になっていたことに、なぜ、学校に行くことを登校と言うようになったのだろうかということがあった。この疑問は、筆者が高校1年生の頃、学校に行けなくて家で悶々としているとき、いくども頭をよぎった疑問であった。登校というのだから、学校というところは登らなければいけないところ。登らねばならないのなら、それは辛いことに決まっている。ほかに登るものとして登山であったり、登庁であったり、登城であったりと、それなりに緊張するところに登という字が付いていて、それぞれたどり着くのが楽なところではない。ならば、辛いと思う自分がおかしいのではなく、もともと辛いことを前提にしているのだから、いかにその辛さと付き合うかということが大切なのだ。そのように考えるようになったとたん不思議に学校に行けるようになり、少しだけ学校が楽しく感じられるようになった。

　もっとも、子どもの時期の悩みは、人生の中でも特異な時期にあたり、その時期特有の課題をもつ。それは子ども自身が子どもから大人へと身体や心が大きく変化し、学校に行くことや学習すること、その成績を上げることなど周囲から多様な要求が出される。加えて適切な進路や将来を選び取ることが求められるなど、成長や発達を前提とした周囲との関係のなかで悩みが生ずるからである。また、心身の成長や発達も大きく影響する。先の小1プロブレムや中1ギャップにしても、そもそも小学校1年生の悩みと中学校1年生の悩みとでは、同じ言葉が使われたとしても本質的に異なるものである。小学校1年生と中学生とでは発達段階が異なり、状況の理解力も異なるし、周囲の期待も異なる。

また，中学校1年生以上に，3年生では，進路の問題や，義務教育が終了するといった社会的・環境的立場が異なる。そのため，悩み方，苦しみ方も異なり，教育相談として対応する場合はその方法も異なることになる。このように，人が生きることからある意味必然的に悩み苦しんできたことと，それに加えて成長し，新たな体験を日々繰り返す子ども特有の悩みがあり，それと今日いわれている「生きづらさ」とは同じなのか，違うのだろうか。このことに答えることは難しいが，次に実際に子どもたちが示す，生きづらさに関わるいくつかの事象を検討しよう。

3 成長にともなう生きづらさ

(1) 発達段階

成長にともなう生きづらさ，つまり葛藤や苦しみをその発達に応じて解明しようとしたのがエリクソンである。彼は人生を大きく8つの段階に分け，それぞれの段階における心理的な課題とそれをめぐる葛藤について明らかにした（表2-1）。

このうち学童期については，ちょうど日本でも小学生に該当するが，この時期には勤勉と劣等感とが対立的なテーマとされている。この意味は勉強にしてもスポーツにしても，また親の手伝いにしても，自分が期待されることや，果

表2-1　エリクソンの発達段階

時　期	年　齢	テーマ	心理的な課題
乳児期	生後〜	希望	基本的信頼 vs. 不信
幼児前期	18ヵ月〜	意思	自律性 vs. 恥, 疑惑
幼児後期	3歳〜	目的	積極性 vs. 罪悪感
学童期	5歳〜	有能感	勤勉性 vs. 劣等感
青年期	13歳〜	忠誠心	同一性 vs. 同一性の拡散
成人期	20〜39歳	愛	親密性 vs. 孤独
壮年期	40〜64歳	世話	生殖 vs. 自己吸収
老年期	65歳〜	賢さ・英知	自己統合 vs. 絶望

出典：Kaplan (2016)。

たすべき役割，獲得すべき技術といった自分の果たすべきことが理解でき，その課題に向けて自分がしっかりと務めを果たそうとする勤勉さが求められる一方で，それがうまくできないときには恥や劣等感といった心境に陥り，不安にさいなまれるということが生じやすい。

　また中学生以降では，次の青年期に移行し，エリクソン自身も生涯をかけて悩んだといわれるアイデンティティまたは自我同一性と呼ばれる課題が登場する。そこでは社会の中で認められた自分らしさを求めるという課題に直面することになる。私はいったい何者であるのかという問いは，自分自身をどう受けとめ理解するかということと，社会は自分に何を期待しどうすることを求めているのかという，自己と社会とのあり方を理解し，自分をつくりかえる作業も伴うものであるため，深く悩ましい時代となる。エリクソンは，自己喪失つまり「自分は何なのか」「自分にはこの社会で生きていく能力があるのか」という結論が出せず，深刻な心理的危機をもたらす状況を指す「アイデンティティ・クライシス」という言葉もつくり出したとされるが，この用語は，子ども期から成人期への移行の難しさを示すもので，まさに生きづらさの典型例とも考えられる。

（2）青年期のつまずき

　臨床心理学者であり，スクールカウンセラーの生みの親ともいえる河合(1996)は，1980年代のちょうど不登校が急激に増加し始めた時期に，子どもが大人になるということは現代社会においては，なかなか大変なことであると指摘した。その一方で，青年期には誰しもいろいろな「つまずき」をするので，むしろ「つまずき」をしないのは青年ではない，といってもいいかもしれないとまで言い切る。そのうえで，つまずきの具体例として，窃盗とか傷害といった反社会的行為と，ノイローゼなどの非社会的行為，それに身体的な病気，大人になるに際し生じる失敗，たとえば試験や就職や恋愛などの失敗といった4類型を例示している。そこでは，病気も単に身体の問題ではなく，その人の生き方と深く関わるものとして示される。そのうえで，とても理解のある教育

熱心な家庭に育った模範的な高校生が，ある日突然に家出をするという反社会的行動の事例を例として，親は親の世界観をもっており，子どもも子どもなりの世界観をもっている。しかし，子どもは自分を取り巻く大人，とくに親の世界観をある程度受け入れて大きくなってくるが，子どもから大人への中間にあたる青年期には，親の世界観を信じているなど，いままで安定していたものが壊されて新しいものをつくるということになる。このときには既成のものの否定的な側面が拡大して意識されやすい。そのため，子どもが大人になろうとするときは，自分を守り育ててくれた親の否定的な面が急に強調され，とりわけ母なるものが，自分を守ってくれる存在からのみ込み支配するという危険な存在と認識されるようになる。肯定的なものが否定的なものへと大きく転換する。その意味でこの例の場合も，一般の大人からみれば教育熱心で理解のある親が一生懸命に子育てしてきたのであるが，子どもからみればその家庭は彼の自由を拘束する牢獄のようにも思える。だからこそ，そこから脱出しようとして，唐突に家出をしたという解釈を示している。

（3）青年期と自己肯定感

また不登校のカウンセリングに詳しい高垣（2015）は，青年期の課題として，「自分が自分であって大丈夫」という意味での自己肯定感の獲得の重要性を強調している。この自己肯定感とは彼が生きづらい人のカウンセリングを通して生まれてきた考え方だとも語る。この自己肯定感は，肯定する否定するという意味での肯定ではなく，また大人や社会によって評価され，基準づけられたものでもないとする。むしろ，ちょうど赤ちゃんがおむつを替えてもらうとき，"よしよし"と言われながら替えてもらう，そのときの気持ちを受け入れてもらいながら，おむつを替えてもらうという営みに満たされる"よしよし"だという。この"よしよし"は決して，しっかりうんちが出たなという評価の意味でもなく，むしろおしっこやうんちが出て気持ち悪いな，わかったよとか大丈夫だよという意味をもつという。このようないわば共感と許しを前提とした"よしよし"というようなものを通して，子育てのなかで育つものが自己肯定

感だとする。その一方，そのような自己肯定感の成立を阻害するものとして，激しい競争社会のなかで過剰に評価され，急かされる状況があり，これこそが危機であると警鐘を鳴らす。エリクソンのアイデンティティや高垣のいう自己肯定感は，その形成が十分であれば，青年期から大人への移行が比較的スムーズである一方，そこに課題のある場合相当に辛く，まさに生きづらい子ども期や青年期を過ごすことになると想像できる。

4 生きづらさに関わりのある指標

(1) 幸福度について

　国際的な研究組織「持続可能な開発ソリューション・ネットワーク」は，「世界幸福度調査報告書」を公表しているが，同報告の2023年版では，フィンランドが首位で，北欧諸国が上位を占め，日本は世界137カ国中47位で，先進7カ国中で最低となった。この幸福度ランキングは1人当たりの国内総生産，社会的支援，健康寿命，社会的自由，寛容さなどを分析しているもので，子どもだけに限ったものではないが，少なくとも国際比較において日本が幸せな国とは言い得ない状況があるということは認めざるを得ない。

(2) 自殺について

　厚生労働省の「令和4年版 自殺対策白書」によれば，日本の若い世代の自殺の状況は深刻だとされる。年代別の死因順位をみると，10～39歳の各年代の死因の第1位は自殺となっており，男女別にみると，男性では10～44歳，女性でも15～34歳の世代の死因の第1位が自殺となっている。

　とくに「学校問題」を原因とする自殺については，学生・生徒等の自殺のなかで最も多い原因・動機であり，大学生と高校生が多くを占めている。一方，原因・動機の内訳についての年次推移では，「入試に関する悩み」「その他進路に関する悩み」および「学業不振」といった学業や進路に関する問題では年毎の増減がある一方，「教師との人間関係」「いじめ」「その他学友との不和」などの

学校における人間関係等に関する原因・動機はほとんど変化がないとされる。自殺の動機の解明には困難があるが，少なくとも本人にとっての大きな生きづらさの存在を認めざるを得ず，学校をあげての「学校問題」への対応が不可欠である。

なお，自殺と学校の支援・指導との関係では，いじめの可能性の検討が重要である。自殺の背景に，学校に関わる何らかの人間関係の影響が認められる場合は，必ず校内のいじめ防止対策組織での検討が求められる。

(3) 校内暴力と非行

文部科学省の令和4年度の「児童生徒の問題行動・不登校等生徒指導上の諸課題に関する調査」によれば，「校内暴力」は「対教師暴力」「生徒間暴力」「対人暴力」「器物損壊」に区分され，その合計である小・中・高等学校での暴力行為の発生件数は9万5426件であり，児童生徒1000人当たりの発生件数は7.5件となる。この数年，中・高等学校は減少ないし横ばい傾向を示すが，小学校については6万1455件で，中学校の発生率よりも高くなり，2003（平成15）年の1777件から20年間で約35倍と，増加の一途である（図2-1）。

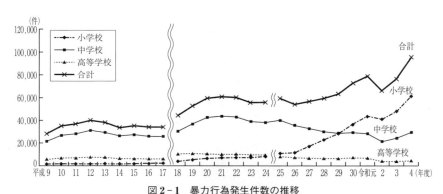

図2-1　暴力行為発生件数の推移

注1：平成9年度からは公立小・中・高等学校を対象として，学校外の暴力行為についても調査。
注2：平成18年度からは国私立学校も調査。
注3：平成25年度からは高等学校に通信制課程を含める。
注4：小学校には義務教育学校前期課程，中学校には義務教育学校後期課程及び中等教育学校前期課程，高等学校には中等教育学校後期課程を含める。
出典：文部科学省（2023）「令和4年度　児童生徒の問題行動・不登校等生徒指導上の諸課題に関する調査結果について」。

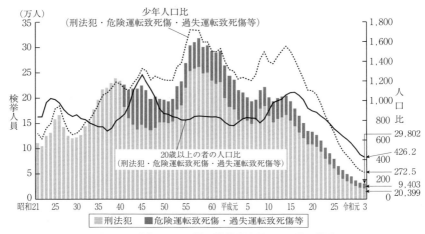

図2-2　少年による刑法犯等検挙人員・人口比の推移
（刑法犯・危険運転致死傷・過失運転致死傷等）
出典：法務省（2022）「令和4年版　犯罪白書」。

　このように，小学校の校内暴力だけが著しい増加を示しており，それが平成20年度以降中学校の増加につながっていないことが特徴である。この間小学校の不登校も急増している状況があり，小学生の生きづらさ，つまりは生きづらさの低年齢化が生じている可能性があるのかもしれない。

　一方で，警察庁や法務省，家庭裁判所など司法関係機関の統計では，いずれも少年非行は減少し，戦後最低を更新している。

　図2-2は法務省の「令和4年版　犯罪白書」による少年の検挙人員と人口比（刑法犯などの検挙人員と少年人口10万人比）のグラフであるが，1983（昭和58）年には30万件を上回ってピークにあったものが，2021（令和3）年には，約3万件と激減している。実はこの非行の急激な減少と反比例するかのように，昭和の終わりから今日までの35年間ほどは不登校が急増しており，子どもたちの生きづらさの表現が，非行から不登校へと移行したかのように変化している。

　非行や暴力は，子どものかかえる課題が周囲にもみえやすく，各時代ごとに子どもたちのおかれた困難を象徴するものとされてきた。たとえば，戦後は非行のピークが3つ，あるいは4つあったとされており，図2-2にあるように，

1951（昭和26）年を第1のピークとし，1965（昭和39）年を第2のピーク，そして1983年が第3のピークとされている。この第1のピークは第二次世界大戦直後のもので，都市は焼け野原となり，街頭児や浮浪児と呼ばれた家のない子どもや家に帰れない子どもたちが，街角で靴磨きをしたり，かっぱらいなどの非行に走ったりという事情があった。そのため，この時期の非行を，貧しさからの非行あるいは食べるための非行などと呼び，当時の子どもたちの生きづらさがそれに現れていたと考えられている。第2のピークは，東京オリンピックや新幹線開通などに代表される，高度経済成長のシンボルのような時期にあたり，第1次産業の衰退と人口の都市への集中や核家族化など，社会状況も大きく変化した時代でもあった。この頃は中学校卒業すぐの子どもたちが，金の卵と呼ばれて集団就職などで都市に集められる一方で，高校進学率も上昇し，中学卒業後の進路が，就職組と進学組とに分断されるなど，子どもたちにも格差が生じていた。とくに家から離れた就職組がうまく仕事に適応できず，不良仲間として集まり，愚連隊などと呼ばれる不良集団を形成し，性非行，暴力非行，集団非行などという目立つタイプの非行をくり返す傾向が指摘された。それに比較して，第3のピークは，一部では暴走族などの過激な非行もみられたが，全体は豊かさからの非行とか非行の一般化などとも呼ばれ，非行の件数は戦後最高となったが，当時は遊び型非行と呼ばれる万引きや自転車盗などの比較的軽微とされる非行が中心であり，検挙されると再犯もあまり起こさない一過性の非行が多くを占めていた。この時期は，生きづらさという意味では今日に通じるような，何が生きづらいのかがわかりにくい課題が背景にあったのかもしれない。前述の河合隼雄が語る，よい子の起こす反社会的な行動といった状態が多数生じていたように思われる。

5　不登校への対応にみる生きづらさ

（1）法務省の不登校児実態調査（1989年）

　ここでは子どもの生きづらさの捉え方としての例として，平成のはじめ頃か

らの国の不登校に関する報告書が示す方向性を取り上げる。

　前述の通り，非行の第3のピークが収束する1980年代半ばから，不登校は急激に増加した。しかし当時の文部省は，少なくとも不登校という言葉は用いず，学校不適応あるいは登校拒否，学校ぎらいなどという表現を用いていた。

　文部省の資料によれば，昭和63年度に学校ぎらいを理由として50日以上長期欠席した児童生徒は，小中学生合わせて4万2000人に上り，これはその20年前と比較して3倍に当たるとされる。また不登校児の自殺や不登校児を預かる民間施設での不登校児への体罰死も報道されるなど，不登校児の問題は大きな社会問題となってきていた。そこで文部省に先駆けて，法務省人権擁護局は1988年に不登校児人権実態調査を実施し，1989（平成元）年に「不登校児の実態について」という冊子として公表している。この調査は約500人の児童生徒に対するアンケート調査であるが，たとえば学校への復帰に関しては，33％がなんとか学校に戻りたいと述べる一方で，わからないが39％であった。不登校児の像としては，「運動が好き」で，学業成績は「ふつう」か「できないほう」で，性格は「おとなしいほう」か，「友達と喧嘩しないほう」という子どもが多いという結果を示した。保護者の欠席への対応では，「無理に連れて行かれそうになった」が43％を占め，教師からの対応としては「先生から学校に来るように強くいわれた」というものが29％，「先生が迎えにきて学校に連れて行かれそうになった」というものが38％であった。この調査を子どもの生きづらさという視点で読み解くと，少なくとも積極的に自分の思いを表現したり，問題行動で示すことよりも，消極的に学校に行かないことを選択せざるを得ない反面で，自分自身どうしたらよいのか迷っているという，生きづらさを抱える姿が浮かび上がる。

（2）文部省「登校拒否（不登校）問題について」の報告（1992年）

　文部省（当時）も，1989（平成元）年に「学校不適応対策調査研究協力者会議」を発足させ，1992（平成4）年「登校拒否（不登校）問題について」の報告をまとめている。そこでは，「登校拒否はどの児童生徒にも起こりうるものであるという視点をもつこと。いじめや学業の不振，教職員に対する不信感など

学校生活上の問題が起因して登校拒否になることがしばしばみられること。学校，家庭，関係機関，本人の努力等によって，問題はかなりの部分を改善ないし解決すること」などが強調される。その対応として，「学校は，児童生徒にとって自己の存在感を実感でき精神的に安心していることのできる場所——"心の居場所"——としての役割を果たすことが求められること。登校拒否の予防的対応を図るために，児童生徒一人一人の個性を尊重し，児童生徒の立場に立って人間味のある温かい指導が行えるよう，個に応じた指導に努めるなど指導方法，指導体制について，工夫，改善に努めること」などが求められている。

　この時期の不登校は，主として心の問題として捉えられ，それゆえに「心の居場所」の重要性が説かれ，その後のスクールカウンセラーの導入などに繋がると考えられる。つまりは，心理的対応が有効な生きづらさが想定されているとも考えられる報告となっている。

（3）文部科学省「不登校への対応について」報告（2003年）

　平成13年度の国公私立の小中学校の不登校児童生徒数が13万9000人と過去最高を更新するなど，憂慮すべき状況にあることから，文部科学省では，2002（平成14）年に「不登校問題に関する調査研究協力者会議」を設置し，2003（平成15）年に「不登校への対応について」の報告がまとめられた。この報告では，不登校の直接の要因とし，本人自身の問題に起因するものと学校に起因するものとがそれぞれ3分の1，家庭に起因するものが2割程度であり，不登校が継続する理由として複合的な課題を想定し，また新たな課題として学習障害やAD/HDなどの発達障害並びに虐待の問題なども指摘している。

　とくに重要なのは，不登校が将来の社会的自立の困難につながりうるとの視点から，その対応を求めていることであり，単に心の問題にとどまらない複雑な生きづらさへの視点，とくに社会関係も含んだ課題を想定していることにある。

（4）文部科学省「不登校児童生徒への支援に関する最終報告」（2016年）

　最新の不登校に関する調査研究協力者会議の報告として2016年にまとめられ

たもので，この報告書のサブタイトルとして，「一人一人の多様な課題に対応した切れ目のない組織的な支援の推進」が示され，この報告書の対応の要点をまとめたものである。不登校は2001年頃をピークに，増加がややおさまったかにみえたが，2012年頃から再び増加に転じ，とくに小学校の不登校の増加が目立つ状況にある。また不登校の様子にも変化がみられ，状況も複雑多様で，たとえば家庭訪問が有効な場合もあれば，反対に症状を悪化させるものもあり，待つことが有効な場合もあれば逆の場合もある。つまり，不登校という現象は同じでも，有効な対応は子ども一人ひとりで異なるため，その子どもに応じた支援を行うことが必要になる。そこでサブタイトルにあるように，子どもたち一人ひとりがもつ生きづらさを明らかにし，そのことを解決できるよう個別的で有効な手だてを実施することが強く求められることとなる。

　その方法として，まずは一人ひとりの抱える困難な課題を明らかにするため，アセスメントあるいは見立てということを実施する。不登校の状況は，従来のように保護者が焦って強く登校を強制するものもあれば，むしろ保護者の都合や思い込みによって子どもの登校を制限したり，登校意欲をそいだりしているもの，家庭の経済状況や人間関係などから登校が困難となるものなど多様である。そこで不登校の要因を探り当て，有効な手立てを担任教員だけでなく，学校全体で確認し，継続的に時に関係機関とも連携して実行する。そのような意図が，サブタイトルに含まれている。つまり，この報告書は，子どもの生きづらさは複雑多様で，一人ひとり異なるゆえに，支援をする場合についてもその生きづらさをアセスメントという方法で明確に描き出すことが求められるということである。この報告書にはアセスメントと有効な手立てを明確にして，小学校から高校まで引き継ぐための工夫として，「児童生徒理解・教育支援シート」という書式が添付されている。

（5）不登校の分類にみる生きづらさ
　また，文部科学省の「児童生徒の問題行動・不登校等生徒指導上の諸課題に関する調査結果」では不登校の要因として大きく本人に係るものと学校や家庭

に係るものとに区分し，個人に係る要因として，学校における人間関係，遊び・非行の傾向，無気力の傾向，不安の傾向，その他をあげている。また，学校にかかる状況として，いじめ，いじめを除く友人関係，教職員との関係，学業の不振，進路に係る不安，クラブ活動・部活動等への不適応，学校のきまりなどをめぐる問題，入学・編転入学・進級時の不適応とに区分している。なお，家庭に関してはとくに区分していないが，実際には分類が困難であるが家庭課題も無視できず，近年のスクールソーシャルワーカーの活動などから，その課題の大きさを指摘するものも少なくない。

（6）生きづらさを支援する

　生きづらさには，子ども本人が主観的に辛さを感じているものもあれば，本人は感じないあるいは気づいていないが周囲から見れば困難を抱えていると考えられるものもある。その要因も，個人的なもの，成長に伴って当然に起こり得るもの，子ども自身が抱える特別な事情によるもの，家庭に関するもの，学校に関するもの，友人関係など多様である。そしてこれらの生きづらさを理解することは同時に，子ども本人の辛さに寄り添うことでもあり，またその辛さに対しての有効な支援や解決策を提示することができるという意味で，教育相談において最も大切な段階である。

　次に，ある地域において用いられるスクールカウンセラーの相談種別を紹介する。これは，子どもの生きづらさの区分の例でもある。

　　いじめ，不登校，人間関係，教師や生徒間関係，学業，心理，性格，身体，部活動，家庭問題，暴力，非行問題，発達障害，性的問題，性的被害

　また，近年で社会的に取り上げられることも多く，とくに深く学んでおく必要があるものとして発達障害，児童虐待，子どもの貧困，いじめ，LGBT等性的マイノリティなどがある。それぞれに法律が制定されたり，政府などから対応の指針が示されたりしているものもあり，学校がその制度を無視して対応したために配慮不足として非難の対象となることもしばしば見られるため，しっかり学んでおくことが必要である。

引用・参考文献

河合隼雄（1996）『大人になることのむずかしさ』岩波書店。
厚生労働省「自殺対策白書」各年版。
高垣忠一郎（2015）『生きづらい時代と自己肯定感――「自分が自分であって大丈夫」って？』新日本出版社。
法務省（2022）「令和4年版 犯罪白書」。
文部科学省（2023）「令和4年度 児童生徒の問題行動・不登校等生徒指導上の諸課題に関する調査結果について」。
山下美紀（2012）『子どもの「生きづらさ」――子ども主体の生活システム論的アプローチ』学文社。
B. J. カプラン著，井上令一監（2016）『カプラン臨床精神医学テキスト 第3版』メディカルサイエンス・インターナショナル。

学習の課題

(1) 自分の学校での生活を振り返り，「生きづらさ」を感じたときの気持ちと，誰のどのような支援がよかったかを思い出し，箇条書きに書き出してみよう。
(2) (1)の支援を考えるにあたり，なるべくたくさんの人が支援するというかたちをとるにはどうしたらよいかを具体的に考えてみよう。
(3) 本章で取り上げた生きづらさの1つを取り上げて，背景の生きづらさと，そのことを相談された際に，どのように対応するかをメモをとって考えてみよう。

【さらに学びたい人のための図書】

文部科学省（2022）『生徒指導提要（改訂版）』。
　⇨文部科学省が，生徒指導（その中に教育相談が含まれる）に関する手引き書として刊行したもので，理念から具体的方法まで記述している。
河合隼雄（1996）『大人になることのむずかしさ』岩波書店。
　⇨臨床心理・カウンセリング的視点で子どもの行為を考え，対応するための基本となる視点や姿勢を説いた良書。
文部科学省「児童生徒の問題行動・不登校等生徒指導上の諸問題に関する調査」。
　⇨毎年10月に公開される，校内暴力，いじめ，不登校などに関する最新統計であり，教育現場の課題を俯瞰して捉えることができる。

（野田正人）

第3章 教育相談とカウンセリング

この章で学ぶこと

学校現場におけるさまざまな「問題」に対応するため，教師に求められるのがカウンセリングマインドである。子どもの行動や症状から SOS やメッセージを読み取り，必要な子どもたちの心の声に耳を傾け，待つ姿勢が求められる。また今後，ますます連携・協働が求められるスクールカウンセラーやスクールソーシャルワーカーについても，これらの専門家が学校に投入された経緯を知るとともに，今後「チームとしての学校」構想の実現に向けて，その役割や連携に際してのポイントを学んでほしい。

1 教師に求められる臨床的視点とは

　学校現場で教育相談という概念が広がり，ロジャーズの来談者中心療法の技法，受容・共感という概念が取り入れられるのに加えて，カウンセリングマインドという見方・関わり方が教師にも求められるようになった。

　教師もカウンセラーも，子どもの健全な成長を目指し，それをサポートするという究極の目標においては共通しているが，一方，必ずしも相似的な関係にあるわけではない。とはいえ，教師がカウンセリング的な技法を身につけ，それを教育のさまざまな場面で生かすことは重要である。その際，教師に求められるのは，完璧なカウンセラーになることではなく，"カウンセリング的な関わりが必要な子どもはどの子かを見分ける目"，そして，その必要な子どもに対し必要なときに"カウンセリングマインドをもった関わりができること"，さらに必要に応じて"専門機関につなぐ力"である。とくに現代の学校現場では，不登校やいじめなどの人間関係上のトラブルなど，カウンセラー的な対応

が必要とされる事態が増えている。

　そこで，まず最初に，臨床的な視点で子どもたち（そしてその行動）を理解するときに求められる姿勢について論じてみたい。

（1）「問題」という捉え方

　学校現場に関わっていると「問題行動」という言葉をよく耳にする。たしかに，中学校などでは，日々いくつもの出来事が起こっており，それへの対応に教師は奔走させられている。ここで，この「問題行動」という言葉に注目したい。「問題」とは何だろうか。また，誰にとっての「問題」なのだろうか。近年，特別支援教育に注目が集まり，発達的な偏りをもった子どもたちへの支援の必要性が共有されるようになってきた。その際，教師から見た行動だけに注目して「困った子」と判断するのではなく，「困っている子」として理解し支援しようという視点が大切になる。授業中の立ち歩きやコミュニケーション力不足から生じる対人トラブル，集中できず忘れ物も多いなど，教師の目から見れば，授業を妨害する「困った子」に見える子どものなかには，自分ではどうしようもなくうまく振る舞えない，そういう意味で"困り感"を抱えているのに，それをうまく伝えることができない子どももいる。

　ここで，「問題」という言葉について考えてみたい。

（2）ある保護者の言葉より

　不登校の人数が増え続けていた2002年9月に，文部科学省で「不登校問題に関する調査研究協力者会議」が発足した。筆者もその委員の1人として半年間，不登校の現状を把握するとともに，今後に向けての対応策を議論した。そのなかで，当事者の意見を反映させたいという国の意向を受けて，不登校の子どもを抱える保護者を対象に調査を実施することになった。全国4000人の保護者を対象にアンケートを配布し，3416人からの回答が寄せられた。アンケートの自由記述の欄には，不登校についての子ども本人や保護者の不安，学校の対応に対する批判や感謝など多様な意見も書き込まれ，保護者の切実な思いを読み取

ることができた。そのなかに,「不登校問題に関する調査研究協力者会議」という名称に対する否定的な意見が複数あった。つまり,この「不登校問題」という表現では,不登校であるわが子が問題である意味に読み取れ,「不登校であるわが子は学校にいてはいけない存在なのだろうかと不安になる……」という意見である。もちろん文部科学省にはそのような意図はないが,当事者としては否定的な意味として受けとめてしまっても無理はない。「問題」という言葉が,使いようによっては当事者を傷つけることもあるという点を再認識させられた。

その後,2016年に「義務教育の段階における普通教育に相当する教育の機会の確保等に関する法律(教育機会確保法)」が成立した。この法に基づき,国および地方公共団体は,不登校児童生徒等に対する教育機会の確保等を講ずるよう求められることとなった。それを受けて改定された小・中学校指導要領解説(2017年6月)には,不登校を「問題行動」と判断してはならないという指導指針が明記されることとなった。

ここで目を転じて教育現場を見回してみると,いまだに「いじめ問題」「学力問題」などという言葉が飛び交っている。「あの子が問題なのですよね……」「あの家庭が問題で……」という言葉で語られるとき,悪者探しをして,その悪者にレッテルを貼ったらそれで終わりとなるような事態も少なくない。今こそ「問題」という言葉やその使い方を見直す必要がある。

(3) いろいろな SOS――行動化

筆者がスクールカウンセラー(以降,SCと言う)として学校現場に出ていたときに出会った子どもの事例をいくつか紹介していきたい。

> A君は小学6年生である。それまでは何も「問題」らしきことはなかった児童である。ところがある時期から,クラスメートに嫌なことを言ったり,軽くぶつかったりという行動が見られるようになった。ターゲットになった子どもは不特定であったが,精神的にもダメージを受けていることから「いじめ」として対応することになった。教師が指導すると,しばらく落

ち着いているが，また別のターゲットに移って「いじめ」が続くということ
　で，対応に悩んだ教師から SC をしていた筆者に相談がもちかけられた。
　A 君本人への対応は担任教師に任せ，SC は母親面接をすることになった。
　そのなかで見えてきたのは，受験によるプレッシャーである。母親の話か
　ら，A 君は，一生懸命に母親の期待に沿うよう背伸びをして勉強していた
　が，それがストレスとなり，やがてそれが周りの友達へのいじめやいざこ
　ざというかたちで表現されていたことがわかった。A 君の母親はそのこと
　を真摯に受けとめ，A 君に対する家庭での関わりも変化していった。それ
　に呼応するかたちで，A 君のいじめ行為も消失した。

　このように，周りの大人からすれば「問題」と見える行動も，子どもから必死に投げかけられたサインであると読み取ることができる。その際，「問題」とされる行動を"取り去ったらそれで終わり"と片付けるのではなく，そこにどんな意味がこもっているのか，どんなメッセージが込められているのか，しっかりと立ち止まって考えることが大切である。

（4）いろいろな SOS——身体化

　先の事例のように，周りの人にストレスをぶつける行動として表現する子どもがいる一方で，身体的な病気というかたちで SOS を出す子どもも少なくない。その発症や経過に心理・社会的因子が大きく影響している「心身症」が該当する。子どもに限らず，人は，ストレスや悩みを吐き出すことができないとき，体の病気というかたちで発信する。大人であれば胃潰瘍や突発性難聴などであるが，子どもの場合，過敏性腸症候群や気管支喘息，円形脱毛症などがある。ここで，「心身症」についての事例を取り上げる。筆者が出会った小学 5 年の男子 B 君もそのひとりである。

　B 君の母親が面接を希望してきた。B 君がクラスメートにいじめられて
　いるという内容だった。体の小さい B 君には，ギャングエイジの男子たち

の身体接触が「痛い」し「辛い」。それが苦痛で学校に行ったら吐き気が止まらないということで，不登校が始まった。しばらく母親だけの面接が続いたが，ある時からB君も一緒に来るようになった。普段のさりげない話題に対しても言葉で語ることはなく，首を縦横に振るかたちで応答した。ところが，友達との関係という，悩みの中核に近づいた時，過呼吸が始まるということが重なった。B君は，口で「言いたくない」「聞かないで」と伝えることができない分，過呼吸というかたちでSOSを出していたのかもしれない。

不登校の子どもが訴える頭痛や腹痛は，病院で診てもらっても原因がわからなかったり，登校時間を過ぎるとケロリと治ったりすることもあるため，保護者の目には「仮病じゃないか」と見えることもある。しかし，精神的な苦痛やストレスが身体を通して表現された症状は，決して仮病や嘘ではなく，本人は辛いし苦しいのだということを理解しなくてはならない。そしてさらに重要なのは，その症状の裏にある"苦しみの根っこ"が何であるかを受けとめ，そこに支援の手を差し伸べることであろう。

(5) 言語化の難しさ

これまでにみてきたように，周りにストレスをぶつけるような行動や，心身症といわれる病気として表現するのではなく，自分のストレスや心のモヤモヤを言葉化して周りの大人に伝えられればいいのであるが，自分の心を上手に表現するのは，案外難しい。言語化が難しい背景には，どのような心理があるのだろうか。ここでひとつ，いじめ被害者の気持ちを例にあげて考えてみたい。

いじめを受けている子どもが，親にも先生にもいえずに命を絶ってしまうというケースは後を絶たない。いじめられている子どもが，その苦しみを大人に言わない・言えないのはなぜなのだろうか。そこには複雑な事情があると思われるが，一番大きいのは「大人に相談したことがバレて，いじめがひどくなったら困る」という不安であろう。また，「いじめられること＝恥ずかしいこと」

と考える子どもも，なかなか大人にSOSが出せないで我慢してしまう。また，「親に心配かけたくないし，親を悲しませたくない」「先生も忙しそうだし」というように，親や先生への気遣いから言葉を飲み込んでしまう子どももいる。さらに，「親にいじめの事実を伝えると，親にまで"いじめられている子"という目で見られてしまう。家でだけは，いままで通り"ふつう"の子どもでいたい…だから，親には言いたくない」というように語る子どももいる。

　自分の気持ち，とくに怒りや悲しみ，不安や辛さという感情を，具体的な言葉で人に伝えることは簡単ではない。その結果，SOSを出せずに自分の中に抱え込んでしまう子どもも少なくない。

2　「聴く」ということ，「待つ」ということ

　このように，子どもから言語化するために教師が心がける対応に「聴く」と「待つ」がある。まず，「聴く」ということであるが，これは「聞く」とは異なり，言葉の表面的な意味だけではなく，そこに込められた気持ちや言葉の裏側に心を寄せながら耳を傾けるという姿勢である。しかし，いくら言葉に語られても，心と言葉がずれていたり，建前に隠されて本音がみえないということも少なくない。とくに，思春期に差しかかった子どもの言葉は微妙に揺れ動く。

　先に，いじめについて「言語化が難しい」理由については述べた。いじめに限らず，思春期の子どもがSOSのメッセージを発信するのは容易ではない。その背景にあるのは，思春期特有の反抗心や大人への反発の気持ちである。この年頃の子どもは，無理やり上から押さえ込まれる対応は極端に嫌う。"大人臭さ"を感じ取り「説教されるのは嫌だ」と，大人からの関わりを拒否することも多い。子どもが言葉にしない第二の理由としては，微妙な心の襞まで表現する言葉そのものをもたないということがある。「わかってほしいのに，共有できる言葉が見つからない…」，意固地に口を閉ざしているように見えても，実はそういうもどかしい思いを抱えていることも多いものである。こうした子どもには，「話してごらん」とプレッシャーをかけるのではなく，じっくりと

言葉がつむぎだされるまで，そばにじっと座って待つことも必要である。最後にもう1つ，言葉にしない理由として子どもたちが抱きやすいのは，「親なのだから，子どもの気持ちくらいわかるだろう」「教師なのだから，生徒の気持ちくらい，言わなくてもわかってよ」という思いである。ここには，幼い甘えの気持ちと甘えたくても甘えられない気持ちが裏表になって存在する。

　このように，子どもの言葉がじっくりと結晶化するまで待つのは，相当に根気のいる作業だといえる。そんな場面で大人がしがちな対応は，"先回り"である。子どもの言葉をじっと待つのはエネルギーが必要である。沈黙という間に耐えられなくなり，子どもが言おうとする言葉を横取りしてしまい，「それは，こうなんでしょ」「こうなの？　ああなの？」と先回りして決めつけたり，あれこれ尋ねたりしてしまうことがある。また，大人の常識を押しつけることで，子どもが純粋な気持ちを言い出しにくくなってしまうこともあるだろう。荒削りでもいいから，子どもが自分の口から真実の言葉を発するまで，心を傾けて待つことが必要である。難しいけれど，そうした時間とエネルギーを傾けた見守りが，子どもの心に近づく力となるはずである。

　子どもの心を聴く作業においてもう1つ必要なのは，ノンバーバルなメッセージに気を配るという態度である。とくに，思春期の子どもにみるように，素直に言葉に表現してくれなかったり，語られた言葉と心の乖離が大きかったりしやすい時期には，言葉だけを唯一のコミュニケーション・ツールとするのは危険である。人と人とのコミュニケーションにおいて，言葉上のメッセージ以外にも，その人の気持ちを伝えてくれる材料は多様にある。たとえば，表情や身振りといったボディランゲージは非言語的コミュニケーションの代表といえる。また，声の調子や抑揚などは準言語的コミュニケーションといわれ，言葉ではごまかせない本当の気持ちを伝えてくれる。「大丈夫！」と言いつつも不安げな表情をしていたり，力が入った肩から緊張が伝わってきたりすることもある。「放っておいて！」と言いながら，そばを離れず，その背中から頼りなげな不安が伝わってくるようなケースもある。こわばった顔，うわずった声，しきりに動く目線など，身体は言葉以上に饒舌にその子どもの本音を伝えてくれる。

3　スクールカウンセラー──導入から現在まで

　こうしたカウンセリングマインドを身につけ，カウンセリングの技法を身につけた教師カウンセラーも増えてきた。しかしそれ以上に，子どものこころの「問題」も多様化の一途を辿ることとなる。実際，学校現場では，1990年代に入っても不登校の数はどんどんと増え続け，いじめにも歯止めがかからないまま，愛知県では男子中学生がいじめにより自殺するというニュースが大きな社会問題となった。こうした現状に対応するため1995年に始まったのが「スクールカウンセラー活用調査研究委託事業」である。主に「不登校やいじめ」への対応を目的として，スクールカウンセラーが学校に派遣されることとなった。この事業は，教員免許を持たない"外部の専門家"が学校教育に関わるという点が画期的であり，1995年は「スクールカウンセラー元年」と呼ばれている（村山，1998）。

　ただし，新たに導入されたスクールカウンセラーが，学校現場で教育相談を担当している教師カウンセラーの役割を代替するものではなく，心理臨床という教師とは異なる専門性を有するスクールカウンセラーと教師カウンセラーとが連携・協働していくという意図があったことも忘れてはならない（村山，1998）。

　SCが学校現場に導入されることになった当初，学校からはさまざまな反対意見が唱えられた。「教職免許を持たない人間が学校教育に関わっていいのか」「カウンセラーの対応は，子どもたちの甘やかしにつながるのではないか」という疑問から，「人を増やすための予算があるなら，教師を増やしてほしい」という要望まで，これらは学校現場の切実な声であった。とりわけ生徒指導担当者の不安や不満は大きかったのではないかと思われる。それは，「学校全体で一丸となって生徒指導を進めているのに，教師でもないSCに崩されては困る」という思いであり，そこにはSCという外からの「異分子」に対する不安や不信があったものと考えられる。

　ところが，SC導入後の学校現場の反応は，概ね好意的なものであった。も

ちろん，その評価は，SC自身の動きに大きく依存するのも事実である。つまり，SCが学校のことをよく理解し，教員とも情報交換を積極的に行っているほど，学校側の評価が高いことが明らかになった（伊藤，2000）。SCには，教師とは異なる専門性（心理臨床に関わる知識や技術）が求められると同時に，学校に関心をもち，学校現場のことを理解しようと努力する姿勢が求められていたことがわかる。

（1）SCの専門性
このようにみてくると，従来のカウンセリングの技法や考え方に加えて，SC個人に固有の力量が求められるといえそうである。山下（2009）によると，SCの専門性として，次の3点があげられている。

　① カウンセリングができる
　② 子どもの状態や心理的背景などを，保護者や教師に説明できる
　③ さまざまな人間関係における調整役を担うことができる

これによると，SCも心理臨床的知識や技法を獲得し，その研鑽に努めることは，そのほかのカウンセラーとはかわらない。筆者自身，学校現場に入って感じるのは，SCには"個人臨床だけでなく，集団へのカウンセリングや組織に関わる力"が求められるという点である。また，個人のアセスメントだけでなく，学校そのものをアセスメントしたり，地域をアセスメントする力も必要である。さらに，人をつなぐ（たとえば，子どもと子ども，子どもと保護者，子どもと教師，教師と教師，教師と保護者，子どもや保護者と専門機関のスタッフなど），さらには組織と組織をつなぐ（学校と専門機関，学校と地域社会など）役割も非常に重要とされる。

この連携を，情報の共有から心の共有へと深めるためには，日頃からの人間関係を紡ぐ力が必要とされる。たとえば，相談内容について教師とともに考えるコンサルテーションの機会などでは，「守秘義務」と「報告義務」の矛盾に苦しむこともあるかと思う。小林（2012）が指摘するように，"SCが知り得た情報は，カウンセリングの守秘義務と学校内で職務上知り得た情報守秘という

二重の守秘義務の枠に守られている"が、それをさらに確固たるものとするためにも、学校全体で守秘に対する考え方をしっかり共有する必要があるだろう。学校現場では"秘密を守るかどうか"という二項対立ではなく、"この子どもを（子どもの命や将来を）どう守るか"という視点を教員と共有することが重要になるのではないかと思う。

（2）SCの主な仕事

ここで、学校のなかで展開されているSCの役割について主なものに絞って述べてみたい。

a．児童生徒へのカウンセリング

学校現場では、原則的には授業が優先されるので、子どもの面接は昼休みや放課後が中心となる。子どもたちによる自主来談もあるが、担任の先生に背中を押されたり、先生から勧められて相談に来る子どもたちも少なくない。しかも、その対象は個人だけでなくグループもある。複数人がやってきて、思い思いに話をするのを正確に聞き分けなくてはならないこともある。友人関係をめぐる相談は多いが、クラスのなかでどんな人間模様が展開されているか、どういう仲間関係が入り乱れているか等々、その場で起こっている現象を短い時間で理解することが求められる。

子どもへの対応で気をつけないといけないのは、「相談室も学校の一部であり、そこだけ治外法権になってはいけない」という認識であろう。学校で許されないことは相談室でも原則禁止である。教師に「たまり場」「遊び場」というネガティブな印象をもたれては、スムーズな連携は望めない。学校内に相談室を開くことの意味や必要性を正しく理解してもらうためにも、相談室のルールについては教師とともにつくり上げることが大切になる。

b．保護者への助言・援助

保護者の相談のなかでも最も多いのが、不登校の子どもをもつ親の面接である。家に不登校の子どもがいると、家族はその対応に気を遣う。とくに、その子が神経症的症状の強いひきこもり期にある場合、言葉の一つひとつに過敏に

反応するため，家族全員がぴりぴりしているという場合も珍しくない。そんな子どもと一番長く顔を合わせる母親は，子どもの将来への不安や子どもへの対応についての迷いで疲れ切っていることが多い。精神的に追いつめられてくると，ふだんなら言わないことが口をついて出てきてしまう。「ほかの子は学校に行けるのに，どうしてうちの子は行けないのか…」「不登校の子どもが家にいると恥ずかしい」など，不安や心配が言葉の暴力となって子どもに降りかかることもある。そんなとき，母親自身が相談室を訪れ，ふだんの鬱憤やストレス，心配などの感情をSCに吐き出すことで，また新たな気持ちで子どもに接することが可能となる。母親を精神的に支えることで，それが間接的に子どもに作用し，子ども自身の精神的な安定が図られる。母親面接の大きな目的のひとつは，この点にある。

c．教職員に対するコンサルテーション

教師は日々，多忙を極めるなか，児童生徒理解や対応について悩みを抱えている。そんな教師たちへの支援のひとつがコンサルテーションである。そこで一番必要とされるのは，「この子どもの行動や気持ちを，どう理解すればよいか」というアセスメントであり，ここには心理臨床の専門性が求められる。もちろん，迷いながらもすでにすばらしい実践をしている教師には「それでいいのでは」という一言だけで，自信への後押しにつながることも少なくない。生徒指導の主役である教師のニーズに合わせ，カウンセリングの知見を提供したり役割分担したりというかたちで教師を支える役割がSCには大きく期待される。

（3）SCの立ち位置

文部科学省が出したガイドライン（教育相談等に関する調査研究協力者会議，2017）によると，上記にあげた主たる業務以外にも，SCにはさらに多様な役割が期待されている。
- 児童生徒集団，学級や学級集団に対するアセスメントと助言・援助
- 児童生徒の困難・ストレスへの対処方法，児童生徒への心の教育に資す

るすべての児童生徒を対象とした心理教育プログラム等の実施
- 不登校，いじめや暴力行為等問題行動，子どもの貧困，虐待等を学校として認知した場合，自然災害，突発的な事件・事故が発生した際の援助
- 教職員のカウンセリング能力等の向上のための校内研修の実施

これら多様な職務を果たすためにも，SC 自身にもニーズに合わせて柔軟に対応の幅を広げることが求められる。その際に必要となる SC の独自性について取り上げてみたい。

a．外部性と内部性の共存

その多くが非常勤という勤務体系をとる SC は，常勤の教師とは異なり「外の人間」という立場にある。そして，日々の活動においては，教育者の立場とは異なる心理臨床という専門性が求められる。「外部」の立場を維持することにより，学校内の動きに巻き込まれることなく，何がどう変化したのかが理解できる。常時一緒に巻き込まれながら対応せざるをえない教師とは違って，事態の変化を客観視しやすくなるといえる。専門性が違うからこそ，また立場が違うからこそ，同じ立場からはみえなかったことが，若干視点を変えることによってみえてくるというケースもある。教師と SC は異なる役割であるからこそ，違った立場から分担・協力しつつ関わることも可能になる。しかし一方，「外部」という立場ゆえに，お客様扱いされたり，仲間意識をもたれにくいという弊害につながることもある。いま，進みつつある「チームとしての学校」構想が実現すると，SC も"内部の人"に位置づけられることになる。「内」なる立ち位置を生かしつつ，「外」（教師とは異なる）の専門性や「外」からの視点をどのように維持できるか，今後問われることになるだろう。

b．支援対象の多様化

従来の個人療法が個を対象とすることが多いのに対し，学校臨床で SC が対応するのは「個」（「点」への関わり）だけではない。人と人との関係や複数のグループが相談の対象となることがある（「線」への関わり）。また，問題状況によっては，学級全体，さらには学校組織そのものに切り込んでいかねばならないこともある（「面」への関わり）。このように多様な対象に関わるため，SC に

は個人臨床の技法だけでなく，グループカウンセリングの手法やコミュニティ心理学的アプローチ，そして集団療法的スキルを磨くことが求められる。さらに近年は，子どもや家庭が抱える問題が多様化した結果，教育という力だけで解決を図ることが難しいケースも増えている。これからのSCには，教育・心理・福祉・医療・司法矯正という学外ネットワークの多職種とも連携できるよう，柔軟な対応がますます求められることになるだろう。

　c．待ちだけではない，予防的も開発的も

　SCが対象とするのは，悩んでいる児童生徒や傷ついている児童生徒に限らない。いまは何も問題がない子どもも支援の対象となる。そういう意味では，「相談に来るのを，相談室内で待っている」だけでは不十分である。発達的に辛い状況を抱えた子どもの様子を教室まで観察に出向いたり，教師とともに家庭訪問に行くことを要請されたり，「こちらから打って出る」動きが求められることもある。さらに最近では，ストレス・マネジメントやアンガー・マネジメント，ソーシャルスキル・トレーニングなどを目的とした心理教育がSCに期待されるようになってきた。「いのちの授業」や性教育などを養護教諭と一緒に行うような事案も増えている。個人臨床に加えて，予防・開発的支援の力量を備えることのニーズも大きくなっている。

　d．事件や事故に対する緊急支援も

　近年，SCに対してニーズが高まっているものの1つに緊急支援がある。自然災害によるトラウマへの対応，さらには，児童生徒や教職員の自殺や事故，そして学校が巻き込まれる事件など，子どもの心のケアを必要とする事態が相次いでいる。そういう突発的な問題への対応に際し，SCに緊急支援が養成されるケースも増えてきた。トラウマを抱えた子どもや保護者，そして教職員の心のケアに努めつつ，教育の現場に平常の落ち着きを取り戻すことが重要である。そのために，学校全体を迅速かつ確実にアセスメントし，個人面接や緊急保護者会の開催，そして保護者や教職員への支援体制を組み立てなければならない。

　このようにSCには，日々起こるさまざまな「問題」への対症療法的な関わ

りに加え，日常のなかで必要性が指摘される予防的関わり，そして，突発的に起こる緊急事態への支援まで，多様で臨機応変な関わりが求められることになる。

4 SC とスクールソーシャルワーカー

　近年，いじめや虐待，それに子どもの貧困の問題など，外部の専門機関，とりわけ福祉的支援機関との連携が必要なケースが増えている。こうした状況を受け，文部科学省も2008年に「スクールソーシャルワーカー活用事業」として全国的なスクールソーシャルワーカー（以降，SSW と言う）の導入に踏み切った。SSW の詳しい説明は他の章に譲るが，ここでは SC，SSW それぞれについて，文部科学省「児童生徒の教育相談の充実について（報告）」に明記されたガイドラインを引用しつつ考えてみたい。

　まず SC は，不登校，いじめ，暴力行為，虐待等，多様化する子どもの課題の解決に向け，教育相談体制の充実が求められるなか，多様な専門性と外部性を兼ね備えた心理の専門家として大きな期待が寄せられている。職務は，児童生徒，保護者，教職員に対するカウンセリングやアセスメント，コンサルテーションがある。それに加えて，コミュニケーションやストレスマネジメントなどに関する心理教育や教職員への研修等もあげられる。

　これに対し，福祉の専門家である SSW が導入された背景には，児童生徒の心の問題とともに，家庭，友人関係，地域，学校など児童生徒のおかれている環境の問題がある。そのため SSW には，個人の環境への適応力を高める支援や，環境に働きかけて問題を解決できるように調整する援助など，個人と環境との関係にも働きかける視点をもつという点が求められる。学校内における具体的な業務としては，SSW の仕事は，問題を抱える児童生徒と児童生徒がおかれた環境への働きかけ，学校内におけるチーム支援体制の構築，支援，関係機関とのネットワークの構築，連携・調整と多岐にわたる。

　このように，SC と SSW はそれぞれの専門性を有しながらも重なり合う業

務も多い。文部科学省が提起している「チームとしての学校」構想が本格化すれば教育・心理・福祉という専門性が学校という器の中で協働することになる。学校現場での実践は，教師との協働なしには展開しない。今後，「チームとしての学校」の実現により，学校現場は新たな連携のあり方を模索することになるだろう。教師が要となりつつSC，SSWがひとつの学校の中で協働する時代が到来したときには，異なる専門だからこその軋轢を乗り越え，教育・心理・福祉の専門性を生かしつつ，ともに学校組織の一員として教育をつくり上げていかねばならない。

引用・参考文献
伊藤美奈子（2000）「学校側から見た学校臨床心理士（スクールカウンセラー）活動の評価——全国アンケート調査の結果報告」『臨床心理士報』第11号，21〜42頁。
教育相談等に関する調査研究協力者会議（2017）「児童生徒の教育相談の充実について——学校の教育力を高める組織的な教育相談体制づくり（報告）」。
小林哲郎（2012）「スクールカウンセラーの出会う諸困難」村山正治・滝口俊子編『現場で役立つスクールカウンセリングの実際』創元社，258〜270頁。
村山正治（1998）「臨床心理士によるスクールカウンセリング」氏原 寛・村山正治編著『今なぜスクールカウンセラーなのか』ミネルヴァ書房，1〜21頁。
山下一夫（2009）「学校臨床における基本姿勢」日本臨床心理士会編『臨床心理士の基礎研修——ファーストステップ・ガイダンス』創元社，123〜142頁。

学習の課題

(1) 教師に求められるカウンセリング・マインドとは何か。「聴く」「待つ」をキーワードにして考えてみよう。
(2) 思春期の子どもたちが自分の悩みを言語化しにくいのはなぜか。また，言語化できない場合，どのようなかたちで表現されるのだろう。
(3) スクールカウンセラーに求められる専門性とは何だろう。個人臨床との違いにも着目しつつ考えてみよう。

【さらに学びたい人のための図書】
春日井敏之・伊藤美奈子編（2011）『よくわかる教育相談』ミネルヴァ書房。
　　⇨学校現場で教育相談に携わる際に知っておくべきポイントが網羅されている。

実践に携わる人に必携の書。
桑原知子（2016）『教室で生かすカウンセリング・アプローチ』日本評論社。
　⇨教育現場でのカウンセリング・アプローチについてまとめられた「先生が元気になれるバイブル」。
伊藤美奈子・平野直己編（2003）『学校臨床心理学・入門　スクールカウンセラーによる実践の知恵』有斐閣。
　⇨学校における心理臨床活動について豊富な事例を手掛かりにして学べる実践的入門テキスト。
文部科学省（2022）『生徒指導提要（改訂版）』。(https://www.mext.go.jp/a_menu/shotou/seitoshidou/1404008_00001.htm)（2023年10月8日閲覧）
　⇨文部科学省が，生徒指導の基本書として，12年ぶりに改訂版を作成した。より身近に活用されるよう，デジタルテキストによる配信形式が採られている。

（伊藤美奈子）

第4章 教育相談と生徒指導

この章で学ぶこと

　生徒指導や教科指導などのさまざまな場面で教師が指導する際，教育相談の視点を活用することによって，より深い児童生徒理解と的確な指導が可能になることを学習する。生徒に対して厳しく要求する生徒指導と優しく受容する教育相談が対峙して捉えられがちであったが，両者の本質を理解したうえで実践することによって，実践的に統一・融合させることが可能である。また，心理の専門家としてのカウンセラーは，「相談室」という守られた枠組みのなかで専門的で治療的なカウンセリングを行う。それに対して教師が行う教育相談は，校内での日常の学習・生活場面で行われる。それゆえ，専門性が統合された総合的な指導力が求められる。このような，総合性の高い教師観の獲得もこの章のねらいとしたい。

1　「生徒指導」とは

(1) 生徒指導の変遷

　生徒指導は非行・問題行動対策として，校則指導や問題行動の対処を重視してきた経緯がある。戦後，非行が頻発したピークが4回あったが，文部省（当時）はその都度対策を講じてきた。2回目の非行ピークは1964（昭和39）年であったが，文部省は『生徒指導の手びき』を1965（昭和40）年に公刊し，生徒指導の重点を非行対策に置いた。この生徒指導の機能は継続され，「毅然とした態度」が求められる生徒指導の厳しさは引き継がれている。

　こういった生徒指導は問題行動が起きてから対処するという意味で，「消極的生徒指導」といわれていた。これに対して非行の予防や健全育成の視点を重視した「積極的生徒指導」は，1983（昭和58）年の非行の3回目のピーク時の

対策から強調されるようになった。それは，少年犯罪の件数が戦後最高になり，加えて「いじめ」や「不登校」など，問題行動が質的にも変化したためでもあった。「生活体験や人間関係を豊かなものとする生徒指導」（文部省，1988）では，生徒指導は社会的な自己実現を目指すために，自己指導能力を生育させるものとされた。対症療法では問題の本質的な解決ができないからである。

さらに，『生徒指導提要（改訂版）』においては，生徒指導の目的を達成するためには，「深い自己理解に基づき，『何をしたいのか』，『何をするべきか』，主体的に問題や課題を発見し，自己の目標を選択・設定して，この目標の達成のため，自発的，自律的，かつ，他者の主体性を尊重しながら，自らの行動を決断し，実行する力，すなわち，『自己指導能力』の獲得」（文部科学省，2022，13頁）を目指すものとされた。

1995年からはスクールカウンセラー活用調査研究委託事業が始まり，教育相談が学校教育に本格的に導入され，「積極的生徒指導」は予防的・開発的生徒指導に発展していった。生きづらさや課題を抱えた子どもたちを援助したり，すべての子どもの生活の向上に有用なさまざまなスキルを獲得させたりすることによって，問題行動の未然防止を目指すようになったのである。生徒指導は学習指導と関連づけながら学校の教育活動全体を通じて行われ，学校の教育目標を達成するために重要な機能のひとつとされている。非行・問題行動対応を重視していたころの生徒指導は，教科指導とは異なる指導力が求められると考えられていた。そのため生徒指導と教科指導とは異なる領域の指導と捉えられており，こういった生徒指導観を「生徒指導領域論」と呼ばれた。それに対して，「自己実現」を目指す生徒指導は，あらゆる学校教育の場で機能していく必要があり，その意味でこの生徒指導観を「生徒指導機能論」と呼ばれるようになった。

（2）生徒指導における「ガイダンス機能」

生徒指導は，戦後アメリカから導入されたガイダンス（guidance）という指導概念を訳したものである。その際，「指導」や「生活指導」などとほぼ同義

語として使われたこともあった。アメリカにおいて，1900年前後に職業指導として導入されたガイダンス運動は自己実現を目指す教育や職業選択を目的としていた。1929年の世界大恐慌を契機に社会的不適応者や失業者の減少を目指し，子どもたちに社会規律やマナーなどを守らせたり，社会適応を求めたりする社会的機能が強調されるようになった。

　戦後の日本に導入されたガイダンスは「社会的な自己実現」を目指すという点では一貫しているが，教育活動としてのガイダンスは多様である。ガイダンスは学校教育相談や進路指導を含む生徒指導全体を指す場合がある。また，生徒指導場面における援助的な「カウンセリング」に対して，生徒に行動の変容などを要求する「指導」を指す場合もある。2017年に公示された新学習指導要領の解説書では，入学時や新たな学習の開始時，進路選択時などにおいて「ガイダンスの機能の充実」の配慮を求めているが，具体的にはオリエンテーション的なガイダンスである。学校におけるさまざまな教育活動に，「社会的な自己実現」を目指す「ガイダンスの機能」を貫かせることが，「ガイダンスの機能の充実」を目指すということである。先述の「生徒指導機能論」同様，ガイダンスも機能概念と捉えることができる。

（3）「生徒指導」と「生活指導」

　学習指導要領などで重視されている生徒指導という概念は，アメリカの「ガイダンス概念」の影響を強く受けているが，日本でも戦前から「生活指導」という指導概念があった。戦後の一時期は生徒指導と生活指導はほぼ同義語として使われたこともあったが，その後，文部科学省は「生活指導」は多義的に使われているとし，「生徒指導」という用語に統一したという経緯がある。大正時代から始まった「生活綴方教育」は，子どもたちの生活の中で見たり，聞いたり，感じたりしたことを作文し，それを学級で読み合う作文教育である。作文と討論を通して，自分たちの生活や地域・社会への理解を深化させ，子どもたちを生活主体として育てていくことを目指した。これは戦後も，「生活教育」という教育概念に継承された。このように，子どもたちの「生活」に対する指

導として,「生活指導」は戦前から実践されており,戦後は「集団づくり」など子ども主体の教育実践を展開させた。

「教育基本法」は2006（平成18）年に改正された。旧「教育基本法」第一条（教育の目的）には「国家及び社会の形成者として…（中略）…国民の育成」と国家を形成する主体としての国民の育成が教育の目的とされていた。「生活指導」の目的もまた，学校や社会・国家を形成する生活主体を育てることにある。それに対して，改正「教育基本法」第一条は「国家及び社会の形成者として必要な資質を備えた…（中略）…国民の育成」とされており，国家・社会に必要な資質を獲得させることが教育の目的として改正された。国家・社会に必要な資質の獲得は，国家・社会の求めに応じて社会に適応した自己実現を果たすことで，社会の安定や国家の発展を目指すものである。改正「教育基本法」における教育の目的は生徒指導の教育観に重なっているのである。「生徒指導」「生活指導」の目指すものは教育の目的と関わっており，法律による重みの差はあるものの，それぞれ重要である。学校では，バランスのとれた指導を行うべきである。

2 「問題行動」とは何か

(1) 「問題行動」とは何か

非行・暴力行為のように他人に迷惑をかけ，規律違反や違法行為などの反社会的に逸脱した行動を「問題行動」といってきた。また，不登校や引きこもりなどのように学校や社会になじめず孤立している場合，非社会的な「問題行動」という場合もある。教師や保護者たちはこういった「問題行動」に対して，何らかの対応を迫られることになり，大人にとって「困った子」という印象を与えてしまう。そして，「反社会的」「非社会的」というように，彼らは社会に適応できずに「問題行動」を起こしてしまった，と考えられてきた。

しかしながら，当事者には別の景色が見えているはずである。根拠のはっきりしない校則に適応できない自分が悪いのではなく，悪いのは学校や社会だ，

という思いの思春期の子どもは少なくない。また、不登校は学校で学ぶ権利を自ら放棄しているだけで誰にも迷惑をかけているわけではない。さらに、授業中に立ち歩きや話しを始めてしまう子どもの中には発達障害の子どももいる。大人たちから「困った子」と思われている彼らは、納得できないまま強制されてきた辛さや、みんなになじめない寂しさ、自分でも自覚できない不安にさいなまれてきた「困っている子」たちでもある。授業妨害などでは、ほかの子どもたちの学習権を保障するためにも、早急に問題を沈静化させる必要がある。それと同様に、「困っている子」にとっても、自らの「問題行動」そのものが、彼らの発達を妨害してしまっているという問題も解決しなければならないのである。「問題行動」という言葉によって、「困っている子」を問題児と位置づけ、事態の早急な沈静化を求め、強制や排除の対象としてしまう場合がある。「問題」の本質的な解決のためには、彼ら自身と彼らの困っている問題とを十分に理解することが重要なのである。

(2) 児童生徒理解

「問題行動」発生時に、子どもたちに対する的確な指導・支援を行うため、その子ども自身のことや、その「問題」とそれに至る原因や背景などの情報を収集・分析しておく必要がある。こういった児童生徒理解のプロセスをアセスメントという。日常的に子どもたち一人ひとりの情報を蓄積しておくことで、問題行動に迅速な対応ができるだけではなく、問題行動の予防など「積極的な生徒指導」を実施するうえでも重要である。

日常の学校生活における子どもたちの言動を観察することで、個別的理解を進めることができる。これは「観察法」といわれるものであるが、教師が観察者として離れたところから観察するだけでは児童生徒理解は深化しない。教師から一方的に理解しようとするのではなく、学校生活において「わかり合える関係」を築くことが重要である。日常会話やさまざまな活動を通して、教師と子どもたちとの相互理解が行われる。その児童生徒理解に基づいて、教師から子どもたちに、ちょうどよい課題や問いが出される。それに取り組む子どもた

ちを見守る教師のまなざしは，子どもたちを励ましていく。その指導やまなざしを通して，子どもたちは教師を理解する。すると，子どもたちは安心して，さらに自己開示するようになる。日常活動や授業・行事などの指導場面では，児童生徒理解と「指導」が同時に行われているのである。こういった日常の自然体の関係が定着していれば，「面接法」という面接による事情聴取や教育相談も円滑に進められる。

　このような教師の行う児童生徒理解に加えて，アンケートなどの「質問紙調査法」や心理検査など主に専門機関（専門職）が実施する「検査法」などがある。重篤な問題行動が発生した場合などは，さまざまな方法で収集した情報を総合してアセスメントを行う必要がある。とくに，「観察法」や「面接法」は同じ子どもでも接する場面や対応する教師が違えば，異なった児童生徒理解をしてしまうことは珍しくない。問題行動の対応や子どもからの重篤な相談活動を1人の教師との閉ざされた関係のなかで進めるべきではない。アセスメントが的確に行えず，指導を誤ってしまう場合もある。教師による「抱え込み」を防止するためにも，子どもと関わりのある教職員や専門職，管理職などを含め，学年教師集団を中心にしたチームで対応すべきである。

　また，子どもたちの個人情報を扱う以上，その取り扱いに注意するのは当然であるが，心理検査やアンケートの実施に際しても配慮する必要がある。発達障害の子どもたちは，本人も困りながら，気づかぬうちにトラブルを起こしてしまっている場合が少なくない。こういった状況の子どもやその保護者にとって，発達障害と診断されることで安心する場合もあるが，さらに傷ついてしまう場合もある。不用意な心理検査の提案が保護者の不信感を招くこともある。教師には行えない専門的で信頼性の高い検査によって，子どもの困りごとの原因が判明され，具体的な支援方法が明らかになる可能性があることを説明する必要がある。いじめに関するアンケート調査に関しても，教師を含めた学級内での信頼関係が不十分な状況で実施されれば，正確な情報が得られないばかりか，学級内での疑心暗鬼の原因になる可能性もある。アンケート調査を実施する場合は，いじめ問題の深刻さを理解させたうえで，その目的や調査結果の使い

方なども理解させる必要がある。いじめの早期発見をアンケート調査に頼りすぎることなく，日常の児童生徒理解を深めるきっかけとして活用すべきである。

3　積極的生徒指導としての教育相談

(1) 治療的教育相談と開発的・予防的教育相談

　教育相談という概念は多義的である。広義の教育相談は教育カウンセリングとほぼ同義語で，学校を含めた教育機関においてカウンセリングの理論や技法を活用して教育活動を援助するものである。学校現場において，教育相談といえば，学校生活でのトラブルや悩み，学習方法，進路選択などに関する面接相談が一般的である。小学校・中学校における「家庭訪問」や「定期教育相談」，「進路相談」などでは保護者を含めた三者面談が多く，家庭や学校での生活・学習の状況を共有し，子どもや保護者からの要望や不安などを聴き取る。このような面接相談は問題行動に対する予防的な効果が高い。

　しかし，教育相談は，面接相談に限定されることはない。いじめや不登校などの具体的な問題への対応，さらに，問題行動の予防対策やさまざまな発達支援の取り組みまで含まれ，教育相談部などが中心になり組織的に運営されている。校務分掌としての教育相談部には，教員以外にスクールカウンセラー（以降，SCと言う）やスクールソーシャルワーカー（以降，SSWと言う）などの心理や福祉に関する専門スタッフも所属している場合が多く，生徒指導（部）と連携しながら運営されている。カウンセリング理論を基本にした，学校で行う教育相談活動全般を学校カウンセリングという場合もある。

　いじめや不登校が社会問題となり，SCは1995年にまず中学校に導入され，それに伴い，教育相談体制の確立が進められた。子どもたちの問題を解決するための教育相談を治療的教育相談という。たとえば，問題行動を頻発させる子どもたちのなかには，発達障害や貧困・虐待などの問題を抱えている場合が多く，SCやSSWが校内のチーム支援に参加することで，より的確な支援が可能になった。治療的教育相談の導入によって，問題行動に対応する生徒指導は

合理的・効果的に進められるようになったのである。

　問題が顕在化する前の「困っている子」に対する援助を予防的教育相談という。また，コミュニケーション能力の獲得や安全・健康教育など，すべての子どもの発達や能力開発を促進させる開発的教育相談も重視されてきている。開発的教育相談として，構成的グループ・エンカウンターやソーシャルスキルトレーニングなどを特別活動や総合的な学習の時間などで取り入れる学校が増えてきている。

（2）カウンセリングマインド

　学校として教育相談体制の確立が重視されるとともに，教師一人ひとりにもカウンセリングマインドの獲得を求められるようになった。SC導入時期にはさまざまな混乱や誤解があった。戦後導入されたカウンセリング技法としての来談者中心療法は，「傾聴」によって共感的理解を深化させ，あくまでも，子どもたちを肯定的に受容していく。暴力行為を起こした子どもに対しても，その暴力の是非を問い正す以前に，それに至るその子の思いに寄り添っていく。場合によっては，思い込みなど，間違った現状認識でさえ，その子の精神世界での出来事として受け入れていく。当時の生徒指導担当教師のなかには，カウンセラーが学校に入り，子どもに対応することに疑問や不安を抱いていたものが少なくなかった。「悪いことをしたんだから，まず謝れ！」と社会通念に照らして責任をとらせ，叱責や懲罰によって再発を防止してきた。彼らは，子どもたちを受容することによって，指導の効果が弱まることを恐れていたのである。カウンセリングで大切にしているのは，そのときの「悲しかった」「つらかった」「腹が立った」などという感情を聴き取り，「受容」することである。その結果として起こしてしまった問題行動を「許容」しているわけではない。

　また，カウンセリングマインドとは教師がカウンセラーのように対応することを求めてはいない。カウンセラーによるカウンセリングは，カウンセリングルームでの週に1時間程度の対話が中心である。この対応は，特別な空間での特別な関係という，別世界での守られた「枠組み」のなかでのみ可能となる。

教師は子どもたちとの日常生活のなかで共感的に児童生徒理解を行い，彼らの心情や生活環境を理解したうえで指導をしていく。その指導は，カウンセリングの対応をもとに子どもたちを支援することで，彼らに自己決定を促すのである。学校でのあらゆる場面で，すべての子どもを対象にすることができる指導観がカウンセリングマインドである。

（3）「真の反省」を得る指導の難しさ

思春期のトラブルは，自立のための葛藤が根底にある場合が多い。親からの自立の欲求と同時に，自立の不安から親に依存する。現象とすれば，甘えたい大人に反抗する，また，思い通りにならない自分自身を否定する傾向が強く，メタ認知能力も発達し，自分を他者と比べて自信を失うこともある。学童期からの友達が共存的他者として寄り添ってくれれば思春期を揺れながらくぐり抜けられるが，孤立してしまえば思春期葛藤は長引く。大人や仲間，自分自身ともぶつかりながら成長していくが，感情に流され，問題に向き合えない場合もある。トラブルを繰り返す子どもや長期化する不登校は思春期の特徴的な現象ともいえる。大人にとって思春期の行動は理解しがたく，大人への不信感も強くなる。あからさまに反発する子どももいれば，打算的に対応する子どももいる。思春期の指導は難しい。

さらに，いじめ指導などでも苦慮する教員は少なくない。文部科学省（2023）による「令和4年度児童生徒の問題行動・不登校等生徒指導上の諸課題に関する調査」（以降，問題行動調査と言う）では，約23％が「解消に向けて取組中」と計上され，いじめは解消されず継続している。いじめ加害者への指導として教員による事情聴取と指導のあと，特別な指導として多いのが，「保護者への報告（54.0％）」，被害者やその保護者への「謝罪の指導（51.3％）」「校長，教頭が指導（3.6％）」である。いじめ加害者は，いじめが見つかると教師に事情聴取され，親にも叱られる。場合によっては校長や教頭からも指導されることもある。その後，被害者とその保護者に謝罪することになる。その謝罪の会に向けて，反省文を書くことが多い。約23％のいじめがいまだに教師が認知できる状

態であるが、もしいじめが再発していたとしても、さらに教師には認知しにくくなってしまう。一連の指導で思春期の子どもたちが、「真の反省」をするとは限らないのである。いじめは不可視性が高く、その認知は難しいが、いじめの解消の確認も難しいのである。文部科学省も2017（平成29）年「学校いじめ防止等のための基本方針」を改定した。改定の主要な点は、謝罪だけでいじめは解消しないとし、3カ月間いじめが止んでおり、被害者が心身の苦痛を感じていない状態をもって「いじめの解消」とした。説教し、謝罪させ、反省文を書かせる以上の効果的な指導とは何か、子どもの内面を育てるという本質的な教育課題の克服が求められている。「指導」を深化させるのが教育相談なのである。

4 指導と受容の融合

(1)「生徒指導」の厳しさ

かつて、教職に就くことを「教鞭をとる」と言っていたように、教育は鞭に象徴される厳しさを背景に行われてきた。また、戦前の国家主義教育においては、教育は統治の手段として国家に管理されていた。教育勅語を軸とした教育は、教師の下に子どもたちをおき、「徳目」を注入することで国家への忠誠心を強化させた。教師と子どもの「上下関係」を構築することによって、子どもは反論することもなく、教師の言うことをよく聞く。「上下関係」は鞭や体罰、それに伴う恐怖心、または評価権などで構築される。子どもにとって、豊富な知識や技能をもち、豊かな人間性を備える教師は、敬愛の対象として「見上げる存在」となるべきである。懲戒権や評価権という権力によって、子どもを管理することではなく、彼らに自己決定権を与えることによって、「自己指導能力」を育てることが生徒指導の目的なのである。

1980年代、中学校が荒れたときに、厳格な校則指導によって生徒指導体制を強化した学校も少なくない。また、2000年頃、非行・問題行動防止対策の一環として、アメリカから、「ゼロ・トレランス」という指導理念が導入された。

日本では「段階的指導（プログレッシブディシプリン）」として，軽微な規律違反や問題行動を見逃さず，それに応じた懲罰を与えて再犯を防止する指導方法として，多くの学校で取り入れられてきている。理由のいかんを問わず厳格に対応する，という意味で「ゼロ・トレランス（寛容しない）」なのである。規則違反・問題行動の段階に合わせた懲戒規程が定められており，日常的に点検活動が行われ，子どもに対する管理が強化される傾向がある。

(2) 思春期の子どもを支える

　思春期の子どもは自立への葛藤を抱えながら，大人との距離を置き，自分たちの世界で生活することを試みる。自立を目指す挑戦や失敗・トラブルなどの解決を目指し，自らの言動や人間関係を少しずつ改善していく。進むべき道を自己決定し，それらを乗り越えて成長していくのである。自立と依存の間を揺れ動く子どもたちの反抗は思春期の象徴といえる。ところが，反抗期がなかったという大学生が増えている。上述の「ゼロ・トレランス」のような失敗させない教育や子育てによって，教師や親に反抗しにくい雰囲気が広がっている。彼らの多くは，内面の葛藤がなかったわけではないとも述べている。学校や病院などで，子どもや患者などの弱い立場の人の権利を守るという名目で，本人に代わって教師や医師が意志決定し，管理することをパターナリズム（paternalism：父権主義・温情主義）という。子どもの抱えている生きづらさや不安が大きくなるほど，パターナリズムは受け入れられやすくなる。貧困や虐待など，生育環境に問題があれば，さらに思春期は混乱していく。

　大人たちの管理やパターナリズムによって，失敗もなければ挑戦もない生活では，思春期の発達課題としての自己同一性（アイデンティティ）は獲得できない。自己同一性は，学童期まで親などに同一化していた子どもたちが親から離別し，自己と向き合い，自分らしくいられるようになることで獲得されていく。大人が厳しく叱れば子どもたちが自己と向き合うとは限らない。むしろ，その逆である場合が多い。教師に守られ，受け入れられて，彼らは安心して自らと向き合うことができる。校則指導などの厳しい「管理」ではなく安心できる

「関係」で，「失敗」させないことに気を配るのではなく，「失敗」をくぐり抜けることを支える指導によって，子どもは自分自身の葛藤と課題に立ちむかうことができる。そういう子どもから目をそらさない「厳しさ」が求められている。子どもの言動などの表面的な管理だけならマニュアル的な対応が可能であるが，葛藤している思春期の子どもたちを指導・支援するためにはカウンセリングマインドによる高い専門性が必要なのである。

（3）指導と受容の融合

　少年院や刑務所などに入所している子どもや大人たちに対する矯正教育を専門としていた岡本（2013，76頁）は，「反省は，自分の内面と向き合う機会を奪っている」と述べている。収監された人は刑を軽くするために「上手な反省文」を書くようになる。その「反省」が自らを抑圧し，自己否定的となり，孤立してしまえば再犯してしまうという。

　犯罪者に限らず，問題を繰り返す子どものなかには自らが傷つけられていたことに気づいていない場合が多い。自分自身の辛さに気づけない子どもが，被害者の辛さを理解できるわけもなく，被害者への共感が伴わない「反省文」は表面的な作文で終わる。虐待やいじめられた経験は忘れてしまいたい過去として，記憶にふたをしてしまうことがある。その当時のことはよく覚えていないと言いつつ，その時の悲しさ，不安，絶望などのネガティブな感情は忘れることはできず，何かのきっかけで「怒り」として吹き出すことがある。その「怒り」は他者に対する攻撃や自らに対する自傷行為などのかたちで出現し，自分自身でもコントロールできない場合が少なくない。

　いじめ事件の場合，いじめ被害者の保護は最優先事項としなければならない。このとき，加害者の子どもが自分の内面と向き合うことを支える指導が不十分であれば，陰湿ないじめが継続したり，別の問題を起こしたりしてしまうことがある。いじめに限らず，問題を起こしてしまった子どもへの指導は，隠されていた自分自身の辛いネガティブな感情に気づかせるところから始まる。そのとき，その教師もまた，子どもにとって自分の最も辛い思いを話すことができ

る相手か，見極められるのである。「なかったこと」として忘れようとしていたことを受けとめてもらって，ようやく子ども自身が自分のこととして受けとめられるようになる。自分の中にあったネガティブな感情に気づくことで，傷つけた相手への共感が可能になる。自分の失敗を客観的に理解したうえで，それでも見捨てられない安心感が得られれば，これからのことに意識が向かう。こうして，謝罪や新たな一歩に向けた覚悟ができるのである。「真の反省」にはこういった心の旅路の末にたどりつくことができる。さらに，自己決定し歩き出す子どもを見守る覚悟が教師にも求められる。この自己決定とは，決定した子どもにすべての責任を負わせるものではない。その後も支え続け，自己決定し乗り越えるという生き方に自信をもたせることが重要なのである。反省や説教などの懲罰には，子どもは上手な作文と演技で対処できる。教師は大声で怒ったり，責めたりする必要はない。自分と向き合うための「厳しさ」を，子どものなかに育てていくのである。

　このような指導と受容の融合による生徒指導は，重篤な問題を抱えた子どもにだけに行う教育活動ではない。さりげない子どもたちとの会話のなかで，彼らの思いを聴き取り，彼らの決定を促すのである。必要に応じてサポートしながら見守っていく。どの子に対してもこの姿勢を貫くことで，子どもたちの教師に対する自己開示は促進される。指導と受容を融合させることで，児童生徒理解も深化するのである。

5　チーム支援体制の確立

（1）子どもを受容し，指導する教師を支えるシステム

　教師の仕事は多種多様で，同時に何件かの懸案事項を抱えている。ベテランの教師ですら判断に苦慮し，適切な指導ができない場合がある。教師が問題を1人で抱え込み，追い詰められてしまえば，子どもの辛さに寄り添い，受容することは難しい。孤立することなく，教職員集団によるチーム体制で対応することが重要である。

1人の教師から見えるその子どもは，教師との関係で示してくれた一面に過ぎない。保護者やさまざまな教職員からの情報や学習状況，心理検査などを総合して，ようやくその子どもが立体的に見えてくる。アセスメントの精度はチームで対応することによってさらに向上する。そのアセスメントをもとに，初期対応や指導目標などが織り込まれた個別指導計画が練られる。子どもに直接対応する担任や養護教諭，それをサポートする学年主任・学年教師集団，専門家としてサポートするSC，SSW，また，対外的な連絡調整を行う管理職など，それぞれの立場や専門性によって，1人の子どもに総合的に関わっていく。チーム支援が有効なのは，アセスメントから具体的な指導・支援，評価まで合理的で的確に進められるという点だけではない。そのポイントを次に列記する。

- 子どもに直接関わる担任や養護教諭などの教師の精神的負担を軽減し，励ます。
- それぞれの役割分担のもとに行われる協働作業を通して，チームのメンバー一人ひとりに帰属感を育ませる。とりわけ養護教諭，SC，SSWなどの1人職種にやりがいと居場所を与える。
- 児童生徒理解の方法や問題行動の見立て，指導方法などがチーム会議で論議され，実践される。論議によって指導が理論化され，共有されることで，教師一人ひとりと教師集団の指導力量が向上する。
- 保護者もチームの一員として協働支援体制を組むことができる。子ども支援という目標が共有され，教師と保護者の対等な関係が形成される。それによって，学校対保護者という対立構造を超えた協力関係が構築される。
- 校外の教育機関・医療施設・福祉行政や地域資源などとも協働支援体制を組むことができ，子どもや家庭への支援の幅が広がる。

（2） チームが機能するために

　指導と受容を融合させた生徒指導を可能にするのがカウンセリングマインドである。来談者中心療法におけるカウンセラーの基本的態度として，「受容」，「共感的理解」，「自己一致」があげられている（諸富，1997，208〜209頁）。これはクライアントの自己治療能力によって治療（治療的人格変化）を進める心理療法である。この基本的態度は心理治療の場面以外でも，良好な人間関係を築くことに有効であるといわれている。生徒指導においても，子どもたちへの受容を通して，彼らの自己指導能力を育成し，問題の解決や自己実現を目指す指導が可能になる。その意味で，教師にも「受容」や「共感的理解」「自己一致」が求められる。「自己一致」とは，こうあるべきだと思う「自己概念（自己構造）」と実際の「経験」の一致のことをいう。「自己一致」していれば，失敗した自分自身をも受け入れることができ，その結果，常に自分らしくいられるのである。このように安定し受容的な姿勢の教師は子どもと偏見なく関わることができる。つまりカウンセリングマインドには，単に教育カウンセリング技術の習得だけではなく，常に「自分らしくいられる」という安定した人間性が求められている。

　教師が「自分らしくいられる」学校でなければ，子どもの葛藤を受けとめられず，子どもたちの自己実現や自立を目指す教育活動を保障することはできない。文部科学省の「教員のメンタルヘルスの現状等」（2012）という調査では，一般企業の労働者に比べて教師の仕事の質は高度でその量も多く，教師のストレスが高いことが明らかにされた。そのうえ，一般企業の労働者と比べて，上司や同僚に相談しにくいと報告されている。教師は子どもたちから，その「指導力」を直接的に試され，人事評価制度によって仕事の成果も評価される。いったん「指導力」のない教師と子どもたちや上司・同僚から判断されれば，その学校での居場所がなくなってしまう。子どもと教師の関係を改善させることによって，子どもの成長を促す「指導」が可能であることを述べてきた。教師もまた，教職員どうしの関係によって，癒やされ，支えられて成長できるのである。「自分らしくいられる」ことを学校というチームのなかで，互いに保

障し合える関係性の構築が重要である。

　さまざまな職種・分掌の教職員が教職員集団を構成していることが，学校教育の可能性を広げるとともに困難さの一因にもなっている。学校教育は，工場のベルトコンベアーに乗った部品が，分業体制で製品に組み上げていくようなものではない。工場の分業体制では，品質と作業効率の向上に誰が寄与していて，誰が問題なのかがすぐわかり，個人責任が明確になる。教育も効率と個人責任の追求を重視してしまえば，与えられた仕事のみをこなし，1人の子どもに異なる立場や職種の人が関わるようなチーム支援による協働教育活動は機能しなくなる。たとえば，不登校のことなら，SCだけに任せてしまうというように，立場や専門性による分業が進みチーム支援が機能していない学校もある。異なる専門性による協働作業にはそれをつなぐ教育相談コーディネーターの存在は必須であり，チームのメンバーの違いを理解したうえで議論を進めなければならない。チーム会議が他の専門性に対する共感的理解を深める場ともなる。結果として，担当者の個人責任で終わらせることなく，全員が当事者となっていく。チーム支援の醍醐味は，専門性の違いと重なりを同時に体感し，互いに必要とされる自分自身を感じるところにある。子どもとの「上下関係」を排し，「わかり合える関係」のもとで彼らの自己決定を促進できるように，学校における教職員のチームもまた，専門性の相互理解のもと，何でも言い合える対等な関係でなければ，その専門性は機能しないのである。

　教育における指導は，子どもたちが生活主体として自己実現することを目指すものである。学校で子どもたちが「自分らしくいられる」ことを支えるために，まず教師が「自分らしくいられる」努力をしなければならない。その意味で，指導と受容を融合させる指導は教師一人の指導力の課題ではあるが，同時に，学校のあり方の問題ともいえよう。

引用・参考文献
岡本茂樹（2013）『反省させると犯罪者になります』新潮社。
諸富祥彦（1997）『カール・ロジャーズ入門——自分が"自分"になるということ』
　コスモライブラリー。

文部科学省（2012）「教員のメンタルヘルスの現状等」。
文部科学省（2022）『生徒指導提要（改訂版）』。
文部科学省（2023）「令和4年度児童生徒の問題行動・不登校等生徒指導上の諸課題に関する調査」。
文部省（1965）「生徒指導の手びき」。
文部省（1988）「生活体験や人間関係を豊かなものとする生徒指導」。

学習の課題

(1) 授業中立ち歩いている子どもに対する指導方法を述べよ。ただし，考え得るその原因や背景を列記したうえで，それぞれの指導方法をあげること。
(2) 進路相談以外の「定期教育相談」における，面接相談に使用する「相談用紙」の質問項目をあげよ（校種と学年を，各自で設定しておく）。
(3) 自傷行為（リストカットなど）をしている子どもから相談を受けた際，配慮すべきことと，具体的な対応方法・手順等を述べよ。

【さらに学びたい人のための図書】

田中孝彦・片岡洋子・山崎隆夫編著（2013）『子どもの生活世界と子ども理解』かもがわ出版。
　⇨子どもの生活世界を含めて児童生徒理解を深化させ，そのうえで，彼らを指導・支援することの意味と実践を提起している。
高垣忠一郎（2004）『生きることと自己肯定感』新日本出版。
　⇨子どもの示す「問題」への理解と対応の指針が，「自己肯定感」をもとに提起されている。
竹内常一・折出健二編著（2015）『生活指導とは何か』高文研。
　⇨生活主体としての子どもの生き方を指導する生活指導の理論と実践が展開されている。

（山岡雅博）

第5章 教育相談とチーム支援

この章で学ぶこと

教育相談は，単に学校で行われるカウンセリング的な面談のことをいうのではなく学校教育全般における教育的指導援助活動であり，チーム支援との関連深さを学ぶ。そして，チーム支援が効果的に行われるよう，教職員や専門スタッフのさまざまな専門性や役割を生かし合い，連携・協働するための援助チームや，コンサルテーションなどの要因と「チームとしての学校」での教育相談コーディネーターの役割を，事例を通して具体的に学ぶ。

1 教育相談から考えるチーム支援のあり方

近年，学校教育は，いじめ，不登校，虐待，子どもの貧困などの諸課題のみならず，特別支援教育にもみられるように個別への配慮や集団への対応が多様化，複雑化，困難化しており，心理や福祉，医療などの専門性を生かし連携して取り組まねばならない状況にある。また，昨今は新たな課題に対応する授業づくり，保護者対応の難しさ，部活動指導など，教師の多忙化に拍車がかかり，昼夜，休祝日を分かたず仕事に追われることとなっている。さらに，新しい教育課程では，課題の発見・解決に向けた主体的・協働的な学びであるアクティブ・ラーニングや各学校の教育目標達成のため PDCA サイクルの確立に基づくカリキュラム・マネジメントが推し進められようとしている。

かつて日本の学校教育は学級・教科担任の取り組みに依るところが大きかった。しかし，こうした変化のなかで学校教育上の諸課題への対応を効果的に行うために「チームとしての学校」での取り組みが喫緊の課題となり，校長以下全教職員と専門スタッフで構成する学校全体での体制づくりが求められている。

そこで本章では，教育相談との関連性に着目しながら，チーム支援のあり方について考える。

（1）「チームとしての学校」のための3つの視点

　文部科学省中央教育審議会は2015年,「チームとしての学校の在り方と今後の改善方策について（答申）」（以降，チーム学校答申と言う）で，これまでの日本の教師について「教育の専門性を生かし，これまでの学習指導，生徒指導等の面で主要な役割を担い，子供たちの状況を総合的に把握して指導を行うなど，学校において中心的な役割を果たしてきており，これまで高く評価され，成果を上げてきた」と認めたうえで，チーム学校像を「校長のリーダーシップの下，カリキュラム，日々の教育活動，学校の資源が一体的にマネジメントされ，教職員や学校内の多様な人材が，それぞれの専門性を生かして能力を発揮し，子供たちに必要な資質・能力を確実に身に付けさせることができる学校」とした。そして，「チームとしての学校」を実現するための視点として，次の3点をあげている。

a．専門性に基づくチーム体制の構築

　チーム学校答申は，日本の教師は「従来から，教育に関する専門性を共通の基盤として持ちつつ，それぞれ独自の得意分野を生かし，学校の中で，学習指導や生徒指導等のさまざまな教育活動の場面で『チームとして』連携・分担し，成果を上げてきた」と評価しながらも，近年は多様化，複雑化する課題と多忙化する学校において教師が孤立化している，と指摘している。そのうえで，多様な専門性や経験を有する専門スタッフであるスクールカウンセラー（以降，SCと言う），スクールソーシャルワーカー（以降，SSWと言う），部活動指導員等々が参画し，教師と共にチームとして教育活動に取り組むことを求めている。また，チームとしての学校を支える文化として，多職種による協働を重視し，少数の専門スタッフが孤立しないよう学校全体の意識改革を行って受け入れるようにすること，専門スタッフにも教育委員会等が学校の仕組みや教員の業務等に関する事前研修を行うことをあげている。

さらに、「学校は、校長の指揮監督下、組織として責任ある教育を提供することが必要であることから、少なくとも校務分掌上、職務内容や権限等を明確に位置づけることができるなど、校長の指揮監督の下、責任を持って教育活動に関わる者」による校長のリーダーシップに基づく組織体制、すなわち「内なるチーム体制」（筆者）を構築すること。それとともに、コミュニティ・スクールや地域学校協働本部を例にあげながら、「学校と地域がパートナーとして連携・協働する体制」による「社会総掛かりでの教育」、すなわち「外なるチーム体制」（筆者）を構築していくことが必要だとしている。

b．学校のマネジメント機能の強化

また答申は、校長のリーダーシップと共に学校のマネジメント機能と体制の強化を謳っており、ミドルマネジメントに優秀な管理職を確保・育成するためにも副校長・教頭、主幹教諭や事務長等の配置を促進するとしている。そして、校長は「チームとしての学校」のあり方の教育ビジョンを明確に示し、教職員と意識や方向性を共有することが必要としている。

c．教職員一人ひとりが力を発揮できる環境の整備

さらにチーム学校答申は、2012年の「教職生活の全体を通じた教員の資質能力の総合的な向上方策について（答申）」で提言された「学び続ける教師像」にある人材育成と業務改善を進めること、人事評価制度の活用や優れた実践を行った教職員を顕彰する制度の検討を求めている。また、教職員が専門性を十分に発揮できるよう校務分掌や校内委員会、業務内容や進め方の見直しと改善、メンタルヘルス対策等の取り組みの重要性を掲げている。

たしかに、専門的スタッフを充実させ、校長のリーダーシップやミドルリーダーの育成による組織づくり、そして「学び続ける教師像」と人事評価に基づくマネジメントの強化はこれまでの学校組織改善の課題であった。従来、比較的上下関係が緩く、教師の個性を重んじてきた「ヨコ関係」である、いわゆる「ナベぶた」型組織に対する「タテ関係」の確立である。しかし、実際に教員や専門スタッフが孤立しないチームとしての学校体制づくりを実現させるためには、答申も認めている「教育に関する専門性を共通の基盤としてもちつつ、

独自の得意分野を生かし」,「学習指導,生徒指導の面で主要な役割を担い,子どもたちの状況を総合的に把握して指導」し,「さまざまな教育活動の場面で『チームとして』連携・分担し,成果を上げてきた」日本の教師集団の「ヨコ関係」のよさを再認識して「チームとしての学校」に発展的に継承することも大切で,このことを「多職種の協働」文化の醸成に生かす必要がある。

(2) 教育相談の定義とチーム支援
a. 学習指導要領における教育相談の考え方

『中学校学習指導要領 解説 特別活動編』(文部科学省,2008)によると,教育相談について「一人一人の生徒の教育上の問題について,本人又はその親などに,その望ましい在り方を助言することである。その方法としては,1対1の相談活動に限定することなく,すべての教師が生徒に接するあらゆる機会をとらえ,あらゆる教育活動の実践の中に生かし,教育相談的な配慮をすることが大切である」とある。教育相談は,ややもすると SC や教育相談係など一部の教師が特定の児童生徒に対して行う,いわゆるカウンセリングとしての面接による相談活動と考えられがちだが,それのみでなく,すべての教師があらゆる教育実践ですべての児童生徒に教育相談を生かすべきことを示している。

b. 研究者による教育相談の定義

西山(2012)は,教育相談の学校組織への定着に関する研究で「教育相談とは,学校の教職員からなる教育相談の担当者を中心としたチームがイニシアチブをとり,個別から集団までを含めた学校コミュニティを援助対象として,内外の資源も活用して行われる組織的・継続的な児童生徒の教育的援助活動とその体制の構築である」と述べている。

また,早くから学校教育相談の理論化に取り組んだ大野は,学校教育相談を"School Counseling Services by Teachers in Japan" と英訳しており,日本の教師,教師集団が培ってきた独自のものと位置づけている(大野他,2013)。そして,その領域を「児童生徒の学習面(広く学業面を含む),進路面(針路面を含む),生活面(心理社会面および健康面)の課題や問題,論題」としており,心理

面のみでなくこれらの面を相互に関連づけながら発達成長する児童生徒に対して，包括的・統合的に働きかけることを示している。
　また，その対象に関しては，
　　① すべての子どもがもっている創造力（クリエイティビリティ）と自己回復力（レジリエンス）とにていねいにかかわる（「関わる」，狭義のカウンセリングのみではなく，構成的グループエンカウンター等のグループワークやソーシャルスキルトレーニング等の心理教育も含め，さらに，そうした直接的なかかわりをチームとして支える作戦会議等をいう）
　　② 早急な対応が必要な一部の子どもとしのぐ（「凌ぐ」，危機介入や論理療法等も含む初期対応等をいう）
　　③ 問題等が顕在化している特定の子どもをつなげる（「繋げる」，学校内外の機関等との作戦会議を土台とする連携・協働等をいう）
　　④ すべての子どもがこれからの人生を豊に生き抜くために，もっと逞しく成長・発達し，社会に向かって巣立っていけるように，学校という時空間をたがやす（「耕す」，学校づくりのことをいう）
としてすべての子どもたちとその生活の場である学校コミュニティも対象と明言している。
　そして，実践の方略には「情緒的のみならず情報的・評価的・道具的にもサポートをする」といったソーシャルサポートをも援用している。また，その実践者の姿として「実践家に共通の『軽快なフットワーク，綿密なネットワーク，そして少々のヘッドワーク』を活動のモットーに，『反省的（省察的）実践家としての教師』というアイデンティティの下に，教育相談コーディネーター教師（特別支援教育コーディネーターを包含する）を中核とするチームによる組織的系統的な指導・援助活動（指援）である。」と定義している。
　このように，教育相談は，教師が中心となって学校内外の多様な専門性や役割を生かしながら，チームで組織的・継続的に取り組む教育的指導援助活動で，地域に根ざした学校教育のための組織づくりであって，個別の相談（狭義のカウンセリング）活動だけではないことは明らかである。

2017年，文部科学省の教育相談等に関する調査研究協力者会議は「児童生徒の教育相談の充実について〜学校の教育力を高める組織的な教育相談体制づくり（報告）」に「チーム学校」を機能させるためには，「教育相談コーディネーター」が必要であることを明記した。ただ，教育相談コーディネーターは，問題が生じてからチームを形成しても，対症療法的な関わりでの単なる連絡・調整役ではない。教師として日常的な学校生活に溶け込みながら，すべての子どもとの関わりで予防・開発的な教育相談を実践しつつ，子どもを包括に理解し，総合的な成長を目指しながら，チーム支援の中核，チームワークの要として学校内外の資源を生かしてチームとしての学校を耕すことをも目指すのである。

（3）チーム支援の充実に求められる要因

　ここでは，チーム支援のための組織づくりと運営上，教職員や専門スタッフのもつ多くの異なる専門性や役割を効果的に活用するための要因として，コミュニケーション，カウンセリング，コンサルテーション，コーディネーション，コラボレーションを整理してみる。これらは，教育相談コーディネーターのみならず児童生徒に関わるすべての教師，すべての関係者に求められる要因であり，大野がいう対象への働きかけ「関わる」「凌ぐ」「繋げる」「耕す」に通じる点が多いといえる。

　a．コミュニケーション（Communication：相互理解，意思疎通）

　情報伝達としてのコミュニケーションがチーム支援に重要であることはいうまでもない。情報をチームで共有しながら連携することは基本である。

　それ以上に，子どもの成長をチームとして指導，援助するため重視されるのは，メンバーや機関どうしあるいは学校コミュニティにおける児童生徒や教職員，保護者，地域社会での人間的でインフォーマルなコミュニケーションや共同体験も含めた親和的な関係性が重要である。従来の教師集団は基本的に年齢性別にとらわれることなく比較的対等で良好な同僚関係が保たれることが多かった。だが一方で，学級担任中心で互いの学級経営上の指導理念や方法を尊重し干渉し合わない傾向があったり，近年は団塊世代の退職とそれに伴う新任

教員の大量採用によって教職員の世代較差が顕著となったことやIT文化の急速な発展がヴァーチャルなコミュニケーションを広め，真のコミュニケーション関係が希薄となる傾向に拍車をかけている状況にある。しかしながら，真のコミュニケーションこそが児童生徒の人間としての成長，発達に欠かせないものであると同時に，チームとしての学校の構成員にとっても，互いの個性，特徴の違いを認め合い，生かし合いながら信頼関係を築き，意思の疎通を図るうえでも重要であり，情報連携から行動連携を促す原動力になるといえる。このことは，学校内外を問わずいえることで専門機関や専門家とも日常的な真のコミュニケーションを図っておき，担当者どうしが顔見知りとなっておくことが，チーム支援の効果をあげる要因となる。

　b．カウンセリング（Counseling：自己，他者，相互の理解に基づく相談）

　チーム支援においても，カウンセリングでの姿勢や態度は大いに役に立つのでSCのみならず教師やチーム支援に関わる関係者が心得ておくべきである。

　たとえば，ロジャーズのカウンセリング理論にあるカウンセラーの3つの態度がある（諸富，1997）。1つは「無条件の積極的関心」で，クライアントのすべての側面をクライアントの一部として理解していく態度，2つ目は「共感的理解」で，クライアントのことをあたかも自分自身のことであるかのように感じ取る態度，そして今，ここでクライアントから感じ取ったものをありのままにフィードバックしていく態度としての「純粋性」である。これらは課題となる児童生徒やその保護者に対する態度のみならず，チーム援助会議のメンバー相互での姿勢としても大切な態度であるといえる。こうした態度からの見方や理解は，関わる人々の相互理解を深め信頼感が高まるだけでなく，チームにおけるケースの見立て，アセスメントに広がりと深まりをも与えることとなる。

　c．コンサルテーション（Consultation：協議，相談，助言）

　元来，コンサルテーションは地域精神保健の流れからコミュニティ心理学で定義づけられているが，異なる専門性をもつ者どうしで対等な関係を基礎にして，コンサルテーションを受ける側の職業上の課題に焦点を当てて今後の援助について話し合い，解決の方策を見い出し提供することである。

ところが，この定義に基づくと教師は「教育の専門家」としてひとつに括られてしまい，コンサルテーションは成り立たなくなってしまう。すると，チームとしての学校がトップダウンあるいはボトムアップの「タテ」関係のみとなり，対等な関係での教師の多様な個性や専門性を生かした協働によるチーム支援が行われにくくなるおそれがある。しかし，教師には個性，専門性のみでなく校務分掌上さまざまな役割がある。1人の教師が学級や教科の担任，各種部会や委員会の構成員，部活動の顧問等，直接児童生徒と関わることのできる役割を何役もこなしている。石隈（1999）が学校コミュニティでの教師のこうした点に着目し，学校コンサルテーションの定義を「異なった専門性や役割をもつ者どうしが子どもの問題状況について検討し，今後の援助のあり方について話し合うプロセス（作戦会議）」としたのは，多様な役割を担い合う老若男女の教職員や専門スタッフの間で職務上の課題，とりわけ子どもに焦点を当てた指導，援助の解決について検討し合うコンサルテーションが十分に機能するためである。

　こうして，学校でのコンサルテーション活動は，多様な専門性や役割からの多様な視点や考え方を基に対象に関する情報を集約整理し，評価しながら具体的な対応手段や方法を紡ぎ出して解決を図る協議や相談を行うこととなる。そして援助を与える側をコンサルタント，受ける側をコンサルティと呼び，コンサルタントは専門性や役割上の知識や新しい視点を提供してコンサルティの不安を軽減，解消し具体的に解決策を提案することもできる。この間，コンサルタントとコンサルティの立場は基本的に対等で「ヨコ」の関係を保つことで互いの専門性や役割を発揮しやすくしているのである。また，互いを生かし合うなかでその立場が入れ替わることもよくあり，そうした場合を相互コンサルテーションと呼んでいる。

　d．コーディネーション（Coordination：関係調整）とコラボレーション（Collaboration：連携・協働）

　チーム支援において，コーディネーションとは，対象児童生徒を最優先とするという課題意識を共有しながら連携・協働が円滑に行われるために，人と人，

人と機関，機関と機関の出会いがうまくいくよう関係をつなぐといった調整機能のことである。具体的には，チームにおける活動のスケジュール調整からコンサルテーション関係の調整や情報交換，話し合われた内容に関する調整，援助資源活用のための連絡調整等，多岐にわたる。

　コラボレーションには連携と協働の意味がある。これらの概念整理を試みた中村ら（2012）によると，連携の定義を「異なる専門職・機関・分野に属する二者以上の援助者（専門職や非専門的な援助者を含む）が，共通の目的・目標を達成するために，連絡・調整等を行い協力関係を通じて協働していくための手段・方法である」としている。協働については「異なる専門職・機関・分野に属する二者以上の援助者（専門職や非専門的な援助者を含む）や時にはクライアントをまじえ，共通の目的・目標を達成するために，連携を行い活動を計画・実行する協力行為である」と定義づけている。よってコラボレーションは，異なる二者が，共通の目的・目標を達成するための連携行動による協力行為であって，単なる「共同（一緒に同じことをする）」でも，「協同（役割を分けて協力する）」でもなく，異なる個性や特徴を生かし合いながら働き，協力して支援対象のゴールを目指すことであるといえる。

（4）3つの援助チーム

　こうした点に留意し，チーム支援を行うことがチーム構成員の専門性，役割を生かすことになる。「ヨコの関係」でつながりあって互いの専門性や役割を認め合いながら「違う」ことのよさを知り，より健やかな子どもの成長という共通の目標達成のために働き合うかたちで効果が上がるのである。さらに，チーム支援が有効に働くために学校心理学でいう援助チームの考え方が参考になる（第12章参照）。

　援助チームには，保護者・教師・コーディネーター等が核となり，子どもの問題に柔軟に対応する「コア援助チーム」，このチームに主として学校内の援助資源となるメンバーを加えて援助案を立て実行していく「拡大援助チーム」，援助チームのメンバーが有するネットワークを通じて広く援助を要請する

「ネットワーク型援助チーム」の3つのタイプがある（田村, 2016）。

　援助チーム活動は当該の子どもの現実と状況を理解し, それらを見立て, よりよい解決のための指導, 援助を編み出すため, コンサルタントとコンサルティの立場を何度も入れ替えながら行う相互コンサルテーションの場となることが多い。定義上, コンサルタントの援助方策を実際採用するかどうかの意思決定とその責任はコンサルティ側にある。その理由は, コンサルタント側に結果責任が問われるのであれば, その専門性を生かした援助方策が提供されにくくなるからで, コンサルティ側の自己責任でそれらの採用の可否を決めることで援助対象のためにチームの構成員が各々の専門性や役割を十分に生かした対応のアイデアや方法を提案し合って関わることができるからである。

　学校心理学では, 援助チームの上位システム概念として「コーディネーション委員会」を位置づけ, 「学年レベルおよび学校レベルで生徒の問題状況に関する情報をまとめ, 学校内外の援助資源の調整と連携を行いながら援助サービスの充実を図る委員会」（家近・石隈, 2003）と定義づけている。さらにその上位システムとして「マネジメント委員会」を位置づけ, 「学校教育全体の援助サービスのシステムを支え, 予算, 人的配置, 教育目標, 学校経営に関する意思決定を行う」こととしている（山口, 2012）。

　こうして, 支援グループメンバー相互によるコンサルテーションという「ヨコ」の関係とリーダーシップやマネジメントに基づくスーパービジョンという「タテ」の関係とがコーディネートされて働く支援チームネットワークが構築されることになる。

2　事例でみるチーム支援の働き

（1）悩む担任への支援——コンサルテーションとスーパービジョン

　次に, こうしたチーム支援の働きの実際を, 現実に起こりがちな不登校生徒の仮想事例をもとに考察してみる。

入学当初から欠席しがちで5月の連休明けからはまったく登校できなくなっていたAさん。担任（20代男性）は，Aさんが欠席すると，必ずその日1日の配布物や宿題を持って家庭訪問をしていたが状況は改善しなかった。それどころか，Aさんは当初，自室から出てきて担任と会話もできていたが，次第に口数が少なくなり顔を見せることも減って，今では母親との面談のみとなっていた。担任はこのことを教頭に相談し，「一度スクールカウンセラー（SC）さんに相談してみてはどうか」との助言を受け，SC（30代女性）のいる相談室に出向いた。SCは，母親が熱心な訪問を有り難がってはいるが，近頃Aさんが訪問時に姿を現さないことに困惑している様子などを聞き，担任の取り組みをねぎらったうえで「原因ははっきりとはしないが，Aさんがあなたを嫌っているわけではなく，おそらく家庭訪問をすることが，行きたくても行けない学校のことを考えてしまうきっかけとなってしまっているのではないだろうか」と見立てた。そして，「しばらくは家庭訪問を止めて様子をみてはどうでしょうか。その間は本人に気づかれないように母親とだけ会う，あるいは電話などで情報交換をすればよいのでは」との助言をした。担任はこのことを教頭に報告したが，なるほどと思う反面，担任である自分が家庭訪問をしないことに不安がある，ということも打ち明けた。

〈考察1〉

　不登校の対応に悩む学級担任に対してSCがコンサルテーションを行った経緯を示す場面である。同時に，教頭が家庭訪問で芳しい成果が上がらずに悩んでいる担任からのいわゆる「ホウ・レン・ソウ（報告・連絡・相談）」を受けた場面でもある。教頭はそれに対してSCへの相談をすすめ，心理の専門家であるSCはコンサルタントとして担任に助言を行っている。その助言にコンサルティである担任は，少し不安をもち，教頭に相談している場面でもある。

　担任は校務分掌上の上司への報告・連絡・相談をしているので，教頭の助言は指導の意味も含むスーパービジョンである。したがってこの後，教頭は判断に迷う担任に対して，上司（スーパーバイザー）としてSCの助言

を実行するよう促す，担任と熟考したうえでこれまで通り家庭訪問を続けることを認める．SCの専門的知見と経験による助言ではあるが担任として毎日家庭訪問をする熱意と努力もよくわかるので毎日はやめて週2回程度に減らすなど，別の対応をすすめるといった判断が求められる．つまり担任はSCのコンサルティであり，管理職の指導，助言を受ける者（スーパーバイジー）の2つの立場を掛けもつ状態にあるといえる．同時に，教頭も上司である校長への「ホウ・レン・ソウ」を行いつつ，担任としっかりとコミュニケーションをとり責任ある判断をすることになる．つまり，担任はスーパービジョンを受けながらコンサルティ側としての判断を下すことになる．

（2）コア援助チームの開始と連携・協働

その後，担任が母親のみと連絡を取り続けるなか，教育相談コーディネーターでもあり，不登校対応の経験が豊富な養護教諭（40代女性）とSCとで，コア援助チームを組むことが教育相談部会（コーディネーション委員会）で決定した．

担任は週1回，コア援助チームで母親から聞くAさんの情報や現状に不安をみせる母親自身の様子などを報告した．また，母親にも3人の援助チームのことを説明するだけでなく，丁寧に参加をすすめ，母親が初めて出席したとき，ほかのメンバーは母親の想いを受けとめて心身の労苦をねぎらった．母親はその後，隔週ではあるが学校を訪れて情報交換をしたり子育ての悩みを語ったりするようになり，子育て経験のあるSCや養護教諭とも次第に和やかに話せるようになった．

ある日の援助チームの席上で母親から，担任と養護教諭に家庭訪問の依頼があった．母親は援助チームでの様子や自分の心持ちの変化をAさん本人に隠すことなく話しており，本人も家庭訪問を望んでいるらしかった．そこで養護教諭はチームで話し合ったうえで，このことを企画委員会（マネジメント委員会）に報告し，承認を得て家庭訪問を行った．Aさんは母とともに，担任と養護教諭の2人を迎え，短時間ではあったが元気な姿を見せた．

〈考察2〉
　担任としての役割を果たす教師への支援体制としてコア援助チームが構成された。そこでのカウンセリングの態度が生きて，情緒的なサポートとなり，母も子育てという役割を担うメンバーとして参加することとなった。そこでAさんのことを第一に考えるコア援助チームの中でコミュニケーションを図りながら，異なる専門性，役割をもつ者どうしの間で情報交換するうちにコンサルテーション，相互コンサルテーションが行われるようになった。こうした動きのなかで担任，母親が支えられることで変化が促され，間接的に対象生徒の変容に影響を与えることが多い。この事例では組織的に教育相談部会，企画委員会がコーディネーション，マネジメントの機能を果たし，チーム援助として学校の取り組みが全体で共有されながら効果的に働くようになっている。

（3）チーム支援のコーディネーション——情報連携から行動連携へ

　養護教諭を伴った家庭訪問が週1回のペースで続くなか，Aさんが「教室は無理だけど，保健室なら登校できるかも」と話していることが母親からチームに報告され，「Aさんの保健室登校」への配慮や手立ての可能性について話し合われた。何も登校時間にこだわる必要はなく短時間でもよいから登校を試みること，最初は母親同伴のほうがよいかもしれないこと，SCの来校日であれば対応の幅が広がる可能性があること，そして母親から直接Aさん本人にどのような配慮をしてほしいかを尋ねてもらうことなどが提案された。また，こうした内容は教育相談部会，企画委員会に報告された。

　翌週のSC来校日放課後に母親同伴で保健室登校を試してみることが決まり，同時に母親からはSCのカウンセリング面談予約の問い合わせがあった。これを受けて，コア援助チームに1年学年主任，生徒指導主事そして教頭が加わった拡大援助チーム会議が行われ，翌週の保健室登校試行に向けて相談し，学年教師集団や生徒指導部での情報連携の確認も行った。

〈考察3〉
　援助チームのメンバーは，綿密な情報交換と互いの専門性や役割を生かした意見交換に基づく相互コンサルテーションを行うことで，無理のない小さな変化を見つけたり，生んだりし，あたかも積み木の家を積み上げていくように更なる変化を生むきっかけを提供していく。生徒の成長という大きな目標（ゴール）を目指しながら，再登校という一里塚を自ら通過しようとするAさんに伴走するようなかたちである。事例では，ここまで主に教育相談コーディネーターのコーディネートでコア援助チーム，拡大援助チームが開かれ，教育相談部，生徒指導部，学年会議，企画委員会などが連携してAさんへの具体的な支援が検討され，実施されており，この過程には丁寧なコミュニケーション，コンサルテーション，コーディネーションが必須である。

（4）ネットワーク型チーム援助への展開と援助の拡大

　保健室登校初日，担任は放課後の校門で，養護教諭は保健室前の廊下で，緊張気味のAさん親子を微笑んで和やかに出迎えた。この日，手先の器用なAさんは母親がSCと面談している間，養護教諭と折り紙をしながら過ごした。翌日から母親の送迎で保健室登校を継続した。すると徐々に登校時刻は早まり，滞在時間も延びて，それとは逆に母親の在校時間は短くなった。

　中学校区で開かれた生徒指導連絡会に教育相談コーディネーターとして参加した養護教諭がAさんの様子を報告したところ，小学校から，新学期早々仲のよかったBさん，Cさんが学校を訪れた際，Aさんのことを尋ねると言葉を濁したことが気になっていたことが報告された。幼稚園の主任も在園当時から3人の仲の良さを微笑ましく見ていたことを話した。さらに小学校4年生の弟も今年になって遅刻が目立ちだし，昼食時には給食のおかわりを繰り返すことがあるとの報告があった。養護教諭はこうした情報を拡大援助チームに報告し，最近は午前中から保健室に登校し，給食時は1人で食事をしているAさんにB

さん，Cさんと食事を共にすることを提案してみることを話し合って決めた。養護教諭がこのことをAさんに提案してみると彼女の表情は一瞬明るくなったが「まだ保健室から出られない」と話したので，2人のほうから保健室に来てもらうことを相談してみる，と言うと，少し不安げな様子であったが肯いた。養護教諭は拡大援助チームでこのことを報告し，学年主任を通じて学年教師集団に協力を求め，他クラスにいるBさん，Cさんそれぞれの担任から昼食時に保健室でAさんと一緒に食事をしてくれるよう頼むことにした。すると，2人ともAさんのことを気にかけていたと言い，喜んで応じたということだった。保健室での3人の昼食が始まり，中学生らしい明るい笑い声が聞こえるようになった。その後，保健室近くの相談室を昼食場所として使うこととなった。しばらくして3人が朝から誘い合わせて学校に登校し，保健室で別れるという姿が見られるようになった。多くの関係者はこの間，笑顔と共にさりげなくBさん，Cさんを褒め，Aさんを励ました。

〈考察4〉

　Aさんの事例は，生徒指導連絡会に報告されることで共有され，ネットワーク型援助チームとして関わることとなった。他校園からAさんに関わる情報を知ることができた教育相談コーディネーターは，拡大援助チームに諮り，今，関わっているAさんの様子に照らし合わせて新たな取り組みをコーディネートした。こうしてさまざまな関係者の知見を通して，Aさん自身にとってよりよい支援策を紡ぎ出していく。援助チーム内でも，各々の担任とBさん，Cさんの間でも同様で，綿密な情報交換と丁寧なコミュニケーションによって一人ひとりの支援者が最もよいと思われる関わり方を見つけながら援助できている。役割，専門性に違いをもつ者どうしがそれぞれにAさんを想いながら協力し関わることで行動する「協働」で，1人では思いもよらない展開や変化が起きることがある。

（5）援助対象の変化と教育と福祉によるネットワーク型チーム援助の展開

　母親は，SC との定期的な面談で，Ａさんの父親が長らく勤めてきた会社が年度末で倒産し，職を失っていたことを打ち明けた。給料未払いの状態で働き口を探すも適職が見つからず，今は雇用形態が不安定で不慣れな職に出稼ぎ状態で就いており，週末のみ家族と暮らす生活になっていると話した。父親は帰宅すると日中から飲酒することで憂さを晴らすようになり，家族関係は悪化しており，経済的にもかなり厳しい生活をしていること，自らも働きに出たいと考えてはいるが，子どもたちの様子を考えると心配でなかなか家を空けることができずにいることがわかった。SC は，母親にこのことを援助チームに話すことの了承を得て，会議で守秘義務の確認をしたうえで報告した。拡大援助チーム，教育相談部会で早急に SSW との面談を設定し，教育委員会，要保護児童対策地域協議会，福祉事務所（家庭児童相談室）等との連携の準備を進める方針が確認された。

〈考察5〉

　SC との面談で，母親から父親の離職後の変化が明かされ，Ａさんの家庭の危機状況が垣間見られることとなり，守秘義務確認のうえで，Ａさんの家庭を福祉的な援助に繋げることになる。児童家庭相談援助として教育と福祉がうまく連携協働できるよう，今後 SSW，教育委員会，要保護児童対策地域協議会，福祉事務所（家庭児童相談室）等との連絡調整をネットワーク型援助チームの支援としてコーディネートしていくことになる。今後も，小学校とも連携し姉弟への支援，母親への支援を，関わり，凌ぎ，繋げながら行っていくことになる。

3　教育相談による児童生徒最優先のチーム支援

　日本学校教育相談学会（日本学校教育相談学会刊行図書編集委員会，2006）では，学校教育相談の定義を「教師が，児童生徒最優先の姿勢に徹し，児童生徒の健全な成長・発達を目指し，的確に指導・支援すること」としている。
　チーム支援は，この言葉通り児童生徒最優先の姿勢で，個から集団におけるすべての子どもと学校コミュニティを対象として，日本の教師のチームワークのよさを生かしながら，教育相談コーディネーターをキーマンとして危機介入を含む課題解決的な教育相談のみならず，予防的教育相談，成長を促す教育相談を行き渡らせていくことに通じるのである。そして，こうしたことが児童生徒にとって，より効果的な支援ネットワークの構築となり，支援する側にとっても，より的確で効率的な活動が行えることになるのである。

引用・参考文献
家近早苗・石隈利紀（2003）「中学校における援助サービスのコーディネーション委員会に関する研究――Ａ中学校の実践をとおして」『教育心理学研究』第51号，230〜238頁。
石隈利紀（1999）『学校心理学』誠信書房。
大野精一（2003）「学校教育相談とは――School Counseling Services by Teachers in Japan の立場から」『学校教育相談研究』第13号，77〜79頁。
田村節子（2016）「個別の援助チーム」日本学校心理学会編『学校心理学ハンドブック第２版』教育出版。
中村誠文・岡田明日香・藤田千鶴子（2012）「『連携』と『協働』の概念に関する研究の概観――概念整理と心理臨床領域における今後の課題」『鹿児島純心女子大学大学院　人間科学研究科紀要』第７号，3〜13頁。
西山久子（2012）『学校における教育相談の定着をめざして』ナカニシヤ出版。
日本学校教育相談学会刊行図書編集委員会（2006）『学校教育相談ハンドブック』ほんの森出版。
諸富祥彦（1997）『カール・ロジャーズ入門――自分が"自分"になるということ』コスモ・ライブラリー。
文部科学省（2008）『中学校学習指導要領　解説　特別活動編』。

文部科学省 教育相談等に関する調査研究協力者会議（2017）「児童生徒の教育相談の充実について——学校の教育力を高める組織的な教育相談体制づくり（報告）」。
文部科学省 中央教育審議会（2012）「教職生活の全体を通じた教員の資質能力の総合的な向上方策について（答申）」。
文部科学省 中央教育審議会（2015）「チームとしての学校の在り方と今後の改善方策について（答申）」。
山口豊一（2012）『中学校のマネジメント委員会に関する学校心理学的研究』風間書房。

> 学習の課題
>
> 以下のテーマを3～4人のグループで話し合ってみよう。
> (1) あなたの小・中・高校時代では，どのような教育相談活動が行われていたか思い出してみよう。また，どのような活動があればよかったかも考えてみよう。
> (2) 情緒的・情報的・評価的・道具的サポートとは何かを調べ，事例場面からそれぞれのサポート例を見つけてみよう。

【さらに学びたい人のための図書】
日本学校教育相談学会刊行図書編集委員会（2006）『学校教育相談ハンドブック』ほんの森出版。
　⇨現場の実践家が学校教育相談活動の全体像を3つの領域・機能・発達段階計27の部面に分類して説明したハンドブック。
大野精一（1997）『学校教育相談理論化の試み・具体化の試み』ほんの森出版。
　⇨学校教育相談実践を構造的に理論化することを試み，「学校教育相談とは何か」について考えるためのマップともなる著作。
日本学校心理学会（2016）『学校心理学ハンドブック——「チーム」学校の充実をめざして』教育出版。
　⇨「チームとしての学校」に役立つ最新の学校心理学の理論と実践をコンパクトに紹介したハンドブック。

（中村　健）

第6章 教育相談とピア・サポートの可能性

この章で学ぶこと

> 子どもの成長にとって，同じ立場の子どもの存在はとても大きな影響力をもつ。良好な関係が築かれることは，安心・安全な環境をつくり，子どもの自己実現を支える。本章では，ピア・サポートが果たす役割や機能を理解し，ピア・サポートをすすめるための一助となることを期待している。

1 教育相談におけるピア・サポートの可能性

　学校では，いじめ，不登校，虐待，貧困，発達障害など，困難な課題を抱える子どもが増え，さらに多様化する状況にある。個人的要因と環境的要因の双方の影響から，子どもと環境（教師・学級，学校）の折り合いがつかない状況がみられる。文部科学省（2015）は「教員に加えて，心理の専門家であるカウンセラーや福祉の専門家であるソーシャルワーカーを活用し，子どものさまざまな情報を整理統合し，アセスメントやプランニングをしたうえで，教職員がチームで，問題を抱えた子どもたちの支援を行うことが重要である」として，多職種が協働して子どもとその家族を支える，いわゆる「チーム学校」へと動きだした。

　学校では，すべての子どもの学校適応と成長に向け，社会性を育むための多様な活動が教育課程に組み込まれている。図6-1に示すように，すべての児童生徒を対象にした授業・学級活動・ホームルーム等で行われる「1次支援」に続き，課題を抱えた児童生徒は2次支援もしくは3次支援に位置づけられる。2次支援では担任と養護教諭，スクールカウンセラーやスクールソーシャルワーカーと，3次支援では児童相談所や医療機関等の専門機関と連携した支援が求められる。しかし，見逃してはならないことは，子どもは子どもとの関係

第6章 教育相談とピア・サポートの可能性

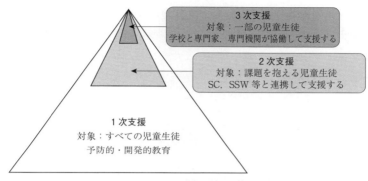

図6-1 マルチレベル・アプローチ（包括的生徒指導）
出典：日本ピア・サポート学会（2015）をもとに筆者作成。

のなかで癒され，成長していく側面が大きいということである。子どもが思いやりをもって仲間に寄り添い，互いのなかに理想像を見つけ，切磋琢磨して成長していく姿を促進する活動として，ピア・サポートを位置づけることができる。

2　ピア・サポートの歴史と動向

　西山（2004）は，国外・国内のピア・サポートの歴史と動向を次のようにまとめている。

（1）諸外国のピア・サポートの歴史
　仲間支援の分野は，障害者福祉や少数派民族支援など多岐にわたり，それぞれに仲間（当事者）支援による効果をあげている。マクマナス（McManus, 1984）によると教育における仲間支援の起源は，紀元1世紀にまでさかのぼる。イギリスのランカスターによって展開されていた近代教育では，先輩が後輩の学習をモニターする役割を負っていたとされ，アメリカの初期の教育システムでも年長の生徒が，学習面を中心に年少の児童の世話をする形態がみられたことも，早期のピア・サポートであるとされている。
　また，仲間支援の応用として，1904年にアメリカのニューヨークで非行少年

に対する支援が始められ，のちの Big Brother-Big Sister（BBS）連盟という法人が生まれ全米に拡張された。このプログラムは，非行少年に対し，同世代の青年が友達として共に歩み，彼らの更生を助けながら自らも成長していくボランティア運動であり，日本でもこの流れを受けて戦後の混乱期以来活動が続いている。これもピア・サポートのひとつの形態といえる。

バッサス（Vassos, 1971）は，そうした社会状況を背景に，ピア・サポートが仲間支援のプログラムとして近代の教育分野において実践されたのは，1965年の"Big Brother-Big Sister Program in a high school"からであるという。それと同時期に"The Peer Influence Model"といういわば仲間の影響を肯定的に活用しようとする実践研究プログラムがブレンド（Vriend, 1969）によって1969年に示された。同じくマリー（Murry, 1972）も大学での学生間の相談支援活動への活用について研究した。ロックウェルとダスティン（Rockwell & Dustin, 1979）によると，その後，1975年に初期のピアカウンセリングの入門書が *The Complete Handbook of Peer Counseling*（Samuels & Samuels, 1975）として発刊された。同じ時期にレイ・カー（Carr, R., 1994）がカナダで調査を行い，生徒の相談相手が大人ではなく生徒であったことを明らかにし，仲間支援を学校教育現場で活用しようとする運動が高まってきた。

学校現場での具体的な仲間支援では，初期には"Student Advising"という名称で呼ばれる学習支援と，新入生の学校適応のための支援がサービスの主流であった。のちにピアカウンセリングが中心的な用語となったが，専門性をもつ「カウンセラー」と「ピアカウンセラー」との役割面での混同を避けるため，アメリカを中心に"Professional Counseling"に対し，"Peer Helping"などの仲間支援をはっきりと区別しようとする動きがでてきた。その後，1990年代に入るとアメリカでは主に"Peer Helping"，カナダやヨーロッパでは主に"Peer Support"とする動きとなり，今日に至っている。

（2）日本におけるピア・サポート
日本では，ピア・サポートの考え方が1980年代から少しずつ導入され始めた。

1985年のいじめの第1のピーク，1995年の第2のピークと，いじめ問題や不登校が社会問題化し，学校は不安や生きにくさを感じている若者をどう支援するかという問題に苦慮していた。それらへの対応策として，対人関係についての実践的態度を習得する機会をつくり，若者のもつ支え合いの力を活用しようとする運動は急速に広まった。群馬県の前橋市立鎌倉中学校においては，仲間を支援するサポーターを育成し，不登校生徒の減少という効果がみられた。神奈川県の横浜市立本郷中学校では，1999年度に生徒会を中心にピア・サポート活動が始められ，総合学習の一環として学校全体の活動に位置づけられた。

　当初は困難を抱えている生徒の支援をねらいにした「ピア・サポーター養成型」の活動が多くみられた。近年はコミュニティの支援力の向上や，サポーティブで安心なコミュニティの風土を養成し，仲間どうしで成長を促進することをねらいに取り組まれるなど「コミュニティ育成型」の活動状況がみられるようになっている。多くの教育行政機関でも興味をもたれ，施策としてピア・サポートが取り組まれている。

3　学校におけるピア・サポート

(1) 同じ立場の子どもが子どもを支援するメリット

　ピア・サポートは「単純に人が人を支援する」(Trevor, 2006) 活動である。専門家や先生ではない同じ立場の子どもが子どもを支援するメリットは次のように整理できる。
- 同じ文化や共通言語をもち，わかり合いやすいという効果〔共感性〕
- 誰かの役に立ちたいという基本的欲求を満たす〔欲求充足〕
- つながりや絆が不適応のストッパーになる〔ソーシャルボンド理論〕
- 同年代との関わりを通じて成長する〔思春期・青年期の発達課題〕
- 助け合いながら共に成長し共に社会をつくる担い手を育てる〔互恵性・志向性〕

（2）サポート活動の形態

子どもが子どもを支援するピア・サポート活動は，① 相談活動，② 葛藤調停（ミディエーション），③ 仲間づくり，④ アシスタント，⑤ 学習支援，⑥ 指導・助言，⑦ グループリーダーなどの形態に分けられる（西山，2004）。①，②は主に子どもたちが抱える課題の解決に重点を置き，傾聴訓練やミディエーションの訓練を受けた一部の子どもたちが，支援を必要とする子どもたちにサポートを提供するものである。③〜⑦は学級・学校といったコミュニティの成長やすべての子どもの成長を促進することに重点が置かれ，幅広い子どもにピア・サポーターとしての訓練が提供される。以下にさらに詳細に分けてみてみる。

① 相談活動

　○ 紙上相談

　　勉強のこと，友達のこと，いじめのこと，身体のこと，いろいろな悩みに対して，生徒会や委員会のメンバーが相談者の匿名性が保たれたうえで，新聞を通じて広く相談内容やその応答を伝え，同じような悩みをもつ仲間の力になる。

　○ 相　談

　　相談とその内容の守秘義務を順守し，親身になって対面しながら相談にのる。また，指導者に報告するとともに，サポーターどうしでサポート活動を支援し合う。

② 葛藤調停

　○ ミディエーション

　　必要な訓練を受けたサポーターが，もめごとの仲裁に入り，互いの言い分を中立的に聞き，どのように解決できるかを当事者から引き出し，当事者間で解決できるようにサポートをする活動。

　○ モニター活動

　　昼休みや休み時間に暴力・いじめの状況が起こっていないかモニターをし，必要に応じて介入する活動。

③ 仲間づくり
　〇 ひみつの友達
　　毎朝，学級の仲間の名前の書いてあるくじを引いて，引き当てた仲間の「いいなあ」と感じたことや，がんばっていたところを一日の終わりに伝え合う活動。誰がひみつの友達なのかは，一日の終わりまでは内緒にしておく。毎日，誰かに自分のいい点をフィードバックしてもらえることで，子どもたちの思いやりの心が育つ。ほかにも，学校内でモニターをし，孤立している仲間を見つけ，サポートであることを秘密にしながら声をかけたり一緒に遊んだりする活動もある。
④ アシスタント
　〇 履修サポート
　　高校や大学等で履修プランについて悩んでいる学生にアドバイス等を行う。
⑤ 学習支援
　〇 ピア・チューター・協同学習
　　教え教えられる関係だけでなく，思いやりの心と態度をもって共に課題を解決するプロセスを共有したり，考えを聴き合い，伝え合ったりすることを通して思考力・表現力・判断力を培い深い学びへと導く活動。
　〇 上級生が下級生の学習をサポート
　　絵本の読み聞かせや掛け算の九九や時計の読み方，リコーダーの吹き方などをサポートしたり，思いやりをもって関わることを通して，双方の学習の定着を促す。関わってもらった子どもたちの「できた」「わかった」の声や，「お兄ちゃん，お姉ちゃんありがとう」の声がフィードバックされ，サポートした上級生は「私も人の役にたてる」という自己有用感や思いやりの心を育む。また，別室等を設けて学習についていけない仲間の学習をサポートする活動もある。

⑥ 指導助言
　〇 ピア・メンター
　　　性に関すること，いじめに関すること，ネットによるいじめや健康被害，進路の問題など，生徒会や委員会活動，サポートグループによる適切な助言や指導を行う活動。子どもを取り巻く課題に関しては，専門家や大人よりも，身近な仲間や上級生からの助言のほうが学習効果が上がることが多い。
⑦ グループリーダー
　〇 集団の活動を促進するサポート
　　　新入生のオリエンテーションや合宿にサポーターとして参加し，新しい仲間との出会いを円滑にしたり，活動そのものを楽しいものにしたりするためのリーダー的役割を担う。思いやりをもってリーダーシップを発揮する上級生がいることで，先輩に対するあこがれが生まれ，安心して過ごせる学校風土が育つ。
　〇 研修やワークショップのファシリテーター
　　　児童生徒を対象にしたピア・サポートのトレーニングや各種研修のファシリテーター的役割を担う活動。
　〇 校種間連携
　　　違う小学校の児童どうしが入学前に中学生と一緒に活動をすることで，進学への不安を軽減し，進学を楽しみに思う児童を育む。また，上級学校から生徒が出向き，学習のサポート等を通して人間関係を育む。

4　ピア・サポートプログラムの構造

　上述したピア・サポート活動を実施するには，サポートするためのスキルやサポート活動の具体的な計画をもつことが重要である。
　ピア・サポートプログラムの構造から見てわかるように，事前にトレーニング，プランニングを行ったうえで，サポート活動を行い，実施後に振り返るというサイクルとなる（図6-2）。単発なサポート活動でなく，これらのサイク

第6章 教育相談とピア・サポートの可能性

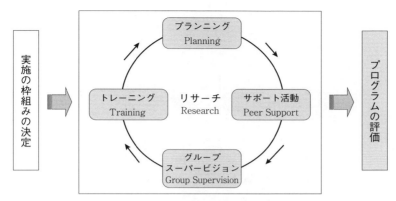

図6-2 ピア・サポートプログラムの構造
出典：日本ピア・サポート学会（2015）をもとに筆者作成。

ルをスパイラルに繰り返すことで，サポートの内容が磨かれ，サポーターの成長が促進されるとともに，思いやりある安全な学校風土が醸成される。

（1）ピア・サポートトレーニング

日本の学校では，思いやりをもって他者の世話をするという活動は昔から行われてきた。しかし，少子化や仲間と集団で遊ぶなどの機会も減り，日常生活の過ごし方もずいぶん変化し，よりよい人間関係を築く力が弱くなってきている現状がある。「誰かの役にたちたい」という思いはあるが，「友達を助けてあげなさい」「悩みを聞こう」というだけでは，具体的にどのような行動を示せばよいのかわからない子どもが増えてきた。そうした子どもの現状を見た時に，安心してサポート活動ができるように対人関係スキルを学校で習得することが必要である。

他者のために役立つには，他者への関心を示すことなくして成り立たない。また，他者と関わりながら自分自身の性質や特徴をよく理解しておく必要がある。他者に共感できる態度やスキルがよりよいサポートのベースとなり，他者からどのように見られているのかもモニターできる力が必要である。90頁で述べた①，②のサポート活動の形態では，傾聴スキルやアサーションスキルを習

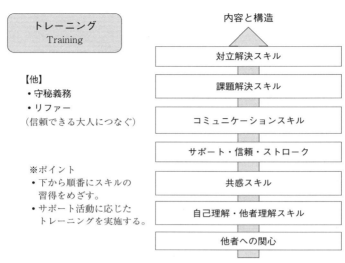

図6-3　ピア・サポートトレーニングの構造
出典：日本ピア・サポート学会（2015）をもとに筆者作成。

得し，ストレスをマネージメントできる力を習得しておくことが肝心である。葛藤調停（ミディエーション）では，他者の怒りに巻き込まれず，冷静に客観的に状況を把握する力やメタ認知できる力も必要となる。また，③〜⑦では他者にわかりやすく伝える力や質問に答える力も求められる（図6-3）。これらのトレーニングは各種エクササイズ等の書籍を参考にするとともに，日本ピア・サポート学会主催の「ピア・トレーナー養成ワークショップ」等で実際に体験することをお勧めしたい。

（2）プランニング

サポート活動には，学校等で与えられた枠（行事，授業，委員会等），決められた枠のなかで実施するものと，ニーズに基づき自らや数人のグループで発案をして実施するサポート活動がある。どちらにおいても，自らのサポート活動の目的とその目的を達成するために具体的に何をどこまで行うのか，そしてその活動がどのような状況になることで達成できたとするのかをプランニングす

ることが大切である。また，活動のリスク（懸念すること）も考え対処しておくことにより安心・安全を生み出すことが必要である。こうしたプランニングは，サポート後の振り返りなどグループスーパービジョンを充実させ，自分や仲間の成長を確認し，さらなる成長へのモチベーションを高めることにつながる。

（3）グループスーパービジョン

グループスーパービジョン（Group Supervision）とは，サポーターの資質向上を目指す訓練方法である。ピア・サポーターたちへ精神的支援を提供するとともに，学習・スキルの獲得・課題解決ができる機会を提供することにつながる大切な活動である（図6-4）。

〈サポーターにとってのメリット〉
- チーム内でのピア・サポート，仲間意識，ピア・サポートプログラムへの主体性やリーダーシップが促進される

グループスーパービジョンの流れ

トレーナーは最初にサポート活動に関する情報提供や価値を具体的に伝える

<u>1 ウォームアップ</u>
- エネルギー補給ゲーム
- 良かった点を出す　　　※うまくいったコツを引き出し，共有する

<u>2 問題点や困っていること</u>
- うまくいかなかった点を出す　　　※守秘義務に配慮し問題に焦点を絞る

<u>3 迫られている問題点を選択する</u>
※取り上げられなかった問題をもつ子にはミーティングの後で個別に会う

<u>4 課題点の解決への意見をピア・サポーターから引き出す</u>
- 「課題解決の5つのステップ」を使って解決法をグループで考える
- ロールプレイ，スキルの演習などを利用して課題解決の方法を体験的に学ぶ

<u>5 プランの再設定</u>
- サポーターがプランの見直しを行う

<u>6 まとめ</u>
トレーナーが今日のグループスーパービジョンを肯定的に評価し伝える

図6-4　グループスーパービジョンの流れ
出典：菱田・中林・矢代（2016）。

- 課題解決力が高まる
- サポート活動の質が高まる
- 人間としての成長が促進される

〈トレーナーにとってのメリット〉
- サポーターとの信頼関係が深まる
- プログラムの進捗状況を点検し，改善のための手掛かりが得られる

　これらのメリットを得るには，指導者（トレーナー）がピア・サポーターたちにしてほしいと思っている態度や行動の模範となり，話し合いを活性化するスキルや，サポーターの動機づけを図るための方法などを練習し，強調しているスキルの背景にある価値観を明確に説明できるようにすることが必要である。そして，ピア・サポーターの精神的ニーズに応えることを常に忘れずに支援するとともに，指導者（トレーナー）自身が楽しむことである。

5　2次支援・3次支援の必要な児童生徒にとってのピア・サポート

　ピア・サポートはサポートを受ける子どもも，サポートをする子どもも両者にメリットがある。また，サポーティブで温かな学校文化や環境を醸成する。2次支援，3次支援の課題を抱える子どもたちは，サポートの受け手とされることが多いが，サポートする側になることで自助・共助を体験し学校適応や人間的成長が促進される状況が多くみられる。

（1）事例紹介

事例①：発達特性のある高校生A君

【生徒（A君）の概要】
　A君は中学3年時に専門医を受診し，アスペルガー障害と告知された。その後，専門医による対人関係をうまくつくるための関わりや，地元の精神科医から不安を取り除く治療を受けた。A君は吹奏楽を行うために有名私立高校へ入学し，1年生ながらコンクール出場メンバーに選出された。

しかし，人間関係がうまく取れず孤立。心身の疲労がピークに達したことから退学し，公立高校に転入してきた。

A君は「結局負け犬になって，戻ってきた恥ずかしい自分」というレッテルを自分に貼り付けた。否定的な発言を誰かが口にすると「周りが自分をあざ笑っている」と感じて欠席が続く。学校ではA君を特別支援教育の対象生徒として，不安定な時の受診と休養，進級認定要件の引き下げ，保健室を緊急避難場所にするなどして対応した。

○ ピア・サポートの関わり

A君は「ぼくのような人間は，ピア・サポート活動が高校に"ある"だけで，まずホッとするんです。この活動が学校にないなんて想像つかないし，自分は不安でしょうがないです。素晴らしい活動だと思います」と述べる。A君はピア・サポート活動に「是非！」と返答し3年生の5月からトレーニングに参加。「意味のある活動である。とても楽しい。参加している人たちは皆笑顔で，初心者の僕にとても温かく接してくれる。僕もそういう人になりたい」「もっと早くから参加していたらよかったと思う」「同じ吹奏楽部員にトラブルがあったときの対応や解決の仕方がほかの人と違うなと思っていた人がいたが，ピア・サポートを学んでいたからなんですね」など感想を述べた。夏休み明けには，ピア・サポート活動を生かした中高交流，高校間交流に参加。3年生では欠席が激減。以降A君は，吹奏楽部では後輩のよき指導者として尊敬され，定期演奏会や学校祭演奏で中心となって発表。学校祭ではクラスで模擬店の代表を務め，クラスパフォーマンスでは上手なダンスを披露し総合1位を獲得。1年生の時のA君の姿はどこにもなかった。

○ 考 察

「ピア・サポート」という温かい人間関係づくりの取り組み，ピア・サポーターを養成するという学校全体の枠組みを見えるようにすることで，特別な教育的ニーズのある生徒達に安心・安全な環境を提供し，自分づくりに挑戦することを可能にしたと考える。

事例 ②:「友達なんかいらない」と語る中学3年生Bさん

【生徒(Bさん)の概要】
　小学生の時にいじめを受けていた経験から，男子生徒に激しい不満・怒りをもつ。同級生と話が合わない，空気が読めない(急に話に割り込むなど)，周りと合わせることに強いストレスを感じるなどの発達特性をもつ。過去にリストカットもあり「友達なんかいらない」と言う。中学入学時から遅刻，欠席も多く，登校した日の休み時間はほぼ保健室にいる。

○ ピア・サポートの関わり
　保健室で何か頼んで，快くやってくれた時に「ありがとう」と言うとBさんはとてもいい顔をする。他の生徒との関わりのなかでもそういう体験ができないかと考え，ピア・サポート活動がベースとなる保健委員会に入るように誘った。保健委員は傷病者を保健室に連れて来たり連絡をしたりする仕事があり，生徒や教職員から「ありがとう」と言われる機会がぐっと増える。どの保健委員もこの活動でみんなの役に立てたと感じている。Bさんも「連絡してこようか？」「荷物持ってきてあげる」と自分から考えて動くようになった。また，歯の治療率を高めるため，保健委員会で虫歯治療を拒む理由を考え，理由ごとに優しい言葉で治療を促すメッセージを作成した。メッセージを読み上げるメンバーにBさんを誘うと最初は嫌がったものの練習ではとても上手に読み上げるので，他の学年の読み上げメンバーのモデルになってもらった。最初は練習時間に遅れたりしていたが，自分も誰かの役に立てていると感じることができるようになってからは，練習にも積極的に参加するようになった。他の先生方や友達からも「がんばってたね」とたくさん声をかけられてとてもよい表情をしていた。同級生と仲良く話している姿も見られるようになり「生きていてよかった」と言う。

○ 考　察
　ピア・サポート活動を行うことによって，「誰かの役に立てるってうれしい」「友達と関わるのも悪くない」という他者への信頼感(仲間と関わる楽しさ)が芽生え，今，この瞬間に希望をもつことができるようになったと考えられる。

事例 ③：人と関わることが苦手な中学2年生Cさん

【生徒（Cさん）の概要】
　Cさんは中学1年生の時，友達とけんかをしたことがきっかけで，登校や教室に入ることを渋るようになった。もともと人と関わることが苦手で，大勢の人が集まる集会や学校行事に参加することが難しい。2年生になった時も，授業時間や学校行事の時は相談室や物陰で過ごすなど，気にかかる様子だった。しかし，クラスメートが相談室を訪れ，声をかけると大変嬉しそうな表情を見せた。

〇 ピア・サポートの関わり

　遠足に行った翌日に，班のメンバーに感謝の気持ちを伝える「ありがとうカード交換」というピア・サポート活動を実践した。Cさんは活動計画や事前指導の集会には参加した。班の友達からも「絶対に来てね」と言われていたが，当日家を出ることができず，遠足には参加できなかった。「絶対に行くって約束したのに，その約束を破ってしまったからもう教室に入れない。きっと怒っている」と彼女は泣いた。そこで，「ありがとうカードに，あなたの気持ちを書いて班のみんなに伝えたら？」とすすめてみた。「遠足に行けなくてごめんね。次の行事はがんばる。いつも私に話しかけてくれてありがとう」「一緒に帰ってくれてありがとう」「気持ちを聞いてくれてありがとう」「次は私が聞くよ。また話そう」というメッセージを班の一人ひとりに書いた。班のメンバーも「一緒に計画できて楽しかったよ」「次は一緒に学校祭でがんばろう」「学校で顔を見られることが，いつも嬉しいよ」というメッセージを書いた。

　カードを通して，自分の思いを伝えることができ，班のメンバーの気持ちも知ることができ，大変安心したようであった。彼女の母親から「娘が，気持ちが通じるって素敵だねと話してくれました」という電話がかかってきた。Cさんは翌日，元気に学校にやって来た。

〇 考 察

　Cさんの困難は「自分の思いを自分の言葉で相手に伝えてわかってもらおう

とする」スキルをもっていないことである。「ありがとうカード」が，Cさんの思いを伝え，相手からの思いを受け取る，温かい人間関係を感じる成功体験になり得たと考える。

事例 ④：専門機関と連携して支援した中学1年生Dさん

【生徒（Dさん）の概要】
　小学校担任から「Dさんは言いたいことを言えずニコニコしているため，周りの言動がエスカレートする」「家では不満を訴えている」と引き継ぎを受けた。入学後の5月下旬，母親からDさんが「転校したい」「学校の雰囲気が合わないから，行きたくない」「何かされたわけではないが，同じクラスの2人が怖い」「死にたい」などと毎日泣いていると相談があった。教育相談所に行くことをすすめ，Dさんと母親は定期的に通った。「教室や部活動で自分だけ浮いている気がする」と訴えソーシャルスキルトレーニングを受けることになった。

○ ピア・サポートの関わり

クラスでは「秘密の友達」というピア・サポート活動を始めた。クラスの生徒一人ひとりの名前を書いたピンポン玉を箱に入れ，自分が取ったピンポン玉に書いてある生徒のよいところを帰りの会で伝えにいくという活動だ。Dさんが話しかけにいけるかどうか心配だったが，相手が男子でも女子でも話しかけにいき，にっこりと微笑んで話していた。反対に，話しかけに来られた時もにっこりしながら聴いていた。

また，ピア・サポートトレーニングも行った。「聴き方」「気持ちの読み取り方」「話し方」のソーシャルスキルトレーニングを行い，これらを用いたピア・サポート活動を行った。Dさんは毎回のトレーニングでの表情は硬いものの，班のメンバーとなんとか活動することができた。Dさんがなかなか話せないときには，周囲の生徒が「こんなふうに言うといいよ」などとアドバイスをして助けていた。

1学期最後の面談で「一番つらいときを100とすると，今はどれくらい？」

と問うと,「50」と答えた。「すごい！ 半分まで減ったね！ それは何をしたからかな？」と尋ねると,「自分で話しかけたから」と答えた。

○ 考　察

　教育相談所で学んだソーシャルスキルを生かせる場を「秘密の友達」というサポート活動やピア・サポートトレーニングなど，温かな交流を通してつくることができた。Ｄさんが「自分で話かけたから」と答えたように，自分の力で人間関係をつくることができるという自己効力感につながったと考えられる。また，クラス全体がピア・サポートを行うことで，仲のよい生徒だけでなく，そのほかの級友にも目を向け，それぞれの生徒の特性を理解して気を配るようになったことで，Ｄさんがクラスの中に居場所をつくれる安心な環境ができたと考えられる。

事例 ⑤：発達特性のある小学１年生Ｅ君

【児童（Ｅ君）の概要】
　保育所から自閉症スペクトラムと申し送りがあった。言葉が敬語なのが少し不自然で，字がきれいに書けない，絵が下手など，自分が思ったようにできないときには固まってしまい，廊下に寝転んで「ぼくは何をやってもだめなの」と涙を流した。

○ ピア・サポートの関わり

　その日の日直を全員で一言ずつ褒める「いいとこみつけ」というピア・サポート活動を行った。できるだけ具体的にいいところを見つけられるように，グループで一緒に考える日をつくったり，うまく見つけられた内容を共有したりして褒めることを学んだ。また，帰りの会で，一日の中でがんばっていた友達を見つけてみんなで声を合わせて「いいね！」と承認した。次年度入学してくる保育園児が学校見学に来るときには，地域のお年寄りに教えてもらった昔遊びを今度は保育園児に教えて一緒に遊ぶことにした。声のかけ方や説明の仕方もあらかじめ練習し，前日には保育所の子ども役と１年生役に分かれてロールプレイをして練習した。ほかにも得意なことやがんばったこと，できるよう

になったことを「○○博士」や「△△チャンピオン」と名づけて写真と一緒に掲示した。E君はみんなに褒められた後は嬉しそうに,「ぼくはやさしいんだって」など,友達が言ってくれた言葉を復唱していた。E君は褒められる経験をたくさん得て,寝転んで泣くことはなくなった。

○ 考　察

いいところ探しの前には「ぼくにはいいところがありません」と自信がなかったE君は,友達がいいところを見つけて伝えてくれることで,「ぼくにもいいところがあるんだ」と少しずつ自信をもつに至った。その自信が,「何をやってもだめなの」と,苦手なことにチャレンジすることを拒む態度を変え,苦手なことにもあきらめずに取り組めるように成長させた。また自分が友達にしてもらったり言ってもらったりして嬉しかったことを友達にするようになり,嬉しい気持ちの循環が学級とE君の間に生まれた。同時に母親と小さなことでも気持ちを共有することができるようになり,家庭でもE君のよいところを言葉にして伝えてもらうことができるようになったことが,E君が安心して生活できるようになった要因だと考えられる。

（2）事例分析

事例①,④,⑤に示しているように,サポート活動を行う前に他者とのよりよい関係をつくるスキルをトレーニングで学んでいる。学びを通して肯定的な温かな場がつくられ,課題を抱える子どもが他者に助けられながら挑戦する姿が引き出される。2次支援や3次支援に位置づく子どもにとって,トレーニングの場が他者からサポートを受ける場といえる。つまり,トレーニングではスキルだけではなく,他者に対する信頼感や自信も習得されているのである。

次に,事例①,②のように異学年を対象としたグループリーダーや指導助言の活動を通して,「人の役に立てる自分」を発見し,マズローの欲求段階説にある承認欲求が充足され,充実した日々が送れるようになる。事例③,④,⑤は学級を対象とした仲間づくりの活動を通して自分自身のよさを発見し,他者とのつながりをつくることができる自分を実感することができている。ピア・

サポートは自助と共助の力を育むものであることがわかる。

そして，すべての事例に共通することは関係機関や保護者と連携して取り組まれていることである。個人的要因と環境要因を調整し，子どもと環境の折り合いをつけられるように，チームで支援することで効果が発揮されることがわかる。

引用・参考文献

西山久子（2004）「諸外国のピア・サポートの歴史と動向――学校現場での仲間支援活動の起源から現在まで」『ピア・サポート研究』創刊号，39～42頁。

西山久子（2009）「ピア・サポートの歴史――仲間支援運動の広がり」『現代のエスプリ』第502号，30～39頁。

日本ピア・サポート学会（2015）『School Counseling and Peer Support in Taiwan and Macao 第17次海外研修（台湾・マカオ）報告書』85頁。

菱田準子・中林浩子・矢代幸子（2016）『ピア・サポートトレーナー養成標準テキスト Ver. 3』日本ピア・サポート学会。

菱田準子・西山久子（2017）「学校とその地域におけるピア・サポートの実践」『精神科』第31巻 6 号。

文部科学省（2015）「チームとしての学校の在り方と今後の改善方策について（答申）」。

トレバー・コール（2006）「世界のピア・サポートの動向と課題」『ピア・サポート研究』第 3 号，73頁。

Carr. R. (1994) Peer helping in Canada. *Peer Counseling Journal* 11(1), 6-9.

McManus, J. (1984) *A model for school/community interventions with high school student paraprofessionals* (proceedings of the conference).

Samuels, M. & Samuels, D. (1975) *The Complte Handbook of Peer Counseling*, Fiesta.

Vassos, S.T. (1971) The utilization of peer influence, *The School Counselor*. 209-214.

Vriend, T.J. (1969) The peer influence model in counseling. *Educational Technology*, 9(3), 50-51.

学習の課題

(1) 普段の生活の中で，人は人を支援しながら生きている。自分自身を振り返り，他者にサポートしてもらっていることや，他者の役に立つためにどのようなことを行っているか考えてみよう。

(2) 昨今の子どもをめぐる状況を示す調査データを取り上げ，ピア・サポートの可

能性について述べてみよう。
(3) ピア・サポートを実施するにあたって，指導できる指導者の養成や，どのように教育課程に位置づけるかが課題となる。学校でピア・サポートを実施するために必要なことは何だろうか，考えてみよう。

【さらに学びたい人のための図書】
菱田準子（2002）『すぐ始められるピア・サポート指導案＆シート集』ほんの森出版。
 ⇨仲間が仲間を支援することで互いに成長するピア・サポートプログラムを多忙な教員が学校現場で取り組めるように，指導案とワークシートを複写して使えるようにまとめている。また，指導案には指導者の発問やシェアリング，児童生徒の予想される発言を記載。*Kids Helping Kids*（1999, Trevor Cole）を参考にし，ガイダンス，自分への関わり，他者との関わり，問題対応，危機対応，目標設定のカテゴリーに分けて編集されている。
中野武房・森川純男・高野利雄・栗原慎二・菱田準子・春日井敏之（2008）『ピア・サポート実践ガイドブック Q&A によるピア・サポートプログラムのすべて』ほんの森出版。
 ⇨ピア・サポートプログラムのゴール・目標を設定し，活動をマネージメント（維持・管理）するという全体像を Plan（計画），Do（実施），Check（点検），Action（改善）の4つのフェーズに分割し，わかりやすく説明している。
春日井敏之・西山久子・森川澄男・栗原慎二・高野利雄（2011）『やってみよう！ピア・サポート』ほんの森出版。
 ⇨実践の成果をまとめ，これまでの活動を整理している。日本ピア・サポート学会に寄せられた実践を厳選し，12編の実践を集録した。それぞれの実践には，一目でわかる実践のポイントを追記し，18本のコラムが記載されている。これからピア・サポートを始める人々の実践に役立つ指針となる実践集である。

追記
　ピア・サポートを学ぶには，上記の図書を参考にするとともに，日本ピア・サポート学会が主催する「トレーナー養成ワークショップ」に参加することをお勧めする。ワークショップでは基本的なピア・サポートの理解を深め，ピア・サポートプログラムの構造に添って体験的に学び，実践者から具体的なピア・サポート活動の事例や取り組み方のアドバイスを受けることができる。日本ピア・サポート学会のウェブサイトにアクセスすると，さまざまな研修情報や資格取得の情報を得ることができる。

（菱田準子）

第7章 教育相談における認知行動療法の可能性

この章で学ぶこと

認知行動療法の考え方を教育相談に取り入れると、児童生徒の困難や不適応、「困り感」に対してさまざまなアプローチが可能となる。相談に際しては、「4つの機能」ごとに多層な次元で児童生徒を理解し、援助の視点を探っていく。とくに、認知機能からのアプローチでは児童生徒が陥りがちな自動思考を検討することで、より適応的で、現実的な検討が可能となる。その結果、自己の感情を捉え、落ち着くための工夫ができるようになる。また本人がもっている力を行動として発揮しやすくなり、社会場面でより適応的に行動できるようになる。認知行動的アプローチは、本人の力を引き出す具体的アプローチであり、教育相談において重要な役割を果たすと期待される。

1　人間の4つの機能

認知行動理論に基づくアプローチの特徴を最初に述べる。人間として生活し、人と関わり、そして考えたり、行動し、感情をもって生きていくために、私たちはさまざまな機能を働かせている。その機能は大まかに4つに分けることができる（内山，2006，677〜682頁）。

第1は、「生理機能」である。生理機能は外界や自己の状態など刺激を感覚として捉える感覚系（五感：視覚、聴覚、触覚、嗅覚、味覚）、そして呼吸をして身体に栄養物や酸素などを体内の各部分に運ぶ循環器系、さらに食べたものを消化し体のエネルギーに変える消化器系などからなっている。この機能があって、私たちは動物として生命を維持することができるし外界の変化にも対応することが可能となる。

悩みやストレスが強くなると，食欲がなくなったり頭痛や腹痛が起こるなど，身体症状として現れることがある。また，疲労や体の不調として感じられることがある。これも適応のための生理機能である。それは危険のサインであったり，休養を求める徴候として働く。とくに，児童期や青年期においては，精神的不調や心理的な悩みは意識的に自覚されたり，言葉で表現されるとは限らず，身体表現として現れることがある。
　第2は，「情動機能」である。情動は，一時的な感情状態や感情の動きを指す。一過性だが強い感情としては，喜びなどの快感情や不安，うつ，怒り，恐怖などの不快感情が代表的なものである。私たちは，他人から失礼なことをされたと思うと怒りを感じるし，大切なものを失うと悲しみを感じる。不安があるから，危険に対処することが可能となり，生命の危険を回避することができるのである。快感情は人生を豊かにする。児童生徒と接するときに，私たちはさまざまな感情を自然にもつ。また，彼らから表出される感情に圧倒されることも多々あるだろう。
　第3は，「認知機能」である。私たちは感覚を通して外界をさまざまに意味づけながら，環境を捉えている。外界からの情報をこれまでの経験や知識によって判断し，思考し，推理するという複雑なことを行っている。そうすることで，状況を適切に捉え環境に適応しようとしている。過去のことを思い出したり，まだ起こっていない明日のことを想像できるのもこの機能があるおかげである。さらに，自分自身を対象として捉えた場合を自己概念と呼ぶが，これも自己についての認知といえる。
　最後に，第4の「行動機能」である。これは環境内で行っている反応や運動を指している。顔を洗う，歩く，椅子に座る，手を上げる，大声をあげるなど，人が行う諸行為が行動である。人は行動を通して，環境に直接に働きかけ，他者と交流し，さまざまな社会参加を行っている。学校においては，活動と表現される種々の営み，また学習や集団への参加は行動として捉えることができる。教育相談などで児童生徒の「困った行動」や「暴力行為」が対象として取り上げられることがある。これはまさに行動の側面について記述したものである。

（1） 4つの機能の関連

生理，情動，認知，行動のそれぞれの機能は相互に関連し合っている。教育相談において扱う児童生徒が抱える問題や悩みについて，この4つの機能がどのように関係し合っているか，整理しながら状況を把握すると有効である（図7-1）。

実際に3つの事例をみてみよう。

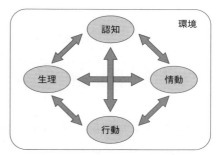

図7-1　人間の4つの機能の相互関係
出典：Westbrook et al. (2007)。

【学校を休みがちな高校1年生男子，悠真君】

悠真君は，自分のクラスについて次のようなことを考えてしまう。

「学級内のあるグループが僕をターゲットにしてのけものにしようとたくらんでいるようだ（認知機能）。そのことが頭から離れない（認知機能）。ふとしたきっかけでそれを思い出し（認知機能）憂うつになり，不安になる（情動機能）。朝になって目が覚めてもベッドから起き上がれない。そのまま昼まで自室でゲームをやってしまう（行動機能）。なんとなく，頭が痛いし食欲もない（生理機能）。これまで半年以上も休みがちだし，早退が続いたから自分はおちこぼれにちがいない（認知機能）。人前にでると恥ずかしくて（情動機能），顔がかっとほてる（生理機能）。平日の昼間は出歩けるけど，休みの日はクラスメートに会ったり，外を出歩きたくない（行動機能）」。

【転校したての小学校3年生女児，さくらさん】

お母さんと一緒に新しい学校の門をくぐった。しかし，その翌日からすぐに登校を渋るようになった（行動機能）。「学校には怖い先生がいるんじゃないかな（認知機能）。いつもそばにいてくれた友達ももういない。ひとりぼっちで寂しい（情動機能）。先生の教え方が違うので授業がわからない（認知機能）。とても心細くて怖い（情動機能）。教室では下を向いて過ご

した（行動機能）。登校時靴を履くこともできないし，玄関から出ることもできなくなった（行動機能）。朝，悲しくて涙が出る（情動機能）。そして決まっておなかが痛くなる（生理機能）。こんなことをお父さんに知られたらどうしよう。怒られると思うとおそろしくてたまらない（認知・情動機能）」。

【乱暴でけんか早い，とクラスメイトから敬遠されている，中学2年生の男子，大翔君】
　ソフトボールの試合でベースに滑り込んだ直後，同級生の審判役からアウトの宣言を受けた。「セーフのはずだ」と思ったとたん（認知機能），心臓が高鳴り，目がかすみ体も緊張する（生理機能）のがわかった。強い怒りと敵意を感じ（情動機能），大声を上げながら，審判役の胸を突き飛ばした（行動機能）。

　上述の3つの事例をみてみると，児童生徒がおかれている状況のなかで，それぞれの4つの機能が単独で生じているのではなく，相互に関連し合っていることがわかる。すなわち，ある情報を意味づける認知機能があって，胸が締めつけられるように感じる生理機能が伴う。その結果，怒りや悲しみという情動が生じるため，行動が生じる。この機能は原因結果がどちらが先というわけでなく，相互に関わり合っているのが特徴である。

（2）教育相談における多面的なアプローチ
　先の3つの事例について教育相談を行う際に，読者はどのようなアプローチを試みるだろうか。即時に児童生徒に話しかけ，安心させたり励ましたりする場合もあるだろう。また，対象生徒が落ち着いた頃を見計らって，1対1で向き合うかたちで話を聞くことから始める場合もあるだろう。
　従来の教育相談では，悩みや困りごと，トラブルについて，その状況や事実関係を把握し，生徒の困り感を傾聴し，気持ちに共感し，子どもの悩みに寄り添うという方針をとることが一般的であった。
　実は，上述の考え方はカウンセリングの影響を受けている。とくにロジャー

ズが提唱した来談者中心療法によるカウンセリングは，日本へは1955年頃紹介され教育相談へと積極的に取り入れられた。会話を通し児童生徒の感情に焦点を当てながら，受容共感することによって児童生徒の成長を促進させる，非指示的なアプローチである。

　しかし，教育相談はカウンセリングと同一ではない。心理療法で用いられているアプローチや方法論をそのまま，学校場面にもち込むだけでは有効な働きかけとはならない。学校は，生徒のあるがままを受け入れて成長を待ち続ける文化というより，積極的に教え人を育てて生徒の社会化を進めていく文化である。認知行動アプローチは従来のカウンセリング的アプローチとは異なり，より積極的な方法を用いるところに特徴がある。その意味で，認知行動アプローチは従来の非指示的アプローチと双璧をなす相補的な方法である。すなわち，児童生徒との人間関係の構築や関係性が十分確立できた後に，現在の状況を変化させる具体的な手段として有効な教育技術となり得る。

（3）変化させやすいところから変化を起こすようにする

　認知行動アプローチはさまざまな切り口をもっている。人間の4つの機能に対応しその機能に働きかけるための手段がある。

　たとえば，第1の生理機能へのアプローチを考えてみよう。リラックス法を学級内で取り入れたり，相談場面に取り入れると役立つ（藤原，2006）。「筋弛緩法」（relaxation training）は，筋肉の緊張状態を一連の手続きに従って弛緩させる方法である。まず身体の一部分（たとえば右腕の筋肉）を強めに緊張させた後，緩める練習から始める。腕，肩，顔の表情筋などの筋肉の弛緩から始め，最終的には全身の筋肉を弛緩させリラックス状態を体感してもらう。たとえば，ロボットになったとイメージしてもらい，堅く緊張した動きから，電源を抜くなど一挙に力を抜くイメージで練習するなど，年少の子どもでも練習可能である。筋肉のリラックスが，中枢神経系を鎮静させて，心身ともに落ち着かせる効果がある。

　生理機能を穏やかにするのに「呼吸法」も有効である。血圧を測定する際に，

深呼吸をするだけで数値が大きく異なることを経験した人もあるだろう。人前で発表するなど緊張場面に意図的にこの方法を使うことで，気持ちも整い，落ち着くようになる。不安，緊張，怒りがあるときに，呼吸は浅くなり，その結果さらにネガティブな気分が生じやすくなるからである。呼吸は，生きている限り行っている生命活動であり，呼吸の整え方を通して，穏やかな気持ちになることを一緒に練習し体感する。具体的な例を３つあげる。

① 楽な姿勢でいすに座り，お腹に片手を当てる。その間，肩を動かさない。
② お腹がふくらむように目を閉じて３〜５秒間，ゆっくり息を吸い込む。
③ 息を吐くときもゆっくりと。体から空気が抜ける感覚に意識を集中する。

第２の情動機能についてもいくつかの技法がある。基本は，不安や恐怖と同時に起こりえないような安堵，落ち着きの感情を特定の場面と結びつけて思い出させる。たとえば誘導イメージ法は，イメージを思い浮かべると，現実にその場面に遭遇しているのと同じ反応が体に生じる原理を利用している。楽しい場面を想像するだけで，気持ちが軽くなった経験はないだろうか。方法として，次の２つを参考にされたい。

① 児童生徒に，好きな場所，行ってみたいところの風景を思い浮かべさせる。
② たとえば，自然の中であれば，その景色や感覚（光や音，香りや風の流れなど）を体で受けとめるようにイメージしてもらう。

系統的脱感作法は，リラックスした状態で不安，または恐怖場面を思い浮かべることで，その場面の情動反応が弱まるようにする技法である。最初は，不安や恐怖が少ない場面から始め，次第に強い情動反応が生じる場面へと進めていく。同様に，学校場面でより広く実践され，知られている方法がアンガーマネージメントであろう。これは，怒りという感情を自分で気づき，怒りにたいしてどう対処するかを学ぶ方法である。

第３の認知機能については，第２節で述べる。第４の行動機能については，困っている問題を行動として捉え，その問題の解決に向けてある行動ができるように工夫する。または特定の行動をしなくてすむようにガイダンスする。

たとえば，特定の授業中にのみ教室を立ち歩く小学生のA児がいるとしよう。授業中の離席の背景にはいくつかの働き（機能）があると考える。この背景を考えることが問題の解決につながる。このときに，A児が席を立つことで，教師が接近しA児に関心を向けているとしよう。A児が注意引きの手段として離席している場合，この対応によって離席行動は再び生じやすくなる。A児の離席行動が周囲の子どもの騒ぎを引き起こし，A児が結果として注目を得ている場合も同様である。行動が何か（この場合周囲の関心）を獲得するための手段となっていることがある。

次に，席を立つことで何かをしないですんでいる場合がある。たとえば，B児が離席をしたことで，嫌いな課題から離れられB児の課題はそれで終わりとなっていた。そのことが繰り返された結果，B児の離席行動は強められ同じ状況で再び生じやすくなっていた。離席行動は苦手なことから逃れるための逃避機能をもっていたのである。

対応策として，いくつかの方法がある。まず離席と同じ機能をもつ行動を身につけさせることが重要である。たとえば，先生に来てもらいたいときには席を立つのではなく手を上げることを教えるなどである。教師側も子どもが望ましい行動をしているときは見逃さず，A児に関心を向けたり褒める。B児の場合，課題の調整が必要だと思われる。本人の苦手な課題と思われる場合，部分的にできた場合も褒めたり，最初は少しの分量からはじめ徐々に課題を増やすことが効果的である。

行動機能に特化したアプローチを応用行動分析（ABA；Applied Behavior Analysis）と呼ぶ。この方法は，単に対象者のみを変化させることを主眼とするのではなく，人と環境との相互作用から対象者の行動変容を目指す方法である。ある行動が出現しやすいように，環境を工夫したり，期待されている行動が出やすいように環境を整えたりするのも，このアプローチの特徴である。

高校生が集団の前での発表をとても苦痛に思っている場合を考えてみよう。睡眠時間を十分とって，深呼吸させリラックスした状態で臨む工夫が生理機能からのアプローチである。発表する際に不安がっているとしたら，安心できる

マスコットをもって人が少ない場面から練習するのが，情動機能からのアプローチである。安心感と緊張は同時に成り立たないからである。発表すると自分は失敗するに違いない，人から馬鹿にされるという思い込みがあるなら，次節で述べる認知機能からのアプローチを用いる。ほかに，行動機能のアプローチからは，発表の技術を教える。前を向いて話すこと。声の大きさとスピードについて練習させて，本人がよかった点をフィードバックする。ソーシャルスキルトレーニング（SST；Social Skills Training：社会技術訓練）は，行動機能を中心においた児童生徒への有効な介入法である。

　最後に全人的機能について述べる。これは児童生徒の存在をそのまま尊重し，一人ひとりを独自な存在とみる立場である。まさに従来の教育相談が最も強調してきた人間観がここに含まれる。児童生徒が呈している問題も彼らがもつ適応のための力であり，成長のための提起でありチャンスだとみなす。その力を引き出しながら，本人がもっているよさ・強みへとつなげていくのが，教育相談の最も重要な側面となる。

2　認知機能からのアプローチ

　本アプローチは，心理療法の分野でも認知療法としてその高い効果が広く知られている。認知療法を紹介するために，偉人の言葉を引用しよう。イギリスの劇作家シェイクスピアは，「世の中には幸いも不幸もない。ただ考え方でどうにでもなるのだ」と述べた。また，アイルランド出身の宗教家，ジョセフ・マーフィーは「他人のいうことはあなた自身の考えや精神的参加を通さない限り，あなたを傷つけることはできない」と述べた。すなわち，あらゆる出来事はもともとニュートラルだが，認知を通してさまざまな感情が引き起こされると考えるのである（図7-2）。

　認知療法は，もともとはうつ病の治療法として開発された。1963年にベックは，うつ病と診断された50名の患者と，うつ病以外の患者の思考プロセスを比較検討した。その結果，うつ病患者には特有の思考パターンがあり，内容も非

第7章 教育相談における認知行動療法の可能性

図7-2 認知行動理論のモデル
出典：Westbrook et al.（2007）。

論理的だったり非現実な思考があることを発見した。ベックはこのような独特な現実の受け取り方を認知の歪みと呼んだ。認知の歪みは3つに分けられる。1つは，自分自身に対する否定的な見方である。2つ目は，自分を取り巻く世界の悲観的見方である。日本のことわざでいえば，「渡る世間は鬼ばかり」ということになるだろう。3つ目は，将来に対しての悲観的考えである。

　現実を実際よりも悪く考えてしまうことは，誰にでもあることである。しかし，物事を実際以上に悪く考える癖があると，本当は大丈夫なこともできなくなる。さらに，他人や仲間が信頼できなくなり，人付き合いに支障を来す。または引きこもる原因になる。何より，自信ももてず，自分自身に価値を見出せない。将来を悲観し人生に絶望することになりかねない。このような考えは，短期的には誰にでも起こりうることだが，長期的には私たちの人生が大きな損失を受けるのではないだろうか。

　偏った考え方については，児童生徒が陥りがちな思考パターンにおいてとくに重要となる。児童期において子どもは自己中心的思考をとり，自分本位の見方をしがちである。小学校高学年を迎える頃には発達の個人差も大きくなり，自分の能力について他者との比較で考えるようになる。その結果，自己に対する肯定的な意識をもてず，劣等感をもちやすくなる時期でもある。

　さらに，思春期から青年期にかけて，より抽象的に思考できるようになり，理想という視点から社会や大人を客観視することが可能となる一方で，親や教師を一面的に批判するなど現実から離れた思考に陥りやすくなる（渡辺, 2000）。また，理想追求と自己と他者との比較によって，自尊心が極度に低下することが知られている（都筑, 2005）。このように，発達課題として認知の様式を考えると，現実から離れた思い込みや劣等感に苦しむ児童生徒は多いのではないかと考えられる。

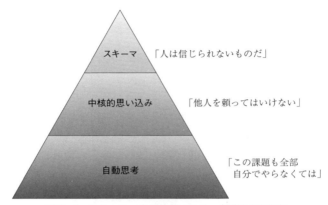

図7-3　スキーマ・中核的思い込み・自動思考の関係
出典：井上（2007）15頁をもとに筆者改変。

　私たちの認知を構成しているのは，自動思考，背景にある思い込み，そしてスキーマといわれるものである。後者ほどより上位のものとなり，日常生活のなかで知らず知らずにとっている私たちの思考に影響を及ぼしている。「自動思考」（automatic thought）は，ある場面に直面したとき「自動的」に頭の中に思い浮かんでくる考えであり，意識として捉えることが可能である。「中核的な思い込み」（underlying assumption）は，いろいろな自動思考に対して，場面を超えて共通して認められる考え方であり，しばしば「……すべきである」とか，「……しなければならない」と表現される思考内容を指す。最も上位にある「スキーマ」（schema）は，一貫した知覚・認知の構えといってよいものである。多様な自動思考に共通してみられる枠組みとして存在する。強固なルール，または信念であり，しばしば「私は絶対に……である」という表現をとる。これら3つが「認知の歪み」（cognitive distortion）である（図7-3）。教育相談場面で児童生徒の考えや気持ちを聞くと，客観的な現実にそぐわないものと感じられることが多くあるだろう。その背景にどのような思考が働いているのか，児童生徒を苦しめているものは何か，解き明かしていく。

　これから述べるのは，自動思考といわれる非適応的な思考パターンである。自動思考の特徴は，それが瞬間的に自動的に行われることである。よく吟味す

ると非現実的な考え方であるが意識しないで浮かぶため，現実を把握する際にそのまま受け入れてしまいがちである。反対に，適応的な思考パターンは現実的であり，中立的で，事実に基づいており，合理的な考えが特徴になっている。自分が陥りやすい自動思考の特徴を知ることで，考え方の幅を広げることが可能となる。話し合いを通して児童生徒がより適応的な思考を実感できたり，幅広い見方ができるようになる。

（1）自動思考の具体例

自動思考について以下に代表的な例をあげる。

a．飛躍的推論（fortune telling）

確かな理由や証拠がなくとも「悪い結果となる」と推論する。好ましい結果が出る証拠があっても「悪い結果となる」とその証拠を無視し，否定的な結論を出す。そのひとつに人の心を先読みする読心的推論がある。他人が何を考えているかわかると思い込む。クラスメイトが自分のことを「ネクラ」と考えていると思い込み，相手の心の動きをすべてその方向で読んでいく。もうひとつが予言的推論である。将来悪い出来事が起こると確信する。どんな試験でも受ければ，必ず不合格になると予想する。

b．恣意的選択（mental filter）

物事の悪い面ばかりを選択的にみてしまう。ある出来事の否定的側面の細かな部分に注意を向け，そこにこだわる。よい側面やうまくいったことなどほかに肯定的な状況があっても，そこには目を向けない。人間関係において，相手から好意的な態度を受けても目に入らないが，素っ気ない態度だと「やはり嫌われている」と受け取ってしまう。思春期の女子は髪型を気にすることは珍しくない。たとえば髪型を変えた結果，多くの友人から似合うとほめられていても，ひとりだけから前の髪のほうがよかったよといわれた場合，その友人の意見を選択的に受け取ってしまう。おかしな髪という気持ちが心を占有し，帽子をかぶって髪を隠すようになるのはその一例である。

c．過度の一般化（over generalization）

　ひとつの出来事を根拠にあらゆる出来事が同じようになるとみなす。たとえば友達に何か頼み事をして断られた場合，「誰に相談してもどんなことを頼んでも，誰も私の頼みを聞いてくれない」と結論づける。「どうせ」「いつも」という形容詞がつくことが多い。「今回はたまたま断られたけど，別の用事については，聞いてもらえるだろう」という考え方に変えられないかを検討する。

d．誇張と矮小化（discounting the positives and magnifying negatives）

　過大評価と過小評価からなる。自分の短所や失敗を実際以上に大きく考えるのが誇張である。また，自分の長所や成功を実際より小さく捉えるのが，矮小化である。他人については「隣の芝生が青い」ように実際以上によく見える。また実際は悪い状況でないのに，絶望的に状況を評価することもある。よいことは，「そんなのはたいしたことではない」と捉える。サッカーでゴールを決めたら，「まぐれで入った」と受け取り，決められなかったとき「自分はどうしようもなく下手だ」と考える。学校で掃除をがんばっているのをほめられても「他によいところがないから，掃除くらいしかほめられないんだ」と結論づける。

e．"べき"思考（shoulds）

　自分，他者，世界が"こうあるべきだ""こうでなければならない"といった強固な信念である。要求水準や期待が高い上に柔軟性に欠けるため，気分的に落ち込むことになる。理想と異なる結果を過剰に悪くとる。そのため，不安や恐怖に陥りやすい。たとえば，体操部で難しい技に挑戦しているとしよう。むずかしい技に挑戦すれば，当然失敗する可能性は高くなる。一方で何事にも失敗すべきではないと感じ，自分に対する怒りやフラストレーションから，練習にも手が着かない。後輩が部活の開始時間に遅れた場合も，「全員が時間には正確であるべきだ」と怒り出した。実際は授業の都合などで全員が定刻ぴったりにそろうのは現実的ではない。より適応的な考え方としては，「うまくいくに越したことはないが，実際はほどほどでよい」がある。

f．個人化（personalization and blame）

　ネガティブなことはすべて自分自身の不手際や欠点によるとみなし，自分を責める。たとえば，虐待を受けている子どもが両親間の不和や離婚を自分が原因と考えている例があたる。「私がよい子だったなら，ママとパパはけんかしなかったはずだ」と信じる。教師の自分への態度が無愛想だったのは，「自分がきちんとしないから先生が怒ってしまった」と考える。

　g．全か無かの思考（all or nothing thinking）

　すべてに白黒をつける二分法的思考である。中間や連続線上にある部分的な見方ができない。完璧でなければ納得できないため，自分を振り返って理想と違ったところがあると，「これはだめだ」とか「失敗だ」と考えてしまう。完全主義につながり，自分にも他人にも否定的である。100点でなければ0点と同じという考えがその一例である。「自分はどこをとってもだめな子どもだ。なぜなら，友達がいないからだ。みんなは，たくさん友人がいて，誰とでも楽しそうに付き合っている（実際にはあり得ない）。だから，自分は嫌われ者で仲間はずれにされている」。野球で3割以上打てれば名打者といわれる。10打席のうちヒットが3本以上あれば十分と考えるのがより適応的な考え方となる。

　h．ラベリング（labeling）

　物事や人に通常否定的な意味をもつラベルを貼る。その結果，そのラベルから浮かぶイメージに振り回されて冷静な判断ができなくなる。たとえばあいつは「天然」だからなど他人に否定的なラベルを貼り，肯定的な他の面は見ない。自分においては「わたしは『負け組』だ」と否定的な自己評価を行うのもラベリングである。

　以上a～hの8つの自動思考は，多かれ少なかれ私たちが行っているものである。心の中で起こったことは現実とイコールではないが，心の中のつぶやきを事実として捉えるのである。自動思考を見直すために，いくつかのチェックポイントがある。ここで注意したいのは，ネガティブな思考があったからといって，それをポジティブ・シンキングに変えるのではないということである。

現実をみる選択肢を広げたり，別の見方ができないかを考えてみることが大切である。とくに教育相談においては，話し合いのなかで，本人にフィットし納得できる見方を探していくことが最も大切な目標となるだろう。

（2）自動思考を見直すためのポイント

　今とっているその考え方がその通りであると思える理由を検討する。そのように考える裏付けや証拠，理由を探り，現実的であるかをみていく。根拠があるとは，誰がみてもそれは事実であると認めることである。180mLのコップに水が半分入っていることは，90mLの水があるという点で誰にとっても事実である。たとえば，あるクラスメイトが自分に話しかけてくれず，避けられていると考える女子中学生に対して，質問を投げかける。

　　Th.　「彼女はあなた以外の全員に話しかけていますか」
　　Cl.　「全員じゃないけど仲のよい人には話しかけています」
　　Th.　「あなたのほうから彼女に話しかけることはありますか」
　　Cl.　「ほとんどありません」
　　Th.　「なるほど。では，あなたはすべてのクラスメイトに話しかけていますか」
　　Cl.　「そんなことはありません」
　　Th.　「あなたが話しかけていない人はあなたが嫌いな人ですか」
　　Cl.　「違います。とくに用事がないとか，何を話していいかわからないとか」
　　Th.　「そういう意味では，誰かが誰かに話しかけない理由っていろいろありそうですね」

　その考えと矛盾する事実はないかをみていく。自動思考はよくみると，多くの矛盾点を抱えている。冷静にその考えを検討すると，客観的事実にそぐわないところが出てくる。

　その考えのメリットは何か，デメリットは何かをみる。児童生徒がそう考えることでどのような影響があるか，表に整理していく。デメリットとして「そ

の考えを抱えたままでいると，気持ちはどうなるか」「その考えのせいで，できなくなっていることはないか」「その考えから，結果的に不都合な振る舞いをしていないか」をみていくのである。逆にそう考えて都合がいいこともないかみる。

　その状況で何かよいことはないか，またがんばっていることはないかを話し合う。些細なことやちっぽけなことでもいいので，何か1つあげてみる。そのように大変ななか，今までどうやって乗り切ってきたか，そのために工夫していることは何かないかを児童生徒と検討するのである。

　親しい人が同じ考えで苦しんでいたら，なんと言ってあげるか。「鏡のワーク技法」は「あなたとまったく同じ悩みを抱えて，落ち込んでいる大切な人が，目の前にいると思ってください。その人に対してあなたはどのような言葉をかけてあげたいですか」と実施する方法である。この技法によって自分の立場を客観的にみて，冷静なコメントが可能となるのである。

　「1滴のインク技法」は過度の一般化に対して有効な方法といわれる。たとえばひとつの失敗をしたとして，「それが君の価値すべてを決めてしまうわけではないよ」と伝える際に，次のようなたとえを使うと有効なことがある。「1滴のインクが川に落ちたことを想像してみて。それで川の水すべてにインクの色がつくかな。インクの色は薄まって見えなくなるよ。ちょっとインクが落ちたからといって，水の色が変わるわけでないよ」

　「～すべき」「～しなければならない」のべき思考に対しては，「～したほうがよい」「～するにこしたことはない」に言い換えるとずいぶん考えの幅が広がる。英語で言うと"must"，"should"を"better"に言い換えたわけである。たとえば，「提出物は完全に完成させるべきである」から「提出物はよいものであるに越したことはない（実際はいつもできるわけではない）」。時によっては，「完全にはできなかったおかげで，理解できていないところが明らかになった」と考えてよいわけである。

　「どんなふうに考えた」技法をつかって，台詞を考えてみると役に立つ。図7-4は自動思考を見直すことで感情が変化する様子を描いている。「主人公の

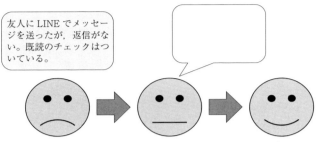

図7-4 「真ん中の主人公はどんなふうに考えたのかな」
出典：筆者作成。

表7-1 4つのコラム法

日　付	1．状況・場面	2．感情	3．自動思考	4．理性的反応
6月12日 （9時）	廊下ですれ違った同級生に挨拶しても返事が返ってこなかった	寂しい，いやな感じ	自分は嫌われている	隣の人と話し，自分に気がつかなかったのだろう
（14時）	授業で当てられて発言したとき，笑い声が聞こえた	恥ずかしい	自分が変なことを言ったに違いない	自分のことを笑ったとは限らない。先生から発言を褒められた
6月13日 （11時）	休み時間，しゃべっている仲間に加わろうと近づいたとたん，皆が席をたった	不安，恐怖，孤独	避けられた。自分の悪口を言っていたのだ	そのとき，ちょうどチャイムが鳴った気がする。その後，変わった様子はなかった

出典：筆者作成。

表情が最初と最後で変化しました。心の中でなんとつぶやいたか，吹き出しに台詞を入れなさい。正解はありませんので，自由に書き入れてください」という方法である。

　なお，最後に4つのコラム法を紹介しよう（表7-1）。これは児童生徒に学校場面での様子を記録してきてもらったものである。1．状況・場面，2．感情，3．自動思考，4．理性的反応の4つのコラム（欄）に分けて記録してきてもらった。この記録を元に児童生徒と出来事とより適応的な認知について話し合っていくのである。これらの方法を通して児童生徒の悩みを解決する手がかりが得られるとともに，柔軟で多面的な見方ができる機会を提供することになるのである。

引用・参考文献

井上和臣(2007)『認知療法の世界へようこそ――うつ・不安をめぐるドクトルKの冒険』岩波書店。
内山喜久雄(2006)「臨床の知――21世紀への提言　認知行動療法フォーミュレーションの理論的・臨床的考察」『精神療法』第32巻。
下山晴彦監訳(2012)『認知行動療法臨床ガイド』金剛出版。
都筑　学(2005)「小学校から中学校にかけての子どもの『自己』の形成」『心理科学』第25巻，1～10頁。
藤原忠雄(2006)『学校で使える5つのリラクセーション技法』ほんの森出版。
渡辺弘純(2000)『自分づくりの心理学』ひとなる書房。
Westbrook, D., Kennerley, H. & Kirk, J. (2007) *An Introduction to Cognitive Behavior Therapy Skills and Applications,* Second Edition, Sage Publications Ltd.

学習の課題

(1)　最近1週間に自身に起こった出来事と自動思考，そして感情の具体例をあげてみよう。その思考のどこが自動思考の特徴を備えているかを考えながら，自分が陥りやすい自動思考のパターンについて書いてみよう。
(2)　その自動思考に対しては，どんな技法で検討できるか，実際にどのように考えることで修正が可能か，最初に考えていた思考がどのように変化するかを考えてみよう。

【さらに学びたい人のための図書】

中島美鈴(2016)『悩み・不安・怒りを小さくするレッスン「認知行動療法」入門』光文社新書。
　　⇨本章で取り上げた4つの機能からのアプローチについて，その基本をわかりやすく説明している。
竹田伸也(2012)『マイナス思考と上手につきあう認知療法トレーニング・ブック』遠見書房。
　　⇨認知療法のアプローチについて，詳細な記録の付け方や，認知の検討の仕方，そして具体的な手続きについて，詳細に記述したワークブックである。

（免田　賢）

第8章 教育相談と学級づくり

この章で学ぶこと

ほとんどの子どもは小学校・中学校・高等学校の12年間を学級という場で過ごす。したがってその学級がどのような場であるかは，その子どもの個人的成長や社会的成長だけではなく，人生に決定的な影響を及ぼす。学級づくりの重要性はこの点にある。本章では，この学級経営に教育相談の理論，技法，態度がどのように役に立つのかを解説する。

1　学校教育の目標と教育相談

　教育基本法第1条に，教育の目的は，「人格の完成を目指し，平和で民主的な国家及び社会の形成者として必要な資質を備えた心身ともに健康な国民の育成」であると書かれている。目指すのは「人格の完成」であり，「学力の向上」ではない。このことは学力偏重の風潮がある昨今，しっかりと心に刻みたい。また，「心身共に健康な国民の育成」とあり，「心の健康」を目指す教育相談は，教育の目的に合致した，教育そのものといってよいだろう。

　また，中間部分では，教育で育てるべきものが，「平和で民主的な国家及び社会の形成者に必要な資質」であることが明記されている。それはどうすればできるのか。私は極めてシンプルに，「今，平和で民主的な学級をつくれる子どもを育てる」ことだと考えている。対立と争いに平和を，圧政と暴力に民主主義をもたらす心と力をもった子どもを育てるということである。そのように育った子どもは，将来，平和で民主的な家庭を築き，地域をつくり，国家を形成していくことができる，ということである。

　教師が学級を管理して，「平和で民主的な状態をつくる」のではなく，「平和

で民主的な学級をつくれる子どもを育てた結果として，平和で民主的な学級になっている」という状況をつくり上げるということである。それが学級づくりである。

2　学級づくりの目的と教育相談

　アメリカでは，学業的発達，キャリア的発達，個人的―社会的発達の領域が設定されていて，これらすべての領域での子どもの発達を促進するのが包括的生徒指導である。現在，世界の生徒指導の先進国の多くが，これを基本モデルとしている。

　私も生徒指導・教育相談の目的は，学業的，キャリア的，個人的，社会的発達の促進であり，それを具現化する主要な場のひとつが学級であると考えている。学級は，人格の形成のまさにその時期に，ほとんどの子どもが9年間，あるいは12年間を過ごす場である。心理学では，「人間は遺伝的要因と環境的要因の交互作用によって形成される」といわれているが，そのことからすれば，学級の4つの発達への影響は計り知れない。そこに学級づくりの重要性がある。そして，その学級づくりに教育相談の理論や技法は大いに役に立つ。

3　生徒指導と教育相談

(1) 生徒指導と教育相談の対立の図式

　ところで生徒指導と教育相談の関係はどのようなものだろうか。
　1981年に文部省（当時）から出された『生徒指導の手引』のなかで，生徒指導における訓育的指導と相談的指導は「車の両輪」とする両輪論が説かれ，長く学校現場では，この考え方が支配的であった。ただ，当時は校内暴力が吹き荒れたこともあり，結果として，生徒指導≒訓育的指導，教育相談≒相談的指導という構図ができあがった。こうした意味合いで2つの言葉を使っている教員は今も多い。

このことは学校に教職員の分裂という影を落とすことになった。1980年代の校内暴力やいじめに対して，訓育的手法を前面に押し出す「生徒指導派教師」と，相談的手法を前面に押し出す「教育相談派教師」の対立という構造が生じたのである。とりわけ教育相談的手法は即効性に欠ける手法でもあるため，生徒指導派の教師から教育相談派の教師に対し「教育相談は子どもを甘やかす」「教育相談が子どもをダメにする」「生徒指導ができないから教育相談に逃げている」といった批判が表立って向けられる場面も少なくなかった。

（2）統合の視点の重要性
　今日，こうした対立はかなり影を潜めるようになった。それは発達障害の子どもの存在や虐待，慢性化する不登校といった，訓育的指導によっては解決しない深刻な問題が多く発生していることも大きな要因のひとつであろう。
　ただ，そのことが新たな課題を生んでいる側面がある。それは，そうした問題はスクールカウンセラー（SC）やスクールソーシャルワーカー（SSW）に任せればよいという考え方である。これは結果として，SC & SSW＝相談的指導，教師＝訓育的指導という枠組みをつくり出すことになり，結果として教師が相談的指導を軽視するという課題である。
　これは図式としては「生徒指導派教師」対「教育相談派教師」という対立の構図が，「専門職」対「教師」という構図に置き換わっただけであって，何の解決にもなっていない。重要なのは，訓育的指導と相談的指導の統合であるが，その視点が欠如しているのである。
　なぜ，学級づくりにおいてもこの2つの統合が重要なのか。それは，学級には多様な子どもが在籍しており，訓育的指導か相談的指導のどちらかだけで済むことはあり得ないからである。つまり，2つの指導の原理を統合する視点がなければ，担任として多様な子どもたちに対応することはできないのである。

（3）統合を可能にするポイント
　しかし，2つを統合することは可能なのであろうか。可能である。実際，世

界中の「親」はそれをやっている。親にとって重要なのは，訓育的か相談的かではなく，その関わりが子どもを成長させるかどうかの一点に尽きる。つまり，子どもを成長させることができる指導がよい指導であり，そうでなければ悪い指導である。運動も普段は健康を促進するだろうが，高熱時には悪化させるだろう。つまり客観的によい指導というのは存在せず，重要なのは，子どもの状態を見極め，指導法の特徴を熟知し，子どもの状態に応じて指導のあり方を調整する教師の力量と感性ということになる。

なお，学級づくりの目的は，学級で問題が起こらない学級をつくることでも，仲がよい学級をつくることでもない。仮に問題が起こったとしても，対人関係のトラブルがあったとしても，その問題やトラブルを解決する過程を支援し，「今，平和で民主的な学級をつくれる子どもを育てる」ことが重要なのである。仲がよいことは悪いことではないが，それが学級づくりの目的ではない。「今，平和で民主的な学級をつくれる子どもを育てる」ために，いろいろな指導法を使い分けるのである。

4 子どもへの関わりの基盤としてのアセスメント

(1) 観察とデータ

ここからは学級づくりの具体をなるべくシンプルに述べていきたい。まず重要なのは，実態をつかむことである。医師が治療方針を決めるとき，問診，血液検査，レントゲン，聴診などの複数の方法で診察をする。その診察に基づく診断は治療の成否を決める。だから診察と診断は極めて重要であり，診察と診断は，治療に先立つといえる。

この構造はそのまま教育に当てはまる。医療における診断は心理学ではアセスメントという。アセスメントは指導や支援に先立つといえる。

ではどうすれば的確なアセスメントができるのか。まず複数の「理解」のチャンネルをもつこと，つまり観察に加えて，直接の対話，絵や作文などの作品，各種の検査やアンケートなど多面的なデータを集め，検討するのである。

教科の成績をつける際，ほとんどの教師は，授業観察やテスト結果，提出物などの多様なデータを総合的に判断するだろう。学級づくりの際も同様である。

（2）学校適応を測定する尺度

　そのなかでも，「学校適応を測定する尺度」はぜひ活用したい。それによって，学級全体の状態や個々の子どもの適応状態を数値的に知ることができる。これは，教師の観察を補完・修正するうえで，非常に強力なツールになる。こうしたツールを使わないで，的確な学級経営はむずかしいとすら思う。具体的なツールとしては，広島大学で開発されたアセスや，河村茂雄氏が開発し広く活用されている「Q-U」†などがある。ほかにも市販のものや無料で公開されているものもある。ここでは筆者も開発に関わったアセスについて紹介する。

　アセスは，34項目の質問で構成されている学校適応感を測定する尺度で，① 生活満足感，② 教師サポート，③ 向社会的スキル，④ 友人サポート，⑤ 非侵害的関係，⑥ 学習的適応の6領域で構成されている。対象は小学校3年生から高校3年生である。結果はいくつかの票としてアウトプットされる。個人特性票ではその程度が偏差値として表記されるので，それをみれば，子どもの適応状態がある程度推察できる。たとえば，非侵害感得点や友人サポート得点，生活満足感得点が低い子どもがいた場合，その背後には孤立といじめがあるかもしれない。非侵害感得点だけが低い場合は，いじめがある一方で支えてくれる友人もいる可能性もある。データをみたうえでこうした仮説を立て，視点をもちながら観察をし，子どもに関わっていくわけである。

　また，アセスでは6つの各領域ごとに学級全体の状況も示す棒グラフが作成され，偏差値が50以上は青，40以上は緑，30以上はオレンジ，30以下は赤で表記される。たとえば，偏差値50以上というのは集団の50％が相当するわけだから，教師サポートのグラフで青領域が70％を超えているとすれば，教師と子どもたちとの関係性は全体としてかなり良好ということになる。そのなかにオレンジや赤の子どもがいれば，そうした子どもとの関係性を個別に修復していけばよいと考えられる。逆に青領域が30％程度であるとすれば，教師の関わり方

に70%の子どもたちが不満を抱いていることになるので、関わり方自体を見直す必要があると考えられる。このように学級との関わりについても、データを元に仮説を立て、実際の関わりを変えていくわけである。

多様なデータを元に子どもや学級の状態を的確にアセスメントすることは、学級づくりの基盤になるということである。

5　いまの時代に求められること

（1）サポートとレディネスと指導の階層性

ここでは、「サポート」を文字通り支援すること、「レディネス」とは、さまざまな指導を受け入れる準備ができていること、「指導」は、やり方を教えたり矯正したりすることと考えていただきたい。ここで問題としたいのは、その順序である。何が基盤となり、次が何で、一番最後になるのは何だろうか。

たとえば、まだ立てない乳児を考えていただきたい。その子が立つプロセスで親は手を取って立たせたり、倒れないように支えたり、いろいろなことをするだろう。そうしたサポートを積み上げるなかで、徐々に立つための筋力がつき、姿勢を保つ感覚が整っていく。つまり、まず重要なのはサポートで、その積み重ねが立つことのレディネスを形成し、最終的に立てるようになる。サポートがレディネスを高め、高まったレディネスが指導を可能にするのである。

しかし、「厳しい指導をしなければダメなのではないか。現に強い部活動は厳しい指導をしているではないか」という人もいるだろう。これは大きな間違いである。そういう部活動は、そういう指導に耐えるレディネスの高いメンバーの集まりであり、その指導に耐えるレディネスのない子どもはそもそも入部しないかドロップアウトしていくのである。

参加が任意である部活動や団体の場合は、そうした指導方針のもとに運営されることが許される面もあるだろう。また、子どもたちの発達の均一性がある程度担保できていた時代は、全体としては厳しい指導をして、そのうえでドロップアウトしてきた子どもをフォローするという方法もあり得ただろう。し

かし，家庭背景の複雑さが増し，発達の多様性も指摘されている今日，「自分の指導はこうだ。だから，それに子どもが合わせるべきだ」というのはある種の暴力であり，子どもの発達の多様性を無視した時代錯誤の教育の姿勢である。このような指導ではレディネスが整っていない子どもはつぶれてしまうだろう。

　求められることは，サポートを提供し，レディネスを高め，そしてそのうえで，一人ひとりに合った指導を展開していくことである。レディネスの低い子どもが増えているからこそ，教師はこの「サポート—レディネス—指導」という順序性をしっかりと自覚しておくことが重要だろう。

（2）集合を集団に

　社会心理学では，集合とは単なる寄せ集めを意味し，集団とは相互作用や相互依存関係などがある一定のまとまりをもった集まりと理解される。

　これを学級に当てはめてみよう。クラス替えのある学校では，4月の学級開きの日，子どもたちは「集合」状態にあると考えることができる。学級づくりとは，その子どもたちを「集団」に変えていく作業である。

　しかし，なぜ，集団づくりをするのか。それは，集団には集合にはないさまざまな機能や特性があるからだろう。たとえば，集団では，目的が共有されたり，互恵的な相互影響関係があったり，役割を果たすなかで責任や貢献といったことを学んだりすることができる。そうした集団に帰属意識をもつことができれば，学級集団は子どもの態度，行動，さらには価値観や信念などに強い影響を与える準拠集団になっていく。つまり，よい学級づくりができれば，その学級は，集団の構成員の発達を促進する強い教育機能をもつようになるといえる。

　ただ，現代は，子どもたちが集団にならない。それがなぜかといえば，「信頼関係」ができにくいからであろう。信頼できない担任やクラスメートとは相互作用も起こりにくいし，相互依存関係など生じようもない。

　だとすれば学級づくりの一番のポイントは信頼関係づくりといってよい。そのために役立つものはいろいろあるが，そのなかでも重要なもののひとつに共有体験がある。時間と空間と活動，そしてプロセスを共有する体験である。同

じ釜の飯を食うという経験である。その究極は感情共有体験だろう。「楽しかった」「うれしかった」「悔しかった」「おいしかった」といった感情を共有するなかで子どもたちはつながりを確認し強固なものにしていく。苦しい練習を共有した部活動の仲間が卒業後も絆を維持していくのは，この共有体験，とりわけ感情の共有体験があるからといってもよいだろう。

　そしてもうひとつは，「相互理解体験」だろう。カウンセリングは信頼関係のうえに成立するプロセスであるが，その信頼関係を構築するためにカウンセラーが行うことは，相手の語る言葉に耳を傾け，相手をそのまま理解し，受け入れるということ，つまり，傾聴・理解・受容である。

　これは学級にも当てはまる。級友が自分の話を傾聴してくれて，理解され，受容されたと感じたとき，信頼関係は深まっていく。その信頼関係は，怒りや悲しみ，不安といった負の感情の表出をも可能にする。そしてその表出をまた級友が理解・受容してくれるとすれば，その学級は安心・安全な場となり，子どもは学級をまさに居場所と感じるようになるだろう。学級づくりでは，子どもがこの傾聴的態度・理解的態度・受容的態度を身につけられるようにすることが重要なポイントになる。

6　学級の様態とリーダーシップ

(1) 4つの懸念

　社会心理学者のギブ（Gibb, 1964）は，集団には，次の4つの懸念があるとした。

- 受容懸念（自分は受け入れられているか）
- データ流動的表出懸念（感じていることや考え方をそのまま述べていいのか）
- 目標懸念（何を求められているのか）
- 統制懸念（誰がリーダーで自分はどう振る舞えばいいのか）

その懸念が高まれば構成員は防衛的になり，信頼関係は結べず，集団はバラバラの集合状態になっていくことになる。このことを踏まえれば，担任の役割は，集団が陥る可能性のある4つの懸念を払拭し，信頼関係を構築することになる。

（2）集団の発達と指導

ではその信頼関係を構築するためには，実際に何をすればいいのだろうか。

まず重要なことは，構成員が自らの目標とすることのできる「集団目標」をつくることである。ギブが目標懸念を払拭することの重要性を述べたことと対応する。

第2に，「集団規範」である。凝集性の高い集団では集団規範が守られ，またその規範が内在化する傾向がある。したがってよい人間関係をベースとして集団規範を確立していくことが必要になる。その際，集団目標の目指す方向に沿ったかたちで集団目標が設定されていることが重要になる。

第3に，「集団構造」である。これは係活動のような組織的次元や役割関係の次元のみではなく，対人関係の対等性や階層性，連帯性，男女の次元など，いくつもの次元を含んでいる。たとえば，いじめなどは対人関係の階層性の次元で問題が生じていると考えることもできる。担任は，学級にはこうした複雑な次元が存在することを意識し，その次元のそれぞれがうまく機能するように働きかけることが仕事になる。

（3）リーダーシップ

ではその際に，教師はどのようなリーダーシップをとればよいのか。リーダーシップ理論にはいくつかあるが，ここでは1970年代に登場したハーシーとブランチャード（Hersey & Blanchard, 1977）による SL 理論に基づいて考えてみたい。

まず，学級づくりでは集団目標，集団規範，集団構造が重要と述べた。では教師が自分の考える目標や規範を子どもに要求するべきなのか，それとも子どもに委ねるべきなのか。いろいろな考えがあるかとは思うが，小学校１年生であれば教師の指導が重要になる。中学生になれば教師の指導も重要だが，子どもの意見を無視するわけにはいかないだろう。高校生の場合はかなり主体的に動けるようになっていく。大学生の場合は，教員に求められる関わりは委任し見守ることになっていくだろう。

これをリーダーシップとの関係で考えると，集団が成熟していない段階では

指示的行動が求められる。しかし，成熟度が増すにつれて指示的行動を減少させ，共労的行動の割合を増加させることが求められるようになり，子どもたちの成熟度が一定の水準を超えれば，基本的には共労的関係のサポートが中心になり指示的行動は最小限にすることが求められる。そして最終的に成熟した自立集団に育てていくためには，指示も共労的行動も最小限にして子どもたちに委任していくようなリーダーシップが求められるということである。つまり，リーダーシップスタイルは集団の成熟度に応じて，教示型から説得型，参加型，委任型へと段階的に変化していくということである。

こうしたリーダーシップスタイルの違いを生じさせるのは，学校種だけではない。どの校種でも集団が未成熟な4月はある程度の指示が必要であり，その後は成熟度に応じてリーダーシップスタイルを変えていくということになる。1年の間でも時期が違えば求められるリーダーシップは違うということである。「あの人にはリーダーシップがある」という言い方を耳にするが，リーダーシップというのは生まれながらの資質に依拠するべきものではなく，集団の成熟度によって変えていくべきものだということである。ここでも教師のアセスメント能力が問われることになる。

7　学級づくりを導く理論

エビデンスに基づいてアセスメントをしたら，次はどのような方向に向けて学級づくりを行うかということになる。その時に役に立つ心理学の理論がある。いくつかを紹介する。

（1）ソーシャルボンド理論

不登校や非行の子どもを受けもつと，「なぜ不登校／非行になったのか」と考えるだろう。この問いを逆転させたのがハーシ（Hirschi, 1969）である。

ハーシは，「なぜ多くの子どもは不登校／非行に走らないのか」と問いかける。その答えは，結論は，「多くの子どもは学級とソーシャルボンド（社会的

絆）があるから」というものである。ハーシによれば，ソーシャルボンドには，① 愛着（情緒的つながり），② 投資（損得），③ 巻込み（そうせざるを得ない状況），④ 信念（そうするものだ）という4つがある。不登校を例に説明すると，学級のなかで孤立して情緒的なつながりはなく（愛着），係等での責任もなく（巻込み），学校に行っても勉強はわからないからプラスはなく（投資），しかも，フリースクールだってあるじゃないか（信念）と思うようになっているかもしれない。非行についてもまったく同じ原理が当てはまる。

だとすれば，ハーシのソーシャルボンド理論を意識しながら，① 愛着，② 投資，③ 巻込み，④ 信念を形成していく方向で学級づくりをすることが不登校や非行を生まない学級をつくることに役に立つといえる。

（2）欲求理論

人間は欲求を充足するために行動している。欲求が満たされないならば，その場にいる意味も価値も感じないだろう。つまり学級で子どもたちが自分の欲求を充足できるように学級づくりを進めることが必要になる。

ではその欲求とは何か。欲求理論にはいくつかあるが，たとえばマズロー（Maslow, 1970）の欲求階層説では，生理的欲求，安全の欲求，所属と愛の欲求，承認欲求，自己実現欲求の5つがあげられている。この5つを満たすためには，

① 食事も十分にとれていないといった生理的欲求が満たされないで学校に来ている子どもはいないか。
② 学級はいじめなどのない安心で安全な場になっているか。
③ 子どもたちの間に良好な関係があり所属感を感じられるようなクラスになっているか。
④ 相互に認め合い，成長を確認し合えるような関係性は形成されているか。
⑤ 活躍の場が用意され，自己の成長を感じられる場になっているか。

ということを意識しながら学級づくりを進めることが重要ということである。学級がそのような場であれば，子どもたちは学校を自らの居場所としてだけでなく，楽しみながら成長できる場として大切にするようになるだろう。

第 8 章　教育相談と学級づくり

（3）行動理論

　学級にはいろいろな子どもがいる。「子どもは何の問題も起こさず，何のトラブルも生じない」ということは残念ながらありえない。毎日どころか毎時間のように事件は起こる。こうした，いわゆる問題行動に対応するときに役に立つ理論が行動理論である。

　たとえば子どもの行動を大きく「望ましい行動」と「望ましくない行動」に分けてみよう。当然，「望ましい行動」は増やしたい。その場合，一般的には望ましい行動に対してご褒美をあげるということになる。こういう関わりを行動理論では強化刺激（強化子）といい，望ましい行動が起こった後に強化刺激を与えることで，その行動をもっと生起するようにすることを「強化する」という。逆に，「望ましくない行動」が起こった時には，その行動の後に，叱ったり罰を与える。そうした関わりを嫌悪刺激という。「望ましくない行動」の後に嫌悪刺激が続くようにすることで，その行動が起こらないようにすることを「消去する」という。

　こうした関わりはとくに心理学を知らなくても常識的に行われていることであるが，原理を知って意図的に活用すると，より効果的に「望ましい行動」を増やし，「望ましくない行動」を減らすことができる。その結果，学級規範の確立も容易になると考えられる。なお，嫌悪刺激は自尊感情を傷つけたりするリスクもあるので，「望ましい行動の強化」を中心にしたほうがよいだろう。

　ただ，注意したいことがある。「望ましくない行動」を何度も何度も繰り返す子どもは，なぜ何度も繰り返すのだろうか。

　大きくは 2 つあるだろう。1 つは「望ましい行動ができない」子どもの存在である。AD/HD の子どもに「落ち着け」といってもできるものでもない。落ち着けないという障害だからだ。その子どもを徹底的に叱ることには何の意味もないだけでなく，大きなマイナスである。レディネスと指導の関係を今一度思い出していただきたい。指導が入らないということはレディネスが十分でないということであり，その場合はレディネスを高めるためのサポートが必要だということである。

133

実際，こうした関わりは，実に多くの教室で起こっている。その結果，子どもが不登校になってしまったケースも山のようにある。こうした場合には，目標をスモールステップ化したり，別の方法を試したり，指導のあり方自体を見直すことが求められる。間違っても教師の指導によって子どもをつぶすようなことはあってはならない。

　もう1つの原因だが，嫌悪刺激が実は強化刺激になっているケースである。「宿題を忘れたら居残り」という嫌悪刺激が，子どもからすれば放課後に先生と一緒に過ごせるという強化刺激になっている場合がある。家庭的な問題で寂しさを抱えた子どもには，非行行動を繰り返すたびに生徒指導の先生に厳しく説教をされることは，嫌悪刺激ではなく，先生が本気で関わってくれるうれしい時間になっている事例は多くある。

　こうした事例では，問題行動を起こした後の「濃密な関わり」が，子どもの「愛と所属の欲求」を満たすことになり問題行動を持続させていることになる。ではどうすればいいかといえば，問題行動を起こしてでも欲しいと思っている「濃密な関わり」を，問題行動が起こった場面で与えるのではなく，それ以外の場面で子どもに与えるということになる。そうすれば子どもは問題行動を起こす必然性はなくなるし，かえって普通にしていれば濃密な関わりが与えられるのだから，そのほうがよいということになる。

　筆者は多くの学校で非行や問題行動を起こす子どもと向き合ってきたが，この原理を踏まえることが，その抑制に非常に役に立った。

（4）愛着理論

　最後が愛着理論である。この理論では，乳幼児期に主たる養育者との間で形成される基本的信頼感が，その後の人間関係にも強い影響を与えると考える。

　愛着のスタイルには3つあり，1つ目は基本的信頼感が十分に形成されているのが安定型で，このタイプの子どもは，自他に対する信頼感をもっているので，問題状況に陥っても他者との信頼関係を失わずに問題を解決しようとするため，結果としては良好な状態に収まっていく。これに対して2つ目の回避型

の場合は，自他への信頼感の不足が，結果として，他者との親密な関係を築くよりは，他者との関係を回避し距離を置くような関係になりがちになる。3つ目の葛藤型の子どもは，自他への信頼感の不足が相手への攻撃感情と接近欲求という相容れない2つの感情として共存するため，アンビバレントな行動が生じてしまいがちである。なお，こうした3つのいずれにも属さず，そもそも愛着自体が形成されていない無秩序型というタイプもある。虐待があったり，何らかの事情で適切な関わりができない親に養育されたりした場合にこうなるケースが多い。たとえば不登校の背景に回避型の愛着スタイルが，非行の背景に葛藤型の愛着スタイルの問題が隠れている可能性は十分あるだろう。

　愛着形成の不十分さは，学校でのパフォーマンスのあらゆる面にマイナスの影響を与えるという研究もある。したがって愛着が十分に形成されていない子どもたちの多い学級は，学級経営面で苦労が多くなるのは避けられない。

　こう考えると，愛着関係の再構築は，学校でのパフォーマンスの向上だけでなく，その子どものその後の人生をより幸福な方向に導く重要なポイントと考えられる。担任は，学級の子どもたちと愛着関係を結ぶこと，子どもどうしの愛着関係を育むこと，そして家庭との連携のなかで保護者との愛着関係の再構築を支援することが求められる。

8　発達の包括的支援

【個の発達支援と集団の発達支援】

　最後に，具体的にどのような方法を用いて，学級づくりをするのかということに触れたい。今は多くのハウツー本が出版されているし，そうした研修会は各地で開かれているので，方法論を学ぶことはさほど難しくはないし，そうしたことを知ることは学級づくりのレパートリーを広げることにつながる。

　ただ，方法論を過剰に重視して，特定の方法論を絶対化したり，カリスマ的教師の経験則に基づくハウツーをまねようとしたりすることには危惧を覚える。重要なことは，子どもの状態を多面的に把握し，そのデータを理論に基づいて

分析し，仮説を立てるという作業であり，それがあってこその方法だということをもう一度強調しておきたい。そのうえで，筆者が汎用性の高い手法として，さまざまな学校や自治体で推奨しているのは次のような内容である。

　a．社会性と情動の教育（SEL；Social and Emotional Learning）

　学級もひとつの社会である。社会で適応的に生きていくためにはスキルが必要である。以前はソーシャルスキルトレーニングといって対人関係のスキルの学習が行われることが多かったが，近年，そうした対人行動を適切に行うには，感情の理解，統制，処理が重要であることがわかってきた。この感情に関わる学習と対人関係に関わる学習の両方を行うのが SEL である。

　b．PBIS（Positive Behavior Intervention and Support）

　高いスキルをもっていても，そのスキルを自己の欲求を満たすためだけに用いるとすれば，あまり意味がない。思いやりや敬意，責任や主体性といった価値を身につけ，価値に基づいた行動をできる人間に育てていく必要がある。PBISはアメリカで特別支援を背景に生まれたもので，このことを学ぶのに，非常に役に立つ手法であり，考え方である。

　c．ピア・サポート

　子どもたちが相互に支え合う活動である。いじめなどの問題の予防に役に立つだけでなく，子どもたちが毎日出会うさまざまな問題を協同的に解決する力を養う活動でもある。思いやりのある子どもを育てることで，思いやりのある「平和で民主的な」学級，学校，ひいては社会をつくろうとする活動である。

　d．協同学習

　協同学習は，学力の向上につながるのはもちろんだが，それだけではなく，協同的人間関係の構築にも，精神的な健康にもつながることがわかっている。学習指導法はいろいろあるが，その意味で協同学習は基本となる指導スキルだろう。学習場面におけるピア・サポートということもできる。

　このほかにも，修復的正義，学びのユニバーサルデザイン（UDL），カウンセリングは，学級経営を行ううえで是非とも学んでおきたいものである。そう

したことをしっかりと学び，子どもたちの成長する場である学級をつくっていっていただきたい。

注
† Q-Uは学級集団をアセスメントし，より適切な支援をするための心理テストであり，学級満足度尺度，学校生活意欲尺度の2つの尺度から構成されている。

引用・参考文献
文部省（1981）生徒指導の手引（改訂版）。
Gibb, J. R. (1964) Climate for Trust Formation, Bradford, L. P., Gibb, J. R. & Benne, K. D. (Eds.) *T-Group Theory and Laboratory Method*. Wiley.
Hersey, P. & Blanchard, K. H. (1977) *Management of organization behavior : utilizing human resources* (3 ed.) Englewood Cliffs, NJ : Prentice-Hall.
Hirschi, T. (1969) *Causes of delinquency*. Berkeley, CA : University of California Press.
Maslow, A. (1970) *Motivation and Personality* (2 ed.) New York : Harper & Row.

─**学習の課題**─
次の(1)〜(3)について考えてみよう。
(1) 学級をつくるうえでどのような力を身につける必要があるか。
(2) 非行や不登校の子どもと関わっていくうえで，教師に求められる①基本的な考え方，②態度，③スキルは何だろうか。
(3) 学級づくりをするとは，基本的には何をつくることだろうか。

【さらに学びたい人のための図書】
栗原慎二編著（2017）『マルチレベルアプローチ──だれもが行きたくなる学校づくり』（日本版包括的生徒指導の理論と実践）ほんの森出版。
　⇨生徒指導・教育相談の全体像が理解できる。本章をより詳細に解説してある。
栗原慎二編著（2018）『PBIS実践マニュアル＆実践集』ほんの森出版。
　⇨PBISについての実践について学べる。学級づくりのためには是非読んでおきたい良書。
栗原慎二・井上弥編著（2010）『アセスの使い方・活かし方』ほんの森出版。
　⇨アセスメントや学級適応について学べる一冊。

（栗原慎二）

第 9 章　教育相談と問題行動への指導・支援

この章で学ぶこと

子どもの問題行動は，ある社会や文化において標準とされる行動規範からの逸脱や不適応として捉えられることが多い。その場合，子どもの問題行動は，教師を何らかのかたちで困らせる行動として意識される。しかし，問題行動において最も困っているのは子ども自身であることも少なくない。その場合，子どもの問題行動は，子どもから教師や社会への深い問いかけ（問題提起）だと捉えることもできる。

教育相談という領域で，教師や支援者は，子どもの問題行動をどのように捉え，支援・指導すればよいのだろうか。この章では，この問いについて，その歴史と課題を踏まえながら，主に小・中学校における教育実践の事例と近年の関連法規等に基づいて考えたい。

1　子どもの問題行動とは何か

（1）不安・葛藤への眼差し

子どもの問題行動には，顕在的なものと潜在的なものがある。暴力や規範からの逸脱のように目に見えやすい行動もあるが，一見するとふつうに見える行動のなかにも，教師や社会への問いかけが潜在している場合も少なくない。とくに，子どもが抱える不安や葛藤が深ければ深いほど，その行動に潜在している問題提起の意味が，周囲の人から気づかれにくいことがある。

たとえば，生育のなかで最も大切にしてほしい他者から不適切な処遇や虐待を受け，心的外傷を経験した子どものなかには，他者に怯える行動をとる子どももいるが，人懐っこく笑顔を絶やさない子どももいる。また，明るく元気な子どもだと思っていたら，その明るさが，壊れそうな自分を守るための演技で

あることもある。さらには，親密な他者との関わり合いのなかで自分らしくあることが難しく，他者への同調と過剰適応を繰り返しながら，耐え難いストレスをため込んで生きている子どもも少なくない。

そうした不安や葛藤が，その心の許容量の限界を超えそうになると，子どもはそれを身体化・行動化して表出することがある。これをアクティング・アウトという。このような表出は，子どもにとっても不可解な感情を伴うことが多い。なぜ自分は，突然，頭痛や腹痛に苦しめられるのか，なぜ思いもしなかった行動をとってしまうのか，その理由が自分でもよくわからないからである。

教師が子どもの突発的なアクティング・アウトの意味を理解することは決して容易なことではない。多くの教師は，このような子どもの突然の表出に直面すると，その場で戸惑い，葛藤し，その意味を推し量りながら，刻々の指導・支援を求められる。そのような場において，教育相談の専門性と臨床的実践力が問われる。

ある小学校2年生の教室で起きた，次のようなエピソード記録で考えてみよう。

> ある月曜日の朝1時間目の授業だった。子どもたちが国語の授業中に4人グループで話し合いをしていた。あるグループの花子さん（仮名）が，突然，感情が高ぶって，同じグループの友だち全員の筆箱，ノート，教科書をすべて教室の床にたたき落としてしまった。大きな音が教室中に響き渡り，一瞬，クラス全体が静まりかえった。この学級担任の教師は，その場へ赴き「どうしたの」と落ち着いた声で尋ねた。花子さんは自分の机に顔を伏せたまま，低い声で泣いていた。同じグループのほかの3人も，何が起きたのか，自分たちはどうすればよいのかわからないまま呆然としていた。

出典：庄井（2015）32頁。

小学校2年生の花子さんが起こしたこの行動は，教師にとっても，周りの子どもにとっても，あまりに突然のことで，理解しがたい行動であった。他者と協力し合って仲良く学び合うことがこの教室で求められる規範であったとすれば，この花子さんの行動は，そこからの突然の逸脱であるかのようにみえる。

実は，このとき，花子さんの担任の教師は，次のように考えていた。

> 深い事情を抱えた社会・家庭環境で育っている花子さんには，他者からの孤立への深い不安があったかもしれない。家族の中で安心できる居場所をなくし，それを教室という場のなかで回復しようとしていた花子さんにとって，ともに学び合うもっとも身近な他者としての小集団は，自分という存在を支える最後の砦だったのかもしれない。その小集団で学び合う輪の中に自分の居場所が見つけられない不安や葛藤は，ほかの子どもたちよりも深いものだったのかもしれない。授業のある局面で，こうした不安や葛藤が，花子さんの心の許容量を超えて，逸脱を伴う行動として外在化してしまったのかもしれない。

このように考えた教師は，花子さんの小さな肩にそっと手を添えながら，同じグループやクラスの子どもたちの心にも響くように，大きく深呼吸をして「せつないね…」と言葉をかけた。それは，花子さんの心に寄り添い，その思いをかみしめるような語りだった。しばしの沈黙がつづいた。花子さんの身体の緊張が少し和らぎはじめたころ，この教師は，「じゃあ，みんなで拾おうか…」と静かに語った。周りの子どもたちも，一緒に，床に落ちた文房具を拾いはじめた。教室のほかの子どもたちも，じっとその空気を味わっていた。

もちろん，これはある地域，ある学校，あるクラスの出来事である。だから，このような教師の子ども理解やその場への応答の仕方を，安易に一般化することはできない。しかし，この教師が，花子さんというひとりの子どもが，社会・家庭環境を含む生活のなかで抱える不安や葛藤を理解しようと努め，それを教室のほかの子どもたちとも分かち合おうとした実践から，教育相談で大切にすべき視点がみえてくるのではないだろうか。

（2）過剰適応の生きづらさ

もうひとつ，別のエピソード記録（庄井，2018，37頁）で考えてみよう。

ある中学校2年生に，学校に通うことに緊張感が高く，慢性的な生きづらさ

を感じている賢治君（仮名）という男子生徒がいた。その生徒の学級で2時間目と3時間目の間の少し長い休み時間に，次のような出来事があった。

> 教室の後ろで観ていると，生徒たちの身体いっぱいに緊張がはしっていた。生徒たちは，休み時間になったとたんに，ある種の躁状態になっていたのである。ある男子生徒がすぐ近く（目の前）にいる友人に，ハリのある大声で『おーい，おまえさあ，おれの友だちだよな！』と叫ぶと，呼びかけられた生徒が『おお，友だち！友だち！』と語尾を上げながら叫び返していた。彼らだけでなく，クラス全体が，超・ハイテンションだった。その学級担任の教師は，このような生徒たちの中に身をおいているだけで，心と体が張りつめてくるように感じた。明るく元気にみえるこの生徒たちは，もしかすると休み時間に休んでいないのではないか，とこの教師は感じた。

出典：庄井（2018）37頁。

> この学級で，生きづらさを感じていた賢治君は，何事にも一生懸命に頑張る生徒だった。ある日の放課後，その賢治君が教室に残っていた担任教師に，「父さんも母さんも知らないだろうな，きっと先生も知らないと思うよ。おれたちがさ，がんばって，がんばって，『普通』していること…。」とつぶやいた。教師が「がんばって，がんばって普通するとはどういうこと？」と賢治君に尋ねると，「それは決まっているよ，明るくてさ，元気でさ，いつもポジティブって感じだったらいいんだ。それからさ，軽いジョークなんかを上手に飛ばせてノリがいいこと。」と答えてくれた。

実は，この賢治君の教室では，これまで授業中に問題らしい問題は起きていなかった。目立った規範からの逸脱もなく，学級生活への不適応行動が顕在化することもなかった。たとえば，この教室では，授業開始のチャイムが鳴る前に全員が着席していた。子どもたちの身体はやや固かったが，授業中も私語はなく，ほとんどの子どもは，斜め45度の前傾姿勢で，真っ直ぐな眼差しを教師に送っていた。しかし，授業が終わって休み時間になると，この教室の子ども

たちの空気が一変した。まるでお祭り騒ぎのような喧騒の風景に変わってしまった。明るくテンションは高いが，生徒たちの首筋から肩にかけて，強い緊張が走っていた。

　賢治君は，その休み時間も，その雰囲気に身を曝し，仲間と一緒に大声を出して笑い合っていたが，過剰な緊張を抱えながら，じっとその時が過ぎることを待っていた。第2の誕生と呼ばれる思春期を迎える賢治君が，このような空気のなかで，がんばって，がんばって，普通することに腐心し，そうでなければ仲間から外されてしまうことに怯えて休み時間を過ごしていたのだとすれば，これは，果たして，人間らしい育ちに相応しい教室なのだろうか。一見すると何も問題行動の起きていないように見える教室の中で，生きづらさを抱えている生徒たちの心の動きに，教育相談の眼差しは届いているのだろうか。

（3）生徒指導提要における問題行動

　2022（令和4）年に文部科学省が公刊した『生徒指導提要（改訂版）』では，「問題行動」が次のように捉えられている（以下，下線部筆者）。

① 教育相談は，どちらかといえば事後の個別対応に重点が置かれていましたが，不登校，いじめや暴力行為等の問題行動，子供の貧困，児童虐待等については，生徒指導と教育相談が一体となって，「事案が発生してからのみではなく，<u>未然防止，早期発見，早期支援・対応，さらには，事案が発生した時点から事案の改善・回復，再発防止まで一貫した支援</u>」に重点をおいたチーム支援体制をつくることが求められています（17頁）。

② 児童生徒の発達上の課題や問題行動の多様化・深刻化が進む中で，今起こっていることの意味を探り今後起こり得る展開を予測し，ばらばらな理解による矛盾した対応を避けて，共通理解に基づく組織的対応を行うことの必要性が高まっています。そのため，<u>学校として組織的な生徒指導を進める上で，心理的・発達的な理論に基づいて問題の見立てを行うアセスメント力や実際の指導場面での臨機応変で柔軟な対応力，学校内外の連携を可能にするコーディネート力</u>などを備えることが求められます（88頁）。

③ 児童生徒の起こす<u>暴力行為</u>の背景には，その児童生徒を取り巻く家庭，学校，社会環境などの様々な要因があります。したがって，それらの要因を多面的かつ

> 客観的に理解した上で指導を行わなければなりません。また，むやみに指導を行うのではなく，児童生徒の自己指導能力を育て，児童生徒が自らの行為を反省し，以後同様な行為を繰り返さないような視点に立った働きかけを行うことが重要です。このような発達支持的生徒指導を進めていくためには，一人一人の教職員に深い児童生徒理解力が求められるとともに，学校全体で育成を目指す児童生徒像や指導の考え方を共有し，関係機関との適切な連携の下，全校的な指導体制を構築することが必要です（143頁）。

　ここで指摘されているように，子どもの問題行動は，それが顕在化した後に対応するだけでなく，その未然防止，早期発見，早期支援・対応が必要である。また，問題行動の背景には，多様で複雑な発達上の課題があることが少なくない。それらを多面的かつ客観的に理解すること（児童生徒理解を深めること）なくして教育相談も生徒指導も成り立たない。

　また，子どもの問題行動は，子どもが育つ過程において，だれもが経験する可能性のあるものである。一人ひとりの子どものなかに，育ちに伴う問題は絶えず生じている。それが他者からもわかりやすい様態で顕在化する子どもがいる。その一方で，それが他者からは気づかれにくい様態で潜在化している子どももいる。

　子どものなかに，問題行動を起こす子どもと，そうでない子どもがいるという見方は誤りである。そうではなくて，あらゆる子どもには，問題行動として不安や葛藤を身体化・行動化する可能性がある。そして，一見すると問題行動など起こしそうにない子どものなかにも，いつ問題行動として表出しかねない予兆が渦巻いている可能性がある。だから教師にとってもっとも大切なことは，問題行動を頻繁に繰り返す子どものなかにも，問題行動を起こさないように見える子どものなかにも，自分が他者とともによりよく生きたいという人間らしい願い（育ちへの要求）を読み解くことである。

　このような人間らしい願いを支援していくために必要なのは，幼い頃から，その育ちに相応しい養育環境を保障していくことである。また，子どもに何か問題が起きてから事後に対応する生徒指導や教育相談だけでなく，子どもが，

自分たちの生活を自分たちで改善していくことを支援していけるような生徒指導・教育相談のシステムを構築していくことである。そして，子どもの発達特性を理解し合い，ともに育ち合えるような教室を創り合っていくこと（多文化共生の学級集団づくり）も重要である。

2　問題行動と教育相談

（1）源泉とその展開

　戦後1940年代後半から50年代における問題行動の背景には，子どもの生活の著しい混乱や経済的な困窮があったと考えられている。窃盗，傷害，著しい暴言などのような他者への暴力も，自傷行為や薬物濫用などのような自己への暴力も，戦後の混乱期に生活の基盤を失った子どもたちの援助要請であることが多かった。この時代における生徒指導・教育相談は，生活綴方教育のように，こうした子どもたちの厳しい生活現実に寄り添い，学校や社会に向けて指導や支援のあり方を問うものが多かった。

　1960年代の高度経済成長期を迎えると，子どもの生活基盤も大きく変化し始めた。農村部から都市部へと人口が流出し，とくに都市部では核家族化が進んだ。かつて子どもの生活や育ちを支えていた地域社会のケアと教育の機能が急激に低下し，学習や生活に困難を抱えた子どもは，自分が帰るホームや居場所を失いつつあった。それらを意識的に回復し，他者との関わり合いや民主主義の文化を再構築しようという自治的な集団づくりの実践が本格的に探究されたのもこの時代からである。

　この頃，経済界だけでなく学校教育の世界にも，能力主義（メリトクラシー）に基づく競争システムが浸透し始めた。しかもこの当時の能力主義は，学力のみならず人格そのものをもある種の有用性において測定し，その達成に向けた成果と効率を競い合うというシステムを内包していた。つまり，学習の到達の度合いを競い合う一元的な能力主義から，部活動・クラブ活動あるいは児童会・生徒会活動などにおける生活態度・意欲・成果などをも測定の対象にした

多元的な能力主義へと移行しつつあった。学習においても，そのほかの活動においても，短期に効率よく成果をあげられる子どもが過大に評価され，それが苦手な子どもは過小に評価される風潮が学校や地域社会を席巻し，子どもの生活環境は著しく変化した。

(2) 荒れる行動——その外在化と内在化

　1970年以降になると，このような環境変化のなかで抱えた不安や葛藤を，「荒れ」という様態で表出する子どもが増えた。教室の学び（授業）に自分の居場所を見つけられない子どもが増えた。さらに，部活動やクラブ活動でも自分の居場所を見つけられない子どもも増えた。学校外の地域社会や家庭にも，安心して自分が自分らしく居る場所が見つけにくい子どもも増えた。そこから生まれる深い不安や葛藤を自分ひとりでは抱えきれずに，授業妨害，器物損壊，対教師・対生徒への暴力として外在化する子どもを，当時の学校や社会は「荒れる子ども」として捉えた。

　子どもたちが外在化する「荒れる行動」を，教師や大人が一致団結して押さえ込もうとする管理統制型の生徒指導で対応せざるをえなかった学校現場も少なくなかった。その結果，多くの学校で，外在化する問題行動としての「荒れ」は一時的に減少したように見えた。しかし，長く過剰に管理統制された生活システムに曝され続けた子どもたちのなかから，学校社会への適応に苦しみ，ため込んだ不安や葛藤を内在化し，いじめ，あるいは他者や自己への暴力として表出してくる子どもも増えた。

　また，その不安や葛藤を他者に向けて表現することが難しい子どもたちのなかには，それを登校拒否や不登校というかたちで表出し，学校や大人の社会に根源的な問いかけをする子どもも増えはじめた。1980年代前後以降から，全国で，登校拒否や不登校の子どもは増えつづけ，1990年代には全国で13万人を超えた。

　2000年代から2010年代になると，不登校やその傾向の強い子どものなかに，学校という社会に適応することに深い違和感を抱きながら，必死に適応を試みつづけた子どももいた。そのなかには，学校に憧れ，むしろ学校に懸命に適応

しようとして，それがうまくいかない自分を責め，自己否定感を強め，苦しみつづけている子どももいた。また，他者とともにありながら，自分が自分であって大丈夫だという実感（自己肯定感）や，安心して自分らしく居られる場（居場所）が，どこにも見つからずに，深い生きづらさを抱えつづけている子どもも少なくなかった。

　こうした子どもたちによる大人への問いかけとしての問題行動の現われ方は，ますます複雑で多様化している。こうした問題行動の理解と支援を深めるためにも，今日の学校教育において，教育相談の専門性が重視されているのである。

（3）生徒指導の諸課題に関する調査

　次に，今日における問題行動の特徴とその理解・支援のあり方について考えてみよう。次の図9-1は，文部科学省による「児童生徒の問題行動・不登校等生徒指導上の諸課題に関する調査」結果における暴力行為の発生件数の経年変化である。

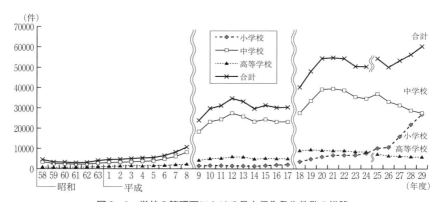

図9-1　学校の管理下における暴力行為発生件数の推移

注1：平成8年度までは，公立中・高等学校を対象として，「校内暴力」の状況について調査している。
注2：平成9年度からは調査方法等を改めている。
注3：平成9年度からは公立小学校，平成18年度からは国私立学校も調査。
注4：平成25年度からは高等学校に通信制課程を含める。
注5：小学校には義務教育学校前期課程，中学校には義務教育学校後期課程及び中等教育学校前期課程，高等学校には中等教育学校後期課程を含める。
出典：文部科学省（2018）。

この調査でいう「暴力行為」とは,「自校の児童生徒が,故意に有形力(目に見える物理的な力)を加える行為」である。被暴力行為の対象によって,「対教師暴力」(教師に限らず,用務員等の学校職員も含む),「生徒間暴力」(何らかの人間関係がある児童生徒どうしに限る),「対人暴力」(対教師暴力,生徒間暴力の対象者を除く),学校の施設・設備等の「器物損壊」の4つの形態に分けられている。ただし,家族・同居人に対する暴力行為は,調査対象から外されている。

同調査の平成29年度の小中学校,高校における暴力行為の発生件数は,前年度比で3947件増の6万197件であり,児童生徒1000人あたりの発生件数は4.5件となっている。学校別では,小学校2万6864件(前年度 2万1605件),中学校2万7389件(前年度 2万8690件),高校5944件(前年度 5955件)となり,小学校が増加している。

このように発生件数として統計上の数値として捉えられるデータを見るだけでも,学校における暴力行為の発生件数は,総体として増加傾向にあることがわかる。とくに,近年,小学校における暴力行為の発生件数の増加が著しいこ

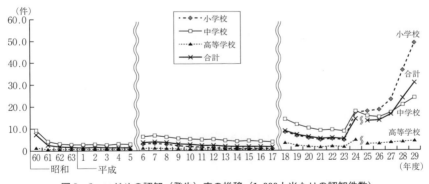

図9-2 いじめの認知(発生)率の推移(1,000人当たりの認知件数)

注1:平成5年度までは公立小・中・高等学校を調査。平成6年度からは特殊教育諸学校,平成18年度からは国私立学校を含める。
注2:平成6年度及び平成18年度に調査方法等を改めている。
注3:平成17年度までは発生件数,平成18年度からは認知件数。
注4:平成25年度からは高等学校に通信制課程を含める。
注5:小学校には義務教育学校前期課程,中学校には義務教育学校後期課程及び中等教育学校前期課程,高等学校には中等教育学校後期課程を含む。
出典:文部科学省(2018)。

とがわかる。

　図9-2は，同調査における「いじめの認知（発生）率の推移」である。

　この調査によると，小中学校，高校，特別支援学校におけるいじめの認知（発生）件数は，前年度（平成28年度）比9万1235件増の41万4378件となっており，その件数は昭和60年度の調査開始以来，過去最多を記録している。学校別では，小学校31万7121件（前年度 23万7256件），中学校8万424件（前年度 7万1309件），高校1万4789件（前年度 1万874件），特別支援学校2044件（前年度 704件）であった。とくに小学校での増加が顕著である。

　また，1000人当たりの発生件数は小学校が49.1件，中学校が24件，高校が4.3件，特別支援学校が14.5件であった。この数値を見ても，いじめの認知（発生）率は，総体として増加傾向にあることがわかる。とくに，近年，小学校におけるいじめの認知（発生）件数が増加していることもわかる。

3　いじめ・暴力と教育相談

（1）いじめ防止対策推進法

　2013（平成25）年に施行された「いじめ防止対策推進法」（平成25年法律第71号）第2条第1項によると，「いじめ」とは，「この法律において『いじめ』とは，児童等に対して，当該児童等が在籍する学校に在籍している等当該児童等と一定の人的関係にある他の児童等が行う心理的又は物理的な影響を与える行為（インターネットを通じて行われるものを含む。）であって，当該行為の対象となった児童等が心身の苦痛を感じているものをいう」と記されている（なお，起こった場所は学校の内外を問わない）。

　この「いじめ防止対策推進法」の第1条にはその目的が次のように記されている。

> 　この法律は，いじめが，いじめを受けた児童等の教育を受ける権利を著しく侵害し，その心身の健全な成長及び人格の形成に重大な影響を与えるのみならず，その生命又は身体に重大な危険を生じさせるおそれがあるものであることに鑑み，児童等の尊厳を保持するため，いじめの防止等（いじめの防止，いじめの早期発

> 見及びいじめへの対処をいう。以下同じ。）のための対策に関し，基本理念を定め，国及び地方公共団体等の責務を明らかにし，並びにいじめの防止等のための対策に関する基本的な方針の策定について定めるとともに，いじめの防止等のための対策の基本となる事項を定めることにより，いじめの防止等のための対策を総合的かつ効果的に推進することを目的とする。

　この条文に記されているように，ここでいう「いじめの防止等」とは，いじめの未然防止，いじめの早期発見，いじめへの対処（具体的な措置）を意味している。具体的な措置については，この法律の第11条及び第12条に基づいて，国と地方公共団体が，「いじめ防止基本方針」を策定している。地方公共団体の中には，子どものいじめの防止に関する条例を制定し，いじめ防止に関する積極的な支援の枠組みを構築しようとしている地域もある。

　また，2013（平成25）年5月16日の文部科学省による「早期に警察へ相談・通報すべきいじめ事案について（通知）」のなかでも強調されているように，「いじめ」のなかには，犯罪行為として取り扱われるべきと認められ，早期に警察に相談することが重要なものや，児童生徒の生命，身体または財産に重大な被害が生じるような，直ちに警察に通報することが必要なものが含まれる。これらについては，教育的な配慮や被害者の意向を配慮したうえで，早期に警察に相談・通報のうえ，警察と連携した対応をとることも必要である。

　もとより，法律や条令が制定されるだけで，いじめの問題が自動的に解決されるわけではない。子どもの生命と尊厳を守り，いじめを未然に防止するために求められる教育的な環境を，あらゆる関係機関と連携しながら，どのようにつくり合えるのか，という問いを深めるための具体的な政策や教育実践のあり方が厳しく問われている。

（2）孤立化・無力化・透明化

　身体的いじめ，言葉によるいじめ，交友関係いじめ，サイバーいじめ（インターネットやSNSを使ったいじめ）など，その現象形態は多様だが，国際的には，いじめを他者への絶えざる抑圧的行為，あるいはパワーの不均衡とその濫用と

定義づける研究もある。ある環境の下で，絶対的に優位な力をもち得る者と，その力をもち得ない者との間に，著しく不均衡な関係性が生まれ，前者が後者に対して一方的かつ断続的にその力を濫用することを「いじめ」と捉える考え方もある。

一方，精神科医である中井は，自己の経験を振り返りながら，いじめは，一般に，孤立化，無力化を経て，透明化へと進むと述べている（中井，2016）。つまり，誰の助けも得られないし，自分は孤立無援だと感じて「孤立化」する状態から，逆らっても，逃げようとしても，耐え続けても，何をしても無駄だと感じて「無力化」する状態になり，それが放置された場合には，やがて自分を周囲から見えにくい存在にして，ぎりぎりの状況で生命を保つ「透明化」へと進むと分析しているのである。

そうだとすれば，教育現場では，何よりもいじめを受けた子どもの立場に立った早期の適切な対応と，いじめを受けて心に深い傷を負った子ども（いじめられた子ども）の理解と支援のあり方が問われる。さらには，二度と悲しい事態を起こさないためにも，いじめの加害者となった子ども（いじめた子ども）や，いじめの聴衆や傍観者となった子ども（いじめを周りで煽ったり黙認したりしていた子ども）を，どのように理解し，支援・指導していくのか，ということも厳しく問われている。

（3）親密さが抱える暴力

たとえば，日本の教育現場では，友人と仲良くしたいという人間的な願いが，他者へ同調しなければならないという強迫感（同調圧力）として歪めて表現される傾向もあり，それに伴う対人不安や葛藤に苦しんでいる子どもが少なくない。とくに思春期を迎える子どもたちの場合，その育ちゆえに，対等・平等（ピア）であることへのプレッシャーや，親密さが抱える暴力性に対して深い戸惑いを抱えることが多い。その結果，他者に対する愛情と共依存との区別がつかずに，親密な対人関係に深く傷つくことも少なくない。

そのような対人関係をめぐるさまざまな葛藤を経験しながら，他者を自分と

は独立した人格として尊重し合える「ほどよい距離感覚」を探索し続け、そこから、意味のある他者との関わりを学ぶのも思春期前後の子どもの大切な育ちの課題である。

そうだとすれば、このような対人関係における傷つきやつまずきに寄り添い、その意味をともに考え合うことができる他者の存在は不可欠である。教育相談に従事する教師やカウンセラーには、その重要な他者のひとりとしての役割が求められる。さらには、子どもどうしが、こうした育ちに伴う対人関係の難しさを互いに理解し合い、それをどのように乗り越えていけばよいのかを考え合えるような関わり合い（自己指導力のある集団）を支援・指導していくことも重要である。ここにおいても教育相談の専門性が求められるのである。

4 共存的他者としての教師像

（1）情動の共有とエンパワメント

ここまで、問題行動を捉えるための基本的な枠組みと、その歴史を踏まえた今日的課題についてみてきた。これらに基づいて、最後に、子どもの問題行動の支援や指導のあり方をについて、具体的なエピソード記録に即して考えてみたい。小学校2年生の教室で次のような出来事があった。

> ある日、雄太君（仮名）は、午前中の少し長い休み時間に、湯気が立つほど顔を赤らめながら、自分の机で一生懸命に絵を描いていた。そこには、あまりの熱中ぶりに周りの子どもたちを寄せつけない雰囲気があった。しばらくして、雄太君は、教卓にいた担任の幸子先生（仮名）のところに駆け寄り、息を切らせて「先生、この絵を見て！」と、自分が描いた絵を見せた。そこに描かれていたのは、2つの生き物が危険なものを持って向かい合っている姿だった。幸子先生は、その絵をじっと見つめて、戸惑った。しかし、幸子先生は、その戸惑いを隠すことはしなかった。深く呼吸をして、しばらく沈黙した。そして、雄太君の傍らに立ち、彼が描いた絵を見

つめて、「ああ……、怖いね……」と穏やかな口調で語りかえした。その様子をじっと見ていた雄太君の荒れた呼吸が、ゆっくりと静まっていった。

…（中略）…

　雄太君は、自分が描いた怖い絵と、それを一緒に見てくれた幸子先生の顔を交互に確認すると「先生、ちょっと待っていてね！」といって、自分の机の中にしまってあった道具箱から一本のクレヨンを持ってきた。そして、幸子先生の目の前で、自分が描いた怖い絵を、濃い紫色のクレヨンで塗りつぶしていった。幸子先生は、その場を共有しながら、その様子を何も言わずにじっと見ていた。この後、しばらくの沈黙が続いた。少し落ち着いた雄太君は「先生、これに怪獣の絵を描いて！」と言ったので、幸子先生は、紫色に塗りつぶされた紙の上に、白いクレヨンで、丸っこい怪獣の絵を描いた。その丸っこい怪獣は、幸子先生の自画像で、とても優しい雰囲気の絵だった。すると、雄太君はふっとため息をついて、その絵を四ツ折りにして、その小さな胸にそっと抱いて、自分の席に戻っていった。それからというもの、その絵は、雄太君の宝物（心のお守り）になった。その後、教室で不安と緊張が高ぶると、その絵の上に自分の手をそっと添えて「大丈夫……大丈夫……」、とつぶやいている雄太君の姿がたびたび見られた。

出典：庄井（2018）37頁。

> 　雄太君の担任の教師であった幸子先生は、当時、家庭に複雑な事情を抱え、度重なる家庭内暴力への慢性的な無力感に曝されていた彼の突発的な怒りの表出を、頭ごなしに制止することはしなかった。むしろ、安心と安全が保障できる場を準備しながら、彼の傍らに立って、その絵画への表出をそっと見守った。それは、ある意味では、穏やかに情動を共有し合って子どもの自己表現を支援する芸術療法のような空間であった。

　安心と安全が保障された場において、雄太君は、自分の心の器を一杯にして

いた恐怖を絵画に表出・表現し，それを信頼できる他者である幸子先生と分かち合いながら，その恐怖という情動とゆっくりと向き合うことで，落ち着きを取り戻していった。そして，自分が生活の中で曝され続けている恐怖の感情を穏やかに分かち合ってくれた幸子先生と一緒に見つめ，その感情と付き合いながら，それを乗り越えていくプロセスを経験したと考えることができる。

（2）多職種連携のカンファレンス

　もうひとつ，中学校の子どもの暴力行為への指導・支援の事例で考えてみよう。当時，ある中学校の教師として学年主任をしながら，同僚と共に生活指導・教育相談の専門性を学び続けていた福井は，連日のように激しい暴力を振るう中学生に向かい合う自らの姿勢を次のように語ってくれた（福井，2001，4～5頁）。

　　　…暴力事件を止めに行けば，屈強な教師が何人もよってたかって暴れている子どもの手をみんなで抑えつける。非常に強く持っていないと殴りかかっていくわけですから，止めていないとだめだと思ってしまって，ひたすらぐっと止める。しかしだんだん強く縛ると，そのことが余計に反発を生んで，自分が縛られているという感覚が爆発して，もうでたらめな反撃を食らうわけですね。そういうときにやはり少し緩みのある制止の仕方だとか，危ないと思ったらパッと力を入れるけれども，それ以外はずっと力を緩めていることが必要なんです。そして，「やめろやめろ」，というかわりに，耳元で，「もうわかった。ちょっと止めて落ち着けよ。ちょっと離れよう。向こうへ行こう…」，というふうな対応になるのです。

　福井は，激しい暴力を振るうこの子たちは，現代社会の中で人間らしく育つ権利を奪われている子どもたちだと考えていた。そして，この子たちの家庭訪問などで見えはじめた生活世界にわが身を置きながら，自分がもしこの子たちのような環境で暮らしていたら，どのように感じるだろうかと想像した。そして，もしそうだとすれば，この子どもたちの暴力的な表出のなかに，「こんな生活を変えられたらいいなあ…変えたいなあ」という，微かな願いが隠されて

いるのではないかと考えた。

　激しく暴力を振るう加害者の子どもの姿は，福井にとって，絶望と希望とを揺れながら不安と葛藤の渦に巻き込まれてもがき苦しんでいる姿に見えたのかもしれない。暴力に象徴されるような問題行動のなかに，もうひとつの生活（人間らしい生活）への希求がせつなく揺れているように思えたのかもしれない。福井が，暴力の加害者である生徒に対して，頭ごなしに「やめろ！やめろ！」と言わずに，その耳元で「わかった，わかった，向こうへ」と囁いたのも，暴れている子のなかに，せつなく激しく揺れている想いを聴き取り，その子どもの人生に時間をかけて伴走しようとしたからではないだろうか。

　このような記録から，子どもの生活世界の微細な事実への観察と，それをマクロな社会の文脈にのせる視野と，揺れながら育つ人間への深い洞察が，生活指導と教育相談に関する臨床的実践力を支えていることがわかる。そのような教育相談の専門性を学び合うために，福井が，この当時，中学校の学校現場で組織していた「カンファレンス」（子どもの生活世界の些細な事実を，複数の目，内外の目，異種の目で解読していく子ども理解のための対話）が，今後ますます必要になってくるではないだろうか。

（3）教育相談の思慮深さ

　これまでみてきたように，子どものなかで揺れる情動が，身体化しても，行動化しても，それを信頼できる他者と分かち合うことができないと，他者への重要な問いかけであるはずの徴候や行動は，他者や自己への破壊的な攻撃性に転化し，危機的な状況を生み出してしまうことがある。社会心理学者のフロム（Fromm, E. S.）が指摘してるように，自己と環境とのあらゆる適応の試みが挫折した後に，深い絶望とともに，自己や他者へ生命をも奪いかねない自己の抹殺，他者の抹殺，世界の抹殺がはじまるからである（フロム，1991）。このような破壊的な攻撃性が，痛ましい少年事件の背景にある場合がある。

　また，このように著しい攻撃性を抱え込んでしまった子どものなかには，「信じられるのは先生だけだ」といって涙を見せたかと思うと，「何もかも信じ

られない，先生も信じられない」と，激しい怒りで攻撃してくる子どももいる。あわてた教師や相談者が「先生だけは信じてほしい」と伝えても，それを激しく拒絶する子どももいる。精神病理学者のパトナム（Putnam, F. W.）によれば，このような子どもは，他者や世界への基本的な信頼感を著しく傷つけられている可能性が高い（パトナム，2017）。

そのような子どもに「私はあなたを信じているから，あなたも私を信じなさい」と，教師から子どもに「信頼」を強要してしまうと，かえって子どもの情動が不安定になり，ときに激しい攻撃に曝されることがある。世界への基本的な信頼や愛着を傷つけられている子どもであればあるほど，教師と子どもとの信頼は，ゆっくりと時間をかけて，相互探索的に醸成されなければならないことにも十分に注意する必要がある。

子どもの問題行動は，標準化された社会・文化という制度への著しい不適応や逸脱として表出することが多い。このような行動が，個人と環境との「間」で生まれるのだとすれば，子どもの問題行動は，ある社会や文化のシステム，あるいはそこにおける教育条件の問い直しを求めるメッセージだと捉えることができる。そうだとすれば，子どもの問題行動は，人間としての育ちにおいて特別な配慮を要する子どもが，ある社会や文化の中で，他者とともに人間らしく生活し，学習したいという根源的な願いの表現だと受けとめることもできる。つまり，子どもの問題行動を，子どもから教師への正当な援助要請として捉え直し，それにふさわしい支援や指導のあり方を，教師とカウンセラー等が連携しつつ考えることが求められているのである。

引用・参考文献

エーリッヒ・フロム著，鈴木　晶訳（1991）『愛するということ［新訳版］』紀伊國屋書店。
庄井良信（2015）『いのちのケアと育み──臨床教育学のまなざし』かもがわ出版。
庄井良信（2018）「エピソード記録 Cahier」日本学術振興会・科学研究費助成事業基盤研究（C）研究成果中間報告集『臨床教育学と保育・教育実践』所収。
中井久夫（2016）『いじめのある世界に生きる君たちへ──いじめられっ子だった精神科医の贈る言葉』中央公論新社。

福井雅英（2001）「中学校教育現場から見た臨床教育学の課題」日本教育学会課題研究委員会〈臨床教育学の課題と動向〉編『臨床教育学の試みⅢ』日本教育学会。
フランク・パトナム著，中井久夫訳（2017）『解離――若年期における病理と治療［新装版］』みすず書房。
文部科学省（2018）「平成29年度 児童生徒の問題行動・不登校等生徒指導上の諸課題に関する調査（確定値）について」。
文部科学省（2022）『生徒指導提要（改訂版）』。

―学習の課題―
(1) 子どもの問題行動の具体例を1つあげ，その社会・文化的背景，制度的背景，心理的背景等の視点から分析してみよう。
(2) 教育相談を担う教師やカウンセラーなどの立場から，現代におけるいじめの問題をどのように捉えることが必要か考えてみよう。
(3) 教師とスクールカウンセラーらが，子どもの問題行動について連携するときに必要なことは何か考えてみよう。

【さらに学びたい人のための図書】
日本弁護士連合会子どもの権利委員会編（2015）『子どものいじめ問題ハンドブック――発見・対応から予防まで』明石書店。
　　⇨子どもの権利を尊重する立場から，いじめ問題について書かれた手引き書である。いじめの当事者となった子どもの保護者や学校は何をすればよいのか，弁護士は何ができるのか，という実践的な問いに焦点を当てている。
羽間京子（2009）『少年非行――保護観察官の処遇現場から（サイコ・クリティーク）』批評社。
　　⇨保護観察の処遇現場において，少年非行という現象の背景にある要因を，生物的，心理的，社会的な視点から複合的に捉え直し，その理解に基づく指導・支援のあり方を多くの事例に即して深く掘り下げている。
福井雅英（2009年）『子ども理解のカンファレンス――育ちを支える現場の臨床教育学』かもがわ出版。
　　⇨荒れや無気力などを，子どもから大人・社会への深い問いかけとして捉え，その問いへの責任ある応答のあり方（指導・支援）について，子ども理解のカンファレンスという実践を通して臨床教育学の立場から深く考察している。

（庄井良信）

第10章 教育相談とインクルーシブ教育

この章で学ぶこと

特別な支援を必要とする子ども，生きづらさを抱えた子どもは，第2章で紹介されているように，障害のある子ども以外にも存在する。この章では，そのなかでも障害のある子どもに焦点を当てる。特別支援教育とはどのような教育なのか，また通常の学級にも8.8%程度存在すると考えられている学習障害や自閉症スペクトラム障害といった発達障害について理解し，対応方法を考えてみたい。そして，二次障害についても理解を深める。また，インクルーシブ教育はどのような教育なのかということを考えていく。

1 特別な支援を必要とする子ども

2015（平成27）年12月21日付の中央教育審議会答申「これからの学校教育を担う教員の資質能力の向上について〜学び合い，高め合う教員育成コミュニティの構築に向けて〜」では，新たな教育課題に対応した教員研修・養成のひとつとして，特別支援教育の充実をあげている。そのなかで，教職課程に発達障害を含む特別な支援を必要とする幼児児童生徒に関する理論および指導法について，学校種によらず広く重要となってきていることから，独立した科目として位置づけることが示された。

それでは，発達障害を含む特別な支援を必要とする幼児児童生徒とはどのような子どもたちなのだろうか。特別な支援を必要とする子どもという言葉から，特別支援教育の対象になる障害のある子どものイメージが思い浮かぶことが多いかもしれない。しかし，性的マイノリティ（LGBT）の子どもや外国にルー

ツのある子ども，家庭の経済的な問題で生きづらさを抱えている子ども，いじめや虐待などによって二次的な症状を有する子ども，暴力行為や非行を行う子どもといったように，特別な支援を必要とする子どもは，障害のある子どもだけに限定されるのではなく，どの学校にもどの学級にも存在している。そのことをまず念頭においてほしい。そのうえで，特別な支援を必要とする種々の問題を抱えた子どもについては，他章で説明がなされているので，本章では特別支援教育，発達障害，インクルーシブ教育をキーワードに特別な支援を必要とする子どもについて考えていくことにする。

［ 2 ］ 特別支援教育

（1）特別支援教育とは

　特別支援教育という用語は，「今後の特別支援教育の在り方について（最終報告）」（文部科学省，2003）において用いられた。特別支援教育の理念については，2005年「特別支援教育を推進するための制度の在り方について」（中央教育審議会，2005）の答申の中で，「障害のある幼児児童生徒の自立や社会参加に向けた主体的な取組を支援するという視点に立ち，幼児児童生徒一人一人の教育的ニーズを把握し，その持てる力を高め，生活や学習上の困難を改善又は克服するため，適切な指導及び必要な支援を行うものである」と述べられている。これを受けて，2007年4月に施行された学校教育法の改正によって，それまでの特殊教育から特別支援教育に転換された。これにより，盲学校・聾学校・養護学校が特別支援学校に一本化された。特殊教育は障害の種類や程度に応じて特別な場で教育が行われていた分離教育であったのに対し，特別支援教育は教育的ニーズに対応できる専門性のある教育実践を通して，自立し社会参加する取り組みを支援することに重点がおかれるようになったといえる。

　また特別支援教育では，従来から対象としていた特別支援学校，特別支援学級，通級による指導だけではなく，新たに通常学級に在籍している児童生徒のなかで特別な教育的支援を必要とする発達障害のある児童生徒まで含めた教育

的ニーズの対応が示され（文部科学省，2003），対象も拡大された。むろん，それまでの特殊教育の現場で，子どもの教育的ニーズを把握していない教育が行われていたわけではない。現在の特別支援教育が目指すかたちを従来の教員も目指していたわけであるが，理念や制度として，特別な場で行われる特殊教育から，どの場であっても，必要な教育的ニーズには対応する特別支援教育に大きな転換が図られたのである。

（2）特別支援教育の現状

　障害のある子どもは，特別支援学校，特別支援学級，通級による指導，通常の学級で学んでいる。特別支援学校は，障害の程度が比較的重い子どもを対象として専門性の高い教育を行う学校であり，幼稚部・小学部・中学部・高等部がある。地域の特別支援教育のセンター的機能も有している。特別支援学級は，小学校・中学校にあり，比較的軽度の障害のある子どもを対象に障害の種別ごとに少人数学級で教育を行う。通級による指導とは，小学校・中学校の通常の学級に在籍し，ほとんどの授業を通常の学級で受けている比較的軽度の障害のある子どもが対象である。自校に通級指導教室がある場合は自校通級し，他校にしか通級指導教室がない場合は他校通級を行う。特別支援教育の特徴である「自立活動」や「各教科の補充指導」が行われる。そして，2018（平成30）年度より，高等学校においても通級による指導が開始された。通常の学級では，障害のある児童生徒に対し，障害に配慮して，指導内容・方法を工夫した学習活動が行われる。またそれぞれの学校・学級で対象になる障害を表10-1にまとめた。

　「令和5年特別支援教育の充実について」（文部科学省，2023）によると，2022（令和4）年5月1日現在，義務教育段階の全児童生徒数は約952万人であるが，これは減少傾向にある。そのなかで特別支援学校に在籍する義務教育段階の児童生徒数は8.2万人，特別支援学級在籍の児童生徒数は35.3万人，通級による指導は16.3万人であり，3つを合わせると全児童生徒の6.3%を占めており増加傾向にある。第3節で説明をする発達障害の可能性のある児童生徒の通常学

表10-1　特別支援学校・特別支援学級・通級による指導の対象障害

障　害	特別支援学校	特別支援学級	通　級
視覚障害	○	○（弱視）	○（弱視）
聴覚障害	○	○（難聴）	○（難聴）
知覚障害	○	○	
肢体不自由	○	○	○
病弱・身体虚弱	○	○	○
情緒障害		○	○
言語障害		○	○
自閉症		○	○
学習障害			○
注意欠陥多動性障害			○

出典：筆者作成。

級在籍率が8.8％（文部科学省，2022）であることも考え合わせると，約15％の児童生徒に特別支援教育が必要といえる。

3　発達障害

（1）発達障害とは

　人は，身体面や運動面，言語面，情緒面，社会性といったそれぞれの側面で発達する。個別性はあるが，普遍性もあり，首がすわらないのに歩くことはできない。つまり，定型発達を示す子どもに比べて遅れがあるなど，典型的な発達を示さない場合に，発達の障害を疑うことになる。この意味から考えると，発達障害とは，知的障害や肢体不自由，視覚障害なども含まれることになる。これは広義の発達障害を意味しているが，現在の教育現場では狭義の意味で発達障害を捉えている。具体的には，学習障害（LD；Learning Disabilities），注意欠陥多動性障害（AD/HD；Attention-Deficit / Hyperactivity Disorder），自閉症スペクトラム障害（ASD；Autism Spectrum Disorder）である。この3つが発達障害とされるようになった背景には，2005年4月に施行された「発達障害者支援

法」の制定がある。このなかで「発達障害とは，自閉症，アスペルガー症候群その他の広汎性発達障害，学習障害，注意欠陥多動性障害その他これに類する脳機能の障害であってその症状が通常低年齢において発現するものとして政令で定めるものをいう」と定義づけられた。これにより，従来，発達障害の中心として考えられていた知的障害，肢体不自由に代わり，学習障害（以降，LDと言う），注意欠陥多動性障害（以降，AD/HDと言う），自閉症スペクトラム障害（以降，ASDと言う）が発達障害として認識されるに至った。

（2）発達障害の特性

みなさんは，整理整頓は得意だろうか，また誤字脱字なくレポートを作成することができるだろうか。整理整頓が得意な人もいれば苦手な人もいる。はじめから誤字脱字なくレポートを作成できる人もいるかもしれないが，丁寧にチェックすれば誤字脱字をなくすことができる人，チェックしたにもかかわらず誤字脱字が多い人，いろいろな人がいる。集中力が続かない人，カッとなりやすい人，気持ちが落ち込みやすい人，人と会話するのが苦手な人など，このような特性は発達障害の特性のひとつとされるが，多かれ少なかれ，誰にでも当てはまるものがあることがわかるだろう。つまり，発達障害のある人の特性は特別なものではなく，多くの人が有しているものである。特性に対して，適切な手立てを行い，本人も周囲も生きづらさがないのであれば，たとえ発達障害だと診断されたとしても困ることはほとんどない。反対に診断はされていなくても，特性により生きづらさを抱えている場合もある。重要なのは本人と周囲が特性に対して手立てをし，本人も周囲（家族・クラスメイト・学校・会社など）も調整することができているかということなのである。

a．LDとは

文部科学省（2021）の定義では「学習障害とは，基本的には，全般的な知的発達に遅れはないが，聞く，話す，読む，書く，計算する又は推論する能力のうち特定のものの習得と使用に著しい困難を示す様々な状態を指すものである」とされる。具体的には「読むのが苦手で不正確である」「飛ばし読みや似

た文字を混同する」「黒板の書き写しに時間がかかる」「文字のバランスがとりにくい」「計算をするのにとても時間がかかる」といったように学習スキルのなかに著しい困難がある場合，LD が疑われる。しかし，知的発達に遅れはなく，日常生活は問題なく送れる場合が多いので，「漢字がどうしても書けない」や「他のことはできるのに計算になるとダメになる」ということに対し，「好きな勉強だけして，嫌なことは努力しない」「なまけもの」と思われることがある。努力をしても困難があるのが LD であるが，周囲が無理解であると「努力が足りない」と言われ続けて，自己肯定感の低下を招くことになる。

　b．**AD/HD とは**

　文部科学省（2021）の定義では「注意欠陥多動性障害とは，身の回りの特定のものに意識を集中させる脳の働きである注意力に様々な問題があり，又は，衝動的で落ち着きのない行動により，生活上，様々な困難に直面している状態」「注意散漫で忘れ物やケアレスミスが多くみられる」「他のことに注意をとられ，課題を終わらせることができない」「思いついたことはすぐに行動に移すし，待つのが苦手」といった特性があるため，集団の中では目立ちやすく，幼い頃から叱られることが多いとされる。LD 児同様に本人の努力ではどうにもならないことに対し，叱責され続けると自己肯定感は低下し悪循環に陥る。第 7 章に AD/HD の子どもにも有効であるとされる認知行動療法ついてわかりやすく述べられているので参考にされたい。

　表 10-1 に示した通り，LD と AD/HD は特別支援学級の対象障害ではなく，通常の学級に在籍しながら，その子どもの教育的ニーズに対応した教育を受けることに注意してほしい。

　c．**ASD とは**

　自閉症について文部科学省（2021）では「自閉症とは，①他者との社会的関係の形成の困難さ，②言葉の発達の遅れ，③興味や関心が狭く特定のものにこだわることを特徴とする発達の障害である。その特徴は 3 歳くらいまでに現れることが多いが，成人期に症状が顕在化することもある。中枢神経系に何らかの機能不全があると推定されている」と定義している。以前は，高機能自閉症

（知的発達の遅れは伴わないが，上記の定義に該当するもの）やアスペルガー症候群（知的発達の遅れを伴わず，かつ自閉症の特徴である幼少期の言語発達の遅れも伴わないもの）という名称も使われていたが，『DSM-5 精神疾患の診断・統計マニュアル』（日本精神神経学会，2014）では，アスペルガー症候群などの下位分類をなくし，「自閉症スペクトラム障害」としてまとめられた。自閉症と診断される人は，重度の知的障害を合併している人から，知的な障害がほとんどない人，IQ が通常より高い人まで幅広く存在していて，どこからどこまでが「知的障害」，どこからどこまでが「自閉症」と区切れるものではなく，虹のように連続していることから，「連続体」という意味の「スペクトラム」という語を用いて，「自閉症スペクトラム障害」とされた。年齢についても，以前は，3歳以前に症状が存在することが必須とされていたが，特定の年齢についての表現はなくなり，青年期および成人期になって診断される場合もあるという記述が加わった。

具体的な特性としては「他の子どもは興味を持たないようなことに興味があり，『自分だけの知識世界』を持っている」「周りの人が困惑するようなことも，配慮しないで言ってしまう」「動作やジェスチャーが不器用で，ぎこちないことがある」「自分なりの独特な日課や手順があり，変更や変化を嫌がる」「言葉を字義通り受け取る」といったものである。また感覚に特徴がある場合もあり，音やにおいに敏感である反面，痛みは感じづらいといったこともある。

知的障害を伴う ASD の場合は，特別支援学校で教育を受けていることがほとんどであるが，知的障害を伴わない知的能力の高い ASD の場合は，その能力の高さから，ASD に気づかれることなく学校生活を送り，社会人になってから，対人関係の難しさによって，二次的な障害としてひきこもりになったり，精神疾患と診断されたりすることで，その背景に ASD があったことがわかるということも少なくない。学力という面だけにとらわれない，社会性や情緒面も含めて総合的に子どもをみて，機を逃さない支援ということが改めて求められている。

(3) 発達障害の子どもへの支援

先にも述べた LD, AD/HD, ASD の子どもに対する具体的支援方法については，多くの著書が出版されているので，ここでは詳細は述べないが，共通して重要なことは以下であると考える。

a．障害名にとらわれない実態把握

各障害の代表的な特性を把握しておく必要はあるが，ラベリングすることは実態を見えにくくする可能性がある。大切なのは，目の前の子どもが，何に困り，何に困っていないのかを的確に把握することである。また，対応や環境によって，年齢によっても，実態は大きく変化するため，これまで有効であった支援が常に有効であるわけではないことを心にとめておく。その意味では，有効な支援方法だけではなく，うまくいかなかった方法についても書きとめておくことが継続的な支援においては有効である。

b．ユニバーサルデザインの学校・学級・授業づくり

ユニバーサルデザインは障害の有無にかかわらず，誰にでも役に立つデザインのことである。その視点に立って，教室環境の整備，学習や生活のルールの明確化，関わり合える関係づくり（児童生徒どうし，児童生徒－教員），肯定的で具体的な教員の話し方・発問・指示，わかりやすい板書やノート・ファイルの整理の仕方の指導，教員間で自由に話し合える雰囲気の醸成など，自身の教員生活を振り返ってみると，学校が子どもにとって居心地のよい場所に近づく。

c．温かで柔軟な対応

問題行動が起こると，つい問題行動にばかり目を奪われがちになるが，問題行動を起こして困っているのは，学校や教員ではなく，本人であるという視点をもって対応する。また，認知発達の偏りだけでなく，情緒的な困難に注目し，困っているように見えない児童生徒でも，その姿を保つために，どれほどの努力をし，無理を重ねているのかを十分に理解し支援する。

d．個と集団のバランス

学級に特別な支援を要する子どもがいた場合，ついその子に注意が向きがちである。しかし，学級にはその子ども以外も存在している。その子どもたちへ

の学習の保障や心理的配慮も忘れてはいけない。

e．二次障害への対応

二次障害とは，発達障害の基本特性と環境との相互作用により二次的に生じる身体，精神，行動上の問題をいう。問題行動の背景にあるものを見極めたうえで対応していく必要がある。次項を参照されたい。

（4）二次障害の理解と対応

発達障害のある子どもが本来抱えているさまざまな障害特性を一次障害と呼び，環境や関わりに起因する適応困難の状態を二次障害と呼ぶ。つまり，特性を抱えながら生きていくなかで，努力ではどうにもならないことを理解されず，バカにされたり，叱責されたり，否定されたりといったことを繰り返されることで，自信を失い，「どうせ自分は何をやってもダメなんだ」といった自己肯定感の低下が起こり，無力感や虚無感，家庭でも学校でも居場所がないといった感覚に陥る。齊藤（2009）によると発達障害における二次障害は，反抗や非行などの外在化障害，分離不安やひきこもりといった内在化障害の2種類があるとされる。外在化障害は，行動上の問題として他者に向けて表現するため，具体的な行動として表現されるので，比較的気づきやすいとされる。一方，内在化障害は情緒的問題として，自己の内的な苦痛を生じ，具体的な行動として現れないため，見逃されることが多く，気づいたときにはかなり悪化してしまっている場合も多い。

二次障害に対し，学校でできる対応として，奥野（2009）は表10-2のように，① 問題でない部分に注目する，② 情緒の安定を図る，③ 学級集団全体に配慮する，④ 学校全体で取り組むという4つをあげている。そして，一旦対応方針を決定したら，原則として2～3週間は続ける。対応方針を変えると，慣れた環境からの変化によりストレスが増えるので，問題行動が一時的に悪化することがあるが，その場合も原則として1週間は継続して様子をみることが大切である。

二次障害を予防するために，教員として何ができるのかを考え実践すること

表10-2 学校における二次障害の悪循環の対応

方　針	方　法	支援の担い手(例)
問題でない部分に注目する	望ましい行動をしているときに，ほめる，励ます「○○（望ましい行動）しているね」などと言語化する	関係者全員
情緒の安定を図る	① カウンセリング，プレイセラピー ② 話を聴く ③ 子どもの感情を推測して言語化する	① カウンセラー ② ③ 教師 ③ ② 保護者
学級集団全体に配慮する	日常的に，小さな望ましい行動に注目した働きかけを全体に行う	教師
学年ないし学校全体で取り組む	子どもの状態や対応方針を共有する役割分担に沿って対応する	学校関係者

出典：奥野（2009）89頁。

は大切である。しかし，齊藤（2009, 31頁）は「二次障害はきわめて深刻な水準のものを除けば，その大半は発達障害の子どもが与えられた環境と渡り合いながら，精一杯育ってきた過程で負った向こう傷の跡を意味している。そして，子育ての難しい子どもを育むために精一杯かかわった親や学校の奮闘の後であるという側面ももっているのである」と述べている。「生じてはならないもの」とあまりに規定すると，保護者や学校が悪いといった犯人探しになり，それが子どもに影響し，さらに悪循環を招くことにつながりかねない。二次障害の起こっていない部分については予防をし，すでに起こっている部分については適切に対処していくことが求められる。

4　インクルーシブ教育

（1）インクルーシブ教育とは

インクルーシブ教育とは，多様な幼児児童生徒に対して，教育的ニーズに柔軟に対応していく教育のことである。インクルーシブ教育の理念が提唱されたのは，1994年の「サラマンカ宣言（声明）」である。ここでは，個々の特別な教育的対応を必要とするすべての特別な教育的ニーズのある子どもを「包括」(inclusion)できるような教育改革を目指し，障害児・者を社会の中に「統合」

(integration)するというものではなく，障害があろうがなかろうが，共に生きる仲間として多様な価値観を認めるというものである。このような世界の流れのなかで，2006年に国連総会において「障害者の権利に関する条約」が採択され，2007年に日本がそれに署名したことから，わが国でもインクルーシブ教育システムが提唱された。

「共生社会の形成に向けたインクルーシブ教育システム構築のための特別支援教育の推進（報告）」（文部科学省，2012）では，インクルーシブ教育システムについて「同じ場で共に学ぶことを追求するとともに，個別の教育的ニーズのある幼児児童生徒に対して，自立と社会参加を見据えて，その時点で教育的ニーズに最も的確に応える指導を提供できる，多様で柔軟な仕組みを整備することが重要である。小・中学校における通常の学級，通級による指導，特別支援学級，特別支援学校といった，連続性のある『多様な学びの場』を用意しておくことが必要である」と述べられている。つまり，障害の有無にかかわらず，多様な人が，一緒に暮らし，共に学ぶことを前提にしながらも，多様な場も用意しておき，その子どもの教育的ニーズに柔軟かつ的確に応えていくことがインクルーシブ教育であるといえる。

(2) 合理的配慮

先の第1項で紹介した報告書（文部科学省，2012）の「1. 共生社会の形成に向けて」のなかで「障害のない子どもが，できるだけ同じ場で共に学ぶことを目指すべきである。その場合には，それぞれの子どもが，授業内容が分かり学習活動に参加している実感・達成感を持ちながら，充実した時間を過ごしつつ，生きる力を身に付けていけるかどうか，これが最も本質的な視点であり，そのための環境整備が必要である」と述べられている。そして，障害のある子どもが十分に教育を受けられるための合理的配慮およびその基礎となる環境整備が求められている。つまり，通常の学級担任においても，障害のある子どもを含めた多様な子どもの教育的ニーズに応えながら，学級経営をすることが求められている。

では，合理的配慮とはどういったものだろうか。学校という場で考えると，障害のある子どもが，通常の学級に在籍し，障害のない子どもと共に学び続けるためには，いろいろな側面で配慮が必要になる。その配慮を行っていくことを合理的配慮という。ただし学校や教員にとって過度な負担にならないものとされる。従来から教員は，障害の有無に関係なく，それぞれの子どもに必要な配慮を実施している。しかし，教員個人の知識や力量，学校の体制や環境などによるものが多かった。それをどの地域でも，どの学校であっても実施するということである。

合理的配慮の観点として，大きく分けると次の3つになる。

① 学習内容の変更・調整，学習機会や体験の確保といった〔教育内容，専門性のある指導体制の整備〕
② 幼児児童生徒・教職員・保護者・地域の理解啓発を図るための配慮といった〔支援体制，校内環境のバリアフリー化〕
③ 災害時等への対応に必要な施設・設備の配慮といった〔施設・設備〕

合理的配慮を具体的に決めていく際には，本人，保護者，学校・教員の中で調整をしながら，可能な限り合意形成を図らなければいけない。その際，保護者と学校・教員で決めてしまい，肝心の本人の意向が確認されないということのないよう，注意が必要である。また，合理的配慮を一度決めたら終わりということではなく，決定した合理的配慮を実施してみて，どのような結果になっているのかということを校内委員会などで検討し，改善を続けていくことも重要である。

5　インクルーシブ教育と連携

（1）保護者との連携

幼児，児童生徒を取り巻く最も身近な存在として保護者の存在がある。保護者は，教員よりもその子どもと関わり，多くの経験を共有している。その保護者と連携しなければ，真のインクルーシブ教育の実現には近づかない。筆者は

障害のある子どもの保護者にインタビュー調査をすることが多いのだが，そのなかには「交流（および共同学習）で地元の小学校に行くのに疲れちゃって。うちの子はやっぱりお客様。先生方がいろいろと配慮してくださっているのはわかるけど，でも一緒に学ぶにはほど遠い。場所を共有しただけではどうにもならない」「LDで書くことに時間がかかるから，同じ漢字を10個適当に書くよりも，1個を正確に書いたほうが意味があると思う。だから，宿題を減らしてほしいと言っても，それはできませんと言われるだけ。言い過ぎるとモンスターペアレントと思われるから，あまり言わないようにしている」といったことを聞く。その一方で，「子どもの肯定的な部分を丁寧に見てくださる先生の見方を，自分も見習わないと，と思っている」「うちの子がわかりやすいように，先生がプリントを作成してくれていて。それをクラス全員に配布したら，みんながわかりやすいって進んでプリントをするようになったんです，ありがとうございますって。そう言ってくださることに，こちらが感謝ですけどね」との声もある。つまり，制度や決まりにとらわれすぎて，目の前の子どもを見ておらず，保護者の話と希望を丁寧に聴き取らなければ，保護者は失望し，教員や学校を信頼しなくなる。これはすべての保護者に共通することであろう。保護者支援については第11章を参照されたいが，共に子どもの成長を応援する存在になれるように，保護者の立場の尊重と主体性を大切にしたうえで，連携を図りたい。

（2）学校内外の連携

　学校には担任教員以外に管理職，教育相談担当教員，特別支援コーディネーター，養護教諭，スクールカウンセラー，スクールソーシャルワーカー，特別支援教育支援員といった多様な資源がある。また市区町村教育委員会には巡回指導員や専門家チームが配置されている。専門家チームとは，医者，学識経験者，心理職，福祉職，教員といった異なる領域の専門から構成され，適切な教育的対応について専門的な意見を述べる組織である。実際に発達障害のある子どもと関わり，その事例を検討するなかで，専門領域の異なる複数の専門家が

関わることの意味を感じることが多々ある。専門領域が異なるということは，その領域から子どもを見るということであり，見方の異なりにより，新しく深い発見ができる。連携が重要であることは誰もがわかっているが，なかなかスムーズに進むことばかりではない。しかし，自分の生きている世界（業界）では当たり前のことでも，他の世界（業界）では当たり前ではないこともある。それを知ることで，子どもが生きやすくなるのであれば，積極的に連携をとりたいと思うようになるのではないだろうか。

以上のように，教育相談と特別支援教育，発達障害，インクルーシブ教育についてみてきた。本来のインクルーシブ教育の目指すところは，障害のある子どもだけを対象にしたものではなく，本書を通して随所に登場する生きづらさを抱えた子ども，つまり教育的ニーズのある子どもも含め，みんなが共に学び合うということである。障害があって困っている子どももいれば，困っていない子どももいる。障害はないが困っている子どもも，困っていない子どももいる。多様な環境とさまざまな気持ちを抱えた子どもがいるということを改めて考えたい。そして，苦手なことがあっても，多くの子どもは，それを補って生活したり，学習したりする方法を見つけることができる。しかし，なかにはそれを見つけるのが苦手な子どもがいる。そのような場合に，環境の調整をしながら，本人の力をより伸ばす支援を行っていくことがインクルーシブ教育なのではないかと考える。目の前にいる子どもに関心をもつことがその第一歩である。

引用・参考文献

奥野誠一（2009）「学校ができる二次障害への支援」齊藤万比古編『発達障害が引き起こす二次障害へのケアとサポート』学研教育出版，76〜93頁。

齊藤万比古編（2009）『発達障害が引き起こす二次障害へのケアとサポート』学研教育出版。

中央教育審議会（2005）「特別支援教育を推進するための制度の在り方について」。（http://www.mext.go.jp/b_menu/shingi/chukyo/chukyo0/toushin/05120801.htm）（2017年9月1日閲覧）

中央教育審議会（2015）「これからの学校教育を担う教員の資質能力の向上について

〜学び合い，高め合う教員育成コミュニティの構築に向けて〜」。(http://www.mext.go.jp/b_menu/shingi/chukyo/chukyo0/toushin/1365665.htm)（2017年9月1日閲覧）
日本精神神経学会監修（2014）『DSM-5 精神疾患の診断・統計マニュアル』医学書院〔American Psychiatric Association (2013)〕。
文部科学省（2003）「今後の特別支援教育の在り方について（最終報告）」。(http://www.mext.go.jp/b_menu/shingi/chousa/shotou/054/shiryo/attach/1361204.htm)（2017年9月10日閲覧）
文部科学省（2012）「共生社会の形成に向けたインクルーシブ教育システム構築のための特別支援教育の推進」。(http://www.mext.go.jp/b_menu/shingi/chukyo/chukyo3/044/attach/1321669.htm)（2017年10月25日閲覧）
文部科学省（2021）「障害のある子供の教育支援の手引〜子供たち一人一人の教育的ニーズを踏まえた学びの充実に向けて〜」。(https://www.mext.go.jp/a_menu/shotou/tokubetu/material/1340250_00001.htm)（2023年12月13日閲覧）
文部科学省（2022）「通常の学級に在籍する特別な教育的支援を必要とする児童生徒に関する調査結果（令和4年）について」。(https://www.mext.go.jp/b_menu/houdou/2022/1421569_00005.htm)（2023年12月13日閲覧）
文部科学省（2023）「令和5年特別支援教育の充実について」。(https://www.mhlw.go.jp/content/001076370.pdf)（2023年12月13日閲覧）

学習の課題

(1) 表10-1に示した障害の名前について，どのような障害なのか，また教員としてどのような関わりが適切か考えてみよう。
(2) 文部科学省の「インクルーシブ教育システム構築モデル事業」において取り組まれている実践事例について検索するシステム（「インクルDB」で検索）で実践事例を調べてみよう。
(3) ユニバーサルデザインの学級経営・授業づくりについて，教育実習校やボランティア先の学校ではどのような工夫がされていただろうか。また，あなたなら，どのような工夫をするだろうか。アイデアを出してみよう。

【さらに学びたい人のための図書】
阿部利彦編（2017）『授業のユニバーサルデザインと合理的配慮』金子書房。
　　⇨学級全体への支援と個に応じた支援について，教科指導，学級経営，学校運営，保護者の視点から具体的に解説されている。

青山新吾編（2016）『インクルーシブ教育ってどんな教育？』学事出版。
　⇨特別支援教育を実践，研究してきた著者8名が考えるインクルーシブ教育とはどのような教育なのかがわかりやすく述べられている。

（渡邉照美）

第11章 なぜ保護者との向き合い方に悩むのか，どう自信をつけていくか

この章で学ぶこと

保護者と教師は元々は，子どもを真ん中に置いて，ともにその成長を喜び合える存在である。しかしいま教師にとっては「保護者対応トラブル」というかたちで心配の種となり，大きな社会問題となってきた。「自子」中心主義になりがちな保護者の傾向も確かにあるが，教師が必要以上に身構えて，その本来的な願いや要求を受けとめそこねていることも多い。この章では，具体的なエピソードをふんだんに紹介しながら，とくに若い教師にとって必要な「保護者との向き合い方」を，具体的にわかりやすく語る。

1　連絡帳事件

　ある小学校でのこと。お昼近くになって子どもが授業時間中に体調を崩し，保護者にその子を迎えに来てもらう必要が生じたので，連絡をとることになった。高学年でさえ児童を1人で下校させる措置はとっていない。そこでまだ教職歴も浅い担任は，常日頃から給食時間中に，クラスの児童全員分の連絡帳に目を通して，教師側から一言二言書き込むことになっていることから，その子の連絡帳に「お子さんの具合が悪いので，学校に迎えにきてください」と書き込んだ。それをその子に渡して「お母さんに連絡しておいたからね」と伝えて，昼休み後に校門で待つように言った。

　読者は，その連絡帳は子ども自身がランドセルの中に入れているんじゃないの，親にはどうやって伝わるの——おかしいなぁ，という疑問がわくだろう。

　この子は5時間目の授業を受けることなく，校門で迎えに来るはずのない母親をそのままずっと待ち続けた。その経緯と顛末を聞かされた親は激怒した。

――当然である。そのことで，学校と保護者はミゾができあがり，大きな保護者対応トラブルに発展していく。

　普通に考えれば「なんという常識のないバカな教師」ということになるだろう。このエピソードを聞かされた私は，半分大笑いしながらも，ちょっと不安に思って教育委員会の指導主事に問い返した。「この先生ですが，この事件が起きる前に，その子の保護者との間で，何かトラブルを経験したことはないですか」と。すると案の上「実は，この事案以前に保護者との間でひと悶着あって，どうやら母親の声を聞くのも嫌だったようで……」という。

　担任は母親に連絡する必要は認識していた。その職責を果たそうとも思っていた。しかし電話をすれば，また何を言われるかわからないし，正直のところ声さえ聞きたくない。嫌悪や不安を含めたストレス状態が高まると，そのストレッサー（ストレスを与えるもの）から遠ざかりたいというのは，普通の人間の反応である。しかし「連絡はとる必要がある」ということで，担任と保護者の間を行き来している連絡帳に「最低限の必要事項を書いた」のである。連絡帳のメッセージが母親に伝わるはずもないことは常識的に考えればわかるが，若い担任の行動がそこで止まってしまっていることが気がかりである。同情的にみれば，相当なストレスがかかっていたと考えることはできる。

　そうであっても，自分が電話をかけなくてもいいから，他の誰かに頼む（この場合は子どもの体調不良なので，保健室の養護教諭に依頼する，あるいは教頭からかけてもらう）という方法がとりえるはずだし，合理的である。その方法を思いつかなかったことは，子どもの命と発達を職責として預かっている立場の教師としては，大問題だろうと思う。つまり連絡帳に書いて事足れりとした常識のない行為のほうではなく，なぜほかの方法をとろうとしなかったのか，思いつかなかったのか，ということのほうが私には深刻だと思う。仮に，追い詰められたような精神状態にあったとすれば，その前に担任としての業務が不可能だと周囲も気づくはずだ。問題は，どうやらそれ以前にあり，それは他者＝自分とは異なるもの，あるいはあまり積極的に関わりたいとは思わない他人との接し方や距離のとり方の問題などを適正に推し量る力にあるように思える。

2　好きでなった教師だけど……悩む

　大都市部を中心にした都府県では，教師の急速な若返りが進み，平均年齢も40歳近くまで下がっている。農山村部を抱えた道県では，ベテラン教師の大量退職とともに新採教師採用枠が増えていく。全国各地の講演会場で，私は次のような質問や意見をもらうことが多くなった。
　「若い先生方が必要以上に親を怖がっておられるように思い，どんなふうに話をしてあげたら良いのかなと思うことがあります。私は教師でもあり親でもあるので少し親の立場や気持ちもわかり，そこまでの恐怖感はないですが，若く，子育てもしていない先生方は困っておられるようです」
　その原因の何割かをつくり出したのは私だろう。教師と保護者の関係性は決して良好なものだけでなく，時としてトラブル状態になることを，日本だけでなく世界で初めてエビデンス（証拠・データ）を用いて世の中に問題提起をした張本人だからである。すでに2000年頃からいくつもの原稿を書いてきたが，アンケート調査をもとに発表した「学校へのイチャモンの急増と保護者対応の現状――関西地区の試行的アンケートから見えるもの」（2005年6月5日，日本教育経営学会第45回大会発表，※この全文は『教育アンケート年鑑　2005（下）』2005年，創育社，179〜189頁に収録）は驚きをもって受け止められ，その3週間後の6月26日付「朝日新聞」で「保護者の『無理難題』」として大きく紙面で取り上げられるやいなや大反響を巻き起こした。すでに1990年代から一部の学校関係者で語られてきた「保護者対応」という言葉も，これ以後一気に定着し，文部科学省の行うアンケート調査にも使用されていく。
　ただ，このような状態にもなりうることは，わが国の固有のことではなく，先進諸国の多くが多かれ少なかれ抱えている課題でもある。私は若い頃にフランスの教育制度に関する研究をしていたがそのフランスの学校においても，近年に急速に変化が起きている。保護者と教師の間のトラブルが増え，どうしたら適切な関係づくりが可能となるのかという本もかなり出版されているという。

フランスの学校は「知育」(知識を学び応用すること)が中心で，それゆえ教科指導が教師の役割であって，日本でいうところの生活指導は別の専門職員が行うか，基本的に家庭の領分であると意識されてきた。「学校の役割とは何か」が明確な場合は，一般的には保護者からの苦情・クレーム，時には無理難題(イチャモン)は極めて少ない。ところがこういったある程度の仕切りのあったフランスが，もはやそうも言っていられない状況にあるということは，私のような「この問題を科学として取り上げる学者」が出てくれば，おそらく一気に大きな教育問題になっていくだろう。

　教師にとって「保護者対応」あるいは保護者との関係づくりは，どこの国でも大なり小なり存在し，嘆いていても始まらない。苦手というのはわかるが，自分が担任するクラスの「子の親」として存在する以上は，避けては通れない。逆にいえば，親との関係づくりができれば，これほど担任にとって強い味方はないであろう。

3　ヘリコプター・ペアレント

　先の第2節のケースにならい，最初に重要なポイントを示すと「保護者を敵と思わない」ことであり，ましてや「モンスター」として向き合えば，不必要なトラブルが頻発するということである。あなたの感情は，必ず相手方の保護者に伝わる。逆に考えよう，他人からあなた自身が「モンスターのような奴だ」と思われていて，話し合いはスムーズに運ぶだろうか。

　わが国で間違いと偏見をもって語られてきている「モンスター・ペアレント」について正しく説明をしておこう。モンスター＝化け物という意味であるが，アメリカにおいても20年以上前にスラング(俗語)として使用されていた。ただし，それはわが国での「教師から見た保護者」，すなわち学校に何かと注文をつけたりする保護者のことではなく，自宅で保護者から虐待(DV)や折檻を繰り返されている「子どもから見た」わが親に対する言葉として使用されたものである。被虐待児からは，親が化け物にしか見えないからである。

他方で，学校や教師に何かとクレームをいう保護者は「ヘリコプター・ペアレント」と形容される。1990年にフォスター・クラインという医学博士が出版した『愛情とロジックのペアレンティング——子どもに責任を教える』という教育書の中で，まるでヘリコプター・ペアレント（わが子の上空をいつも飛び回り，何かあると急降下してきて学校にクレームを伝える）みたいなことをしたら，子どもが責任感というものを学べない，過保護であってはいけないというような，親たちへの警鐘として使われたものである。それは主として大学入学時での親からの自立を大事にするアメリカで，次第に「親離れできない子ども」だけでなく「子離れできない親」の増加が目立ってきていることを危惧するものであった。詳しくは，『親たちの暴走——日米英のモンスターペアレント』（多賀，2008）を参考にしてほしいが，「過保護な親」を指すこの言葉は，いまや世界のどの国でもほぼ共通語になっている。

　一方「モンスター」は人に向かって使う場合には「差別用語」として糾弾される可能性が高い。モンスターは，それほど怖い，あぶない表現形態であることをまず自戒しておこう。2012年10月に和歌山県内の女性小学校教師が，不特定多数が閲覧できる facebook に，夏休みに入ってから行われる７月の個人懇談で来校する保護者の１人を「モンスター」と呼び，終了後に「やっつけた〜」などと書き込んでいたことが発覚し，大きな問題となっていった。その結果，町教育委員会は，この教師を担任からはずす処分をしている。

４　「指摘・お尋ね」「要望」「苦情」そして「イチャモン（無理難題要求）」

　教師が時として直面することになる保護者とのトラブルについて，20年前から私が一貫して主張してきたことは，相手を「モンスター」扱いするのではなく，その言動の当否を議論すべきであって，人間性そのものを否定すれば，関係構築が不可能になっていくということであった。学校や教師の側にも多くの間違いや，直さなければいけない点もあるのに，都合の悪い保護者を一方的に

批判する傾向が生まれ，自らの態度やミスに無反省になっていく怖さがあるということだった。

　行為や行動を基準にして保護者との応対を考えようではないか。学校に寄せられる保護者からの発言や要求には，次の4段階がある。

　まずは，「よくわからないから聞きたい」「ちょっとここが変じゃないの？」といった疑問から発せられる「指摘・お尋ね」といったものである。もちろん表情や語調によって教師を責め立てているような感じを受けることもあるだろうが，身構えずに落ち着いて保護者の言い分を聞いてみると，実はこの第1段階であることが9割である。当然にその疑問や質問に対する教師の答え方には「丁寧さ」と「合理的な理由の説明」が求められる。

　次の「要望」は，学校はこうあって欲しいという願いから発せられたもので，学校として受けとめるか，それとも今後の検討課題として引きとるかといった要求である。具体的な改善要望を伴っていることが多く，その意味で，まずは「傾聴」し，改善すべきと判断できれば，謙虚に「改める」ことが必要である。

　「苦情」は，言う側の感情がかなりの程度入っていて，その内容が，本来の学校の守備範囲を超えたものであることも多く，責任はとにかく学校側にあるとの判断に立って出てくる。地域から学校に出されるものが多いが，たとえば「コンビニの前に生徒がたむろしている。営業妨害になるから注意しに来い」といった連絡などは，時間外の学校の外での出来事なのに「なんで？」という思いになることはあるだろう。

　保護者からは，学校の決めたルールに承服できないことからくるものも多い。たとえば「学校に持参させるお茶は，水筒じゃないといけないんですか，どうしてペットボトルのお茶ではいけないんですか」といった苦情がくる。それを言われると教師は「えっ！」とたじろぐことが多い。しかしペットボトル入りのお茶は，手軽に安く手に入れることのできる時代であり，忙しい家庭にとっては，いちいち水筒にお茶を入れるよりは簡便であると考えるのはあたり前である。教師や学校側として，どう受けとめるかは「一考に値する」提案でもあり，袋（サック）に入れるのならばOKといった方策も可能であろう。

実は，この「指摘・お尋ね」「要望」「苦情」は，客観的に区別する基準はないともいえる。言ってこられる保護者の語調や態度を目の当たりにした，受け手の教師側の捉え方にとって違ってくるといえよう。

これに対して「無理難題要求（関西地方の表現ではイチャモン）」は，まったく質が異なる。それは当事者の努力によっても解決不可能，あるいは理不尽な内容をもつ要求のことである。たとえば「記念写真の場合は，うちの子を常に中央に配置しろ」「Ａくんと仲が悪いから同じクラスにするな。一緒に遊ばせないように見張れ」「遠足の行き先を家族旅行で訪れたことのないところにしろ」といった要求は，集団での学びを基本とする学校現場で，仮に一部分を受け入れることが可能であったにせよ，要求を妥当なものと認めることはできない。

保護者が言ってきた中身が何であれ，それが担任として改善可能で受け入れられるものであれば「要望」であり，ちょっと難しければ「苦情」であり，どう考えても不可能なものは「無理難題（イチャモン）」である。つまり行為や行動を基準として，相手と向き合う姿勢が大事だということだ。無茶な要求は，どんな権力や権威をもった保護者が言おうが，イチャモンであり受け入れられず，正しい要求はどんな保護者が言おうが，受け入れられるべきものである。

５　教師は理屈，保護者は思い——怒りのこぶしの源には？

「教職員は理屈，保護者は思い」——このキーワードは，私が20年前から講演で示してきた言葉である。職業柄からやむをえないものではあるが，学校という組織としての体制や教育活動としての一貫性を保持することが使命でもあり，子どもだけでなく保護者や地域住民などの他者に対して，教職員は「理屈を説いてわかってもらおう」という気持ちが先に立つことが多い。しかし，多くの場合，保護者や地域住民が学校に対して物言う背景には，「親としてわが子を思う気持ち」や「誰かに聞いてもらいたい思い」があるので，いくら理屈を説明しても納得してもらうことは難しいこともある。

いまの多くの保護者は，"理屈で納得"よりも"子どもへの思い"が優先さ

れやすいものである。この違いからズレが生まれることも多い。そうなりやすいことを教師が自覚して「保護者と向き合う」気持ちが芽生えると，適切な距離のとり方や姿勢が身につきやすいように思う。

　教師には「向き合うべき課題」と「聞き流すだけでいい話」そして「適切な距離を保つ必要のある問題」がある。それを見定めるには，まずは話を聴きながら，保護者の「感情や怒りの源」はどこにあるのかを見てとる姿勢が必要である。それによって「踏み込んでいいもの」と「踏み込んではいけないもの」といった関わり方に気づくことにもなる。怒りの拳（表面的に見える要求）だけを見ていると，判断を誤る場合もある。その拳がつながっている部分（保護者としての子育ての不安，学校に対する不信や怒り，あるいは抵抗感や距離感，保護者自身が置かれた家庭・地域・職場での状況など）が，どうなっているかを一歩引いたところで見つめる気持ちをもって欲しい。そうすることで，保護者の本訴（本当に知りたい部分，言いたい部分）が見えはじめ，出口＝トラブル解決の糸口が見つけられることも多い。次に一例をあげよう。

　「年度末の成績評価が間違っているのではないか」と怒りに満ちて，教師の自宅に電話をかけてきた母親がいた。各学期の成績はテストの結果に基づいて行うが，年度末の評価は平常点（生徒がきちんと提出物を出しているか，授業への取り組みの姿勢など）を考慮して行っていた。しかし，この親の子どもは一回も提出物を出していなかった。その経過を教師が何度も説明するが，「ウチの子は優秀なはずです」の一点ばり。剣幕がすごいので，受話器をいくぶんか遠ざけながら話をせざるをえなかった。

　30分ほど話をするなかで，これはちょっと別の思いがあるのではないかと考え，教師は話を別の方向に向けた。「おたくの娘さんは，こんなすごい能力がありましてね。クラスの生徒達をひっぱってリーダーとして活躍してくれたんですよ」と教師が話をすると，電話の向こうは少しずつ涙声になっていく。「ありがとうございます……。成績のつけ方がどうなっているかは，私も知っていました（「なーんだ。最初から知っていたんじゃないか」は教師の心の声）。実は……，娘が家に帰ってきても，なかなか私と話をしてくれなくて，不安で寂し

かったんです」「そうですか，お母さん。でも思春期ですから高校生ともなれば，親子の関係も違ってきますよね。大丈夫ですよ，ちゃんと娘さんは学校でみんなと仲良くやっています」

　最初の勢いはどこへやら，30分後には母親はお礼を言って受話器を置いたという。最初の30分は，ヘリコプター・ペアレントのような行為であるが，後半の30分は，別人のような子どもを思う普通の母親の姿。コミュニケーションがとれなくて不安になる社会——その裏返しのようなかたちで，身近なところに攻撃的に出てしまう傾向が強くなっている。

6　注意！　対応が難しいケースもある

　教師は聞かれた以上は「正解を答えようとする」傾向が高く，実際には答えはないにもかかわらず，一生懸命に「自分が問われている問題だ」と思ってドツボにはまりこんでいるケースが意外に多い。確かに教師のミスや学校の落ち度を責めたてる意味で苦情・クレームを言われる場合もあるが，他方で保護者としての不安や抱えきれないほどの悩みの発露として教師にそれが向けられることも多いことは前述した通りである。

　この10年間ほどの私の実感値である。仮に学校や教師に向けられる苦情・クレームが1000あったとする。そのうちの9割以上は「問い合わせ」「要望」「苦情」の類である。それがこじれて，いわゆる「トラブル」に発展していくケースは100ほどにすぎない。このうちのほとんどは，前述した「怒りの拳の源」がどこにあるのかを探るなかで，多少の時間はかかるが「向き合うなかで」，解決の出口が見つかることが多い（98%）。ただ，保護者対応トラブルの「一気の解決は存在しない」ということも理解しておく必要がある。教師も大人であると同時に，保護者も大人である以上は，納得や認容などができるまでには時間がかかるということだ。解決や解消を急ぎすぎないこと，そして時には自然消滅もあるよ，ということを伝えておきたい。

　ところが極めて稀ではあるが，そう簡単ではなく校長・教頭をしても何とも

表 11-1　対応が困難な保護者とのトラブルのケースの特徴

対応が困難なケースの特徴	推定される背景要因	対応のポイント
① 感情の起伏が激しく、長時間の話し合いを余儀なくされるなど、コミュニケーションの取り方が難しい。	保護者が生きづらさや葛藤など「メンタル面での不安定さ」（精神性疾患や性格の偏りなども含まれる）を抱えている。	適切な接し方と適度な距離（場所、時間、人数の設定）。必要に応じて医療・心理・福祉の専門家との連携を図る。
② 暴行・脅迫などの違法行為や、法外な慰謝料請求など不当要求に発展してしまう。	経済的な困窮や、職場や子育てあるいは家庭周辺でのいらだちが学校に向かう。	毅然とした対応と記録化。明確な違法行為は、弁護士や警察との連携を図る。
③ 話し合いを重ねても、主訴（最も重要な部分）が見えにくく、堂々めぐりの議論となり、解決の出口が見つからない。	そのトラブルがポイントではなく、過去のさまざまなトラウマが背景要因にある（怒りの導火線が、どこかで爆発する）。	目の前のトラブルへの対処ではなく、話を聞きながら怒りの原因を教職員が探る。対立ではなく対話の場を設定。

出典：筆者作成。

ならず、教育活動に支障がでてしまうケースも確かにある。1000のクレームから考えれば2、トラブルに発展した事例からすると100分の2ほどである。これらは事例によってかなりの幅はあるが、普通にミュニケーションをとることが難しく、解決に向けての話し合いが不可能な事態に陥り、単にトラブル（終結しない状態）が長期化するだけでなく、当事者が混迷し疲弊感を高めていく。

そういった「対応が困難な保護者とのトラブルのケース」の特徴を、私は15年前から次の3つに分類してきた。教師の対応のミスもあるが、それとは別に、保護者が、① 生きづらさや葛藤などを抱えることで適切なコミュニケーションが困難となったり、② その要求行動の末に、違法行為や不当要求に発展したり、③ 過去のさまざまなトラウマを引きずっていることで主訴が見えにくく解決の出口が遠のく事例である（表11-1）。

むろんこの表の特徴はあくまでも概括的な整理であり、①と③が、あるいは②と③が重なる事例はいくつもあるし、稀ではあるが①②③が重複する事例もある。そしてこういったパターン分類は、ひとつの傾向や特徴を理解するのには有効なことではあるが、落とし穴も多い。つまり分類できないケースはいくらでもあり、それが表出した時には呆然としてしまう。「ざっと理解する」ための指標のひとつとして捉えておいて欲しい。これらについては、章末のさら

に学びたい人のための図書を参考にするとよい。

7　保護者は怖い!?――向き合うことでつながれる部分がある

みなさんに「怖い」と思わせてばかりではいけないので、最後に展望のある話をしよう。

(1) 15年前の出来事から

　私が「悲鳴をあげる学校の現実」と「時として難しくなる保護者とのトラブル」に関して、全国各地で関係当事者からの聞き取りなどを行い、多方面にわたるデータを収集しはじめていた2003年頃、保護者との関係で苦難の道を歩いていた新人教師・中堅教師・ベテラン教師の3人が5年生集団を担当する小学校におもむいたことがある。

　ある小学校の学年集団（私が調査した段階では6年生）は、小学校入学時の1年生段階から「荒れて」いて、いわゆる授業不成立（一般には学級崩壊現象と形容されている）が何度も続いていた。学年が変わるたびに教師たちはさまざまな苦労と努力をしてきたが、なかなか事態は改善されずに5年生になった。高学年ともなると体力もつくころであり、同時に思春期にさしかかり、さまざまな悩みを抱える頃である。

　この学年集団は80人を切っていたので、法令上は2クラス編制だったが、過去の事情から副担任を含めて3人で受けもち、3クラス編制をとっていくことになる。5月初めの保護者懇談会から、早くも激烈で辛口の「苦情」が呈された。「しんどい学年とわかっていて、どうして教師になりたての新人を担任に据えたのか？」「女の子をもつ親の立場からは、せめて女の先生を1人入れて欲しいのに、3人とも男だなんて……」などなど。事実、この学年の担任集団は50代のベテラン、30代の中堅、そして九州で2年の講師経験を経てこの年に正式採用された若い教師の3人とも男先生であった。

（2）子どものトラブルが保護者間トラブルに

　案の定，5年生に入って，子どもたちの状況は厳しく，時としてさまざまな事件が起こり，担任集団に対する「苦情」は連日のように続いた。3人の教師は，土曜日であろうが日曜日であろうが平日の夜であろうが，そのたびごとに保護者集会を開催し，また出席者が少なかろうとなんであろうと，事態の説明と対応に対する理解を繰り返し求め続けた。

　しかし「なんて甘っちょろい対応をしとるんや。子どもの1人や2人バシッとしつけんかい！」とか「イジメた児童に寛大すぎるんやないか。私たちはもう4年半近くも毎日おびえながら暮らしてきてるんや。今日は骨でも折られへんか，殴られへんか，と気が気やないんやで。そんな気持ちをわかって学校は対応しとるんか！」と罵声を浴びせられることが多かったという。

　それでも3人の担任団は，ほんとに喉まで出かかり，キレそうになる感情を抑えながら「4年間にわたって，時としてバシッとやってきた結果がこのざまではないのか，子どもたちの本音に寄り添うなかで，まともに生きていく隘路を見つけるしかないんや。どうかこの学年を指導していく方針をわかって欲しい」ということを，ふるえるようにして保護者たちに訴え続けたということだった。そういったなかで秋口に入る頃からちょっとした"変化"が現れてくる。子どもたちの間に，ギスギスした感情のぶつかり合いが少しずつ減り始めた。当然，事件も少なくなっていく。

　実はその背景には，もう一方で校長と教頭が，問題（荒れの中心になっている子どもたち）の保護者の方たちと，結びつく努力を重ねていたことがある。それまでは事件があると「どうしてウチの子がやったと言えるんですか？」とか「私，その昔は"レディース"（女性暴走族）だったのよ」などと学校にねじ込みにくることも多く，「教師の言うことなんか聞かんでええ」と，自分の子どもにも堂々と言っていた保護者がいた。そういった保護者の安定しない家庭や生活の状況に対する"共感の場"と"子育て不安の支え"として，校長・教頭が中心となって，時には3人の担任を加えて，月に1回のペースで「今日は〇〇さんの誕生会や」という名目で飲み会を開催していた。「親も子も苦しい状

況の支え」という思いから,地道な取り組みを続けていたとのことだった。子どもの安定には,保護者の安心感と家庭での安らぎが必要だという,ごくあたり前のことでもあるが,実はそこまで立ち入ることは並大抵のことではなかったといえる。

(3) やがて変化が生まれた

　5年生の11月に開かれた保護者集会がひとつの転機になっていく。いわゆる"しんどい子どもたち"の親は,それまでは保護者集会に来なかったが,この日久しぶりに来たことによって,それまで4年以上にわたって溜まりに溜まっていたその他の保護者たちの不満が「爆発」した。ウップンをはらすかのようになったこの集会で,渦中の親たちは「キレることなく」数年間にわたるわが子の行状を,はじめて「詫びて」回ったとのことである。その後は,子どもたちも保護者の間も,見違えるほどの大きな変化が起きていったという。

　私は,学年集団が6年生になった2学期の末に,3名の教師にインタビューをさせてもらい,卒業間際の3月5日には学年での取り組みである「お誕生会」(6月,9月,12月,3月に,その3カ月間に誕生日を迎えた子どもたちを祝う)に出席させてもらった。体育館で,約15人の子どもたちがクラスのみんなと保護者の人たちと対面するかたちでお誕生会は始まったが,本人1人1人による「12歳の決意」の発表,それを受けての保護者の「お祝いの言葉」(来れない保護者は手紙を託し担任が代読)には,切々たる思いが綴られており,私自身がもらい泣きをするほどであった。その後の,3クラスごとの器楽演奏は,誰もが主役になりうる楽器を使っての演奏だったが,多くの小学校の見学をしてきて,あれほど"素晴らしい"演奏を聴いたのは初めてであった。

　その後の保護者懇談会にも同席させてもらったが,誰一人予定の時間を過ぎても席を立とうとせず,口々に「本当に,この学年でよかった」と嗚咽しながら,時には「ゴメンなさい。涙が止まらないんで」とハンカチで目頭を押さえながら,数10秒黙った後に話を続ける保護者が相次いだ。「あの時には先生たちを罵倒してしまいましたが,ごめんなさい」「本当に先生方のおかげです」

と。2年前には想像もつかない光景が、目の前に展開されていく。「学校はふがいない」と言われ、さまざまなかたちで「要求」や「イチャモン」を突きつけられ、また他方では別の角度から「なめるんじゃないわよ」と突き放され続けてきた3名の教師と校長・教頭たちは、「ほんまに、あの頃はしんどかったですわ」と笑いながら応答していた。

　このとき最も若かった教師は、いまは教職員組合の書記長となり、「すっかりご無沙汰しています」と、数年ぶりに私の研究室に電話をかけてきた。「保護者との関係づくり」そして「保護者対応で教師が気をつけること」について「先生の学校」で講演をして欲しいとの依頼だった。

　彼に最初に会った際には、ただでさえ荒波の多い関西の学校で、これから本当に教師を生業にしていけるのかどうか、落ち着いた環境の学校が多い郷里に戻ったほうがいいのではないかと思うほど、いかにも自信がなさそうな青年だった。しかしその後に教師仲間にも恵まれ、この地で結婚し子どもも3人となり、他の教職員の悩み相談にも乗るなど頼りがいのあるリーダーとして、彼は私の前に現れた。苦難の連続だった日々の出来事が、たくましく成長させたのだろう。

8 「40分の1」と「1分の1」の違い

　今の時代の保護者は、いわゆる「ママ友」を通して多数の保護者ともつながっているように見えながら、実は不安や不満をいくつも抱えている。生計を立てていくための多忙の中でのいらだちもあれば、あおられる競争意識のなかで、わが子だけは損をしないで欲しいという「自子中心主義」に陥りやすいこともあるだろう。あれこれの誘惑や情報が氾濫する時代のなかで、家庭の中で見えるわが子の姿が本当の姿かどうかが不安だし、わが子が抜きんでているかよりは、平均値の中にいるかどうか、本当は担任の先生にいろいろ確かめたいことが多いと思っている。しかしそれが素直には出しにくい社会でもあり、ついつい「どうなっているんですか？」というきつい一言が口をついて出やすくなるのだ。

　他方で教師の側も、保護者からの「問い合わせ」のような質問があっただけ

で，それを「クレーム」と身構える傾向が強くなっている。ただ保護者には，それほどの非難や苦情の意図はないにもかかわらず，逆に教師の側が過剰に防衛してしまい，思考停止することが確かに増えつつある。

しかし，対等にものがいえる，いまの時代を大切にしたいと思う。かつては「子どもや保護者は，学校の決めたことに従って当然だ」という上から目線の強圧的な姿勢が色濃く存在していた。保護者が理不尽なことを言うのではなく，学校側が一方的に理不尽な内容を押しつけてきた部分も多くあった。もの申すこと自体が上から押さえつけられていた過去の状況を反省し，謙虚に互いが「胸につかえていること」「子どものために願っていること」を語り合える時代が，今なのだ。

おそらく両者の思いのズレは「40分の1」と「1分の1」の違いにあるように感じる。保護者は，学校を見る場合「わが子」を通して見ている。他方で教師は，どうしても40人という学級，30人というクラスの集団の中でいきづくその子を見ている。つまり視点の違いがあり，そこからズレは生まれやすい。子どもというのは，いつも同じ姿を誰の前でも見せているわけではない。家庭で見せる姿と学校での様子が違うのはあたり前だし，学習塾やスポーツクラブでの立ち振る舞いも，すべて違うのだ。

9　教師になることを目指したこころざしを胸に

だからこそ，保護者と教師は「語り合う」意味がある。前述のしんどい2年間を受けもった3名の教師も，学校で起きたことは学校の責任と腹をくくりながら，それでも子どもたちが学校や教室でどのような状態であるかという事実だけは，きちんと保護者たちに伝えていかなければと「向き合い」続けた。そして互いに見えたことの違いを意見交流したり，等身大のその子の姿，その子の訴えたいものは何だったのかを確認したりするなかで，初めて「子どものために手をつなぎあえる保護者と教師」ということになっていったように思う。

　——ではそういう教師になるためにはどうしたらよいか。

スマホばっかりいじっていないで，また雑誌やハウツー本ばかり読まずに，専門書や優れた小説などの文学作品を買って読むことをおすすめする。それが，<u>思考や理解を深くしていくことにつながり</u>，<u>自分と他者との違いを想像できる</u>ようになることであり，そのミゾを埋め対立を少しずつ小さくしていく基盤力になる。平易なもの，安直なものに流れていくと退化が始まる。いや，すでにそうなっているからこそ，保護者対応トラブルで，その解決策を求めて，私を第一人者として賞賛するという異常な状態が20年も続いているのだ。解決の本質は，教師自らが対応力を高めようとする姿勢をもっているかにある。
　対応が難しい子どもは，あなたのクラスにもいるはず，同じように同僚教師にもいる（笑）はず。だから難しい保護者だっている，のはあたりまえなのだ。必ず直面することになる保護者対応トラブルから逃げずに，その方の背後には何があるのかを探ることで，問題解決のプロセスに入れるし，適切な距離感をとり適度な対応ができるようになり，そして自らが精神的にも肉体的にも消耗していくことを防ぐことができるだろう。
　数年前まで大阪大学のコミュニケーションデザイン・センター教授を務めた劇作家・演出家の平田オリザは『わかりあえないことから──コミュニケーション能力とは何か』(2012)を著している。「みんなちがって，みんないい」ではなく「みんなちがって，たいへん」という成熟型社会では，多様性こそが力になる。この新しい時代には「バラバラな人間が，価値観はバラバラなままで，どうにかしてうまくやっていく能力」が求められているという。
　平田は，もともと価値観や文化が違う者どうしの「異文化理解能力」が，現在求められるコミュニケーション力だという。そして対話的な精神とは「異なる価値観をもった人と出会うことで，自分の意見が変わっていくことを潔しとする態度であり，さらに異なる価値観をもった人と出会って議論を重ねたことに喜びさえ見出す態度」と述べている。「価値観や<u>生活習慣</u>なども近い親しい者どうしのおしゃべり」である「会話」は，若い教師はいくらでもしている。だが若い教師と経験ある保護者は，元々から異文化なのだ。加えていえば，子どもと教師も異文化理解である。

「会話」はあるが「対話」がないことが，保護者対応を「自分でより難しくしている元凶のひとつ」かもしれない。もう一度くり返すと，「スマホいじるな，難しい本を読め！」である。

10　対話をしよう

　若い教師に対して，時として保護者の方から「あんたは，結婚したことも，子どもを生んだこともないから，わからないでしょう」という言葉を投げつけられることがある。それを受けとめる教師はたじろぎ，返す言葉を失う。しかし，このように保護者が言うのはあたり前なのだ。大事なことは，その言葉のトゲトゲしさや，表面的な物言いに惑わされずに，その人が何を言いたいのかということを読み取る気持ちが，学校や教師の側にあるかどうか，だ。

　さみしさや怒りが，言いやすいモノに向かうことはいくらでもある。しかし，言葉のきつさやトゲトゲしさとは裏腹に「何とかしたい」という思いの表れであることが多いのだ。若い教師に向かってのきつい先制パンチのようなものも「子どもを育てている私たち（親）の不安や悩みもわかってちょうだいね」という意味での軽いジャブだと思って，次に進む言葉を探して応対することが大事なのだ。「そうです。私もまだ若くて経験がなくてすいません。でも，お宅のお子さんのことを一緒に考えていきたいと思いますから，よろしくね」と言えば，次のステージに進める。

　若い教師が子育て経験がないのはあたり前である。だからといって，それをしないと教師がつとまらないということはありえない。「子どもをもつ親（保護者）の立場がわかるようになれ」というのは無理な話である。しかし教師という立場をいったん傍らに置いて，冷静に「親としてはどんな気持ちなのだろうか」と推し量ることは，若い教師でも十分に可能だと思う。

　保護者と教師は敵ではない——この当たり前のことが，素直に受け入れにくくなってきている現実のなかで，それでも若い教師たちには「教師になることを目指したこころざし」を大切にして欲しいと思う。あわてなくていい，あせ

らなくていい，誰もが新米の時期があった。少しずつよい先生へと成長していくためのほろ苦い経験として，保護者との「対話」を楽しめばよい。みずみずしさ，ういういしさは何物にも代えがたい宝物だから。

引用・参考文献
小野田正利（2005）「学校へのイチャモンの急増と保護者対応の現状──関西地区の試行的アンケートから見えるもの（2005年6月5日，日本教育経営学会第45回大会発表）」『教育アンケート年鑑　2005（下）』創育社，179〜189頁．
小野田正利（2013）『普通の教師が普通に生きる学校──モンスター・ペアレント論を超えて』時事通信社．
小野田正利（2015）『それでも親はモンスターじゃない！──保護者との向き合い方は新たなステージへ』学事出版．
多賀幹子（2008）『親たちの暴走──日米英のモンスターペアレント』朝日新書．
平田オリザ（2012）『わかりあえないことから──コミュニケーション能力とは何か』講談社現代新書．

学習の課題

(1) 保護者対応は，なぜ教師の果たすべき任務といえるのか考えよう。
(2) 保護者のトゲトゲしい物言いの裏にあるものを教師が見出すために，教師に必要な心構えとは何か考えてみよう。
(3) 対応が極めて難しいトラブルに遭遇した時には，どうしたらよいだろうか。

【さらに学びたい人のための図書】
小野田正利（2013）『普通の教師が普通に生きる学校──モンスター・ペアレント論を超えて』時事通信社．
　　⇨保護者との「向き合い方」の教師の基本姿勢を具体的にアドバイス。
小林正幸監修，早川惠子編（2015）『保護者とつながる教師のコミュニケーション術』東洋館出版社．
　　⇨保護者と思いを共有し，子どものために協力する関係づくりを伝授。
楠　凡之（2008）『「気になる保護者」とつながる援助──「対立」から「共同」へ』かもがわ出版．
　　⇨保護者の背後にある"生きづらさ"を深く捉えることに役立つ。

（小野田正利）

第12章 教育相談の担い手である教師が子どもを支える仕組み

この章で学ぶこと

教師の子ども支援は，子どもの援助ニーズを汲み取り，教育相談の手法を用い，子どもを支えていく。しかし，深刻な子どもを支えるには教師の心理的な余裕が欠かせない。子どもが出会う課題は複雑で，教師1人の努力だけでは解決できないことが多い。そのためにこれからの教師は，他の教職員，専門職と連携しながら課題の解決にあたることが必要である。しかし，教師は自分の学級や生徒指導上の課題を他の教師に対し助けを求めることが難しい。教師がなぜ助けをもとめることが難しいのか，またそのために何をしたらよいのかについて解説する。教育相談を担う教師がどのように他の教師や他の専門家と連携しながら，校内で活動していけばよいのかについて解説する。

1 チーム学校時代の教師の役割

子どもが直面する課題が複雑になっている。貧困（阿部, 2012），虐待（岡本・中山, 2017）など子どもを支える環境が変わってきた。こうした子どもを取り巻く状況の変化は，子どもに影響する。そしてその影響は学校教育現場でかたちとなって教師の前に立ちはだかることが多い。次の仮想事例をもとに考えてみよう。

> **【小学校5年生のA君とその担任のB先生】**
> 小学校5年生のA君は，とても明るく，活発な子どもだ。しかし，1年ほど前から表情が暗くなりA君らしい活発な様子は陰を潜めている。そして，2学期の運動会終了後，遅刻や欠席が多くなってきた。10月は，朝か

ら登校できたのは2日間だけだ。遅刻の場合は，10時頃登校する。担任のB先生がA君本人に尋ねるも明るく「寝坊しただけ！」という。B先生は心配して，A君にさまざまなことを尋ねるのだが，A君はなぜか，多くは語らない。そればかりか，好きなサッカーチームやカードゲームの話を一方的にするのである。B先生には，A君が何か隠しているように思えてしまう…

B先生は何度もA君の自宅の固定電話に連絡した。しかしつながらない。A君が帰宅している時間にかけても電話は鳴りっぱなしである。B先生は，見かねて保護者から届けが出ている父親の携帯電話に電話をした。父親は「今，長期出張で地方に来ています。子育てのことは，母親に任せてあります。Aが遅刻しているのは問題かもしれませんが，学校に行っているならそれでよいと思う。家には母親がいますから連絡してください」と言って一方的に電話を切られてしまった。

その後，B先生はA君の自宅に電話するのだが，家の電話がつながらない。B先生は今年3年目の先生だ。教師としての生活のペースはつかめたが，遅刻を繰り返すA君のような子どもの担任は初めてで，どうしたらよいか，途方に暮れてしまっている。

教師は学級という社会に関わっている。学級は毎日同じ時間に同じメンバーが集まる。その意味で，この事例のように1カ月以上，ほぼ毎日欠席するということは，奇異な状況として教師の眼に映る。「何かあったのか」と教師は心配する。遅刻を繰り返すA君。そしてなかなか連絡の取れない保護者。子育てについては母親に任せきりの父親。

読者はこの事例についてどう考えるのだろうか。さまざまな問題が立ちあがる学校現場では，学校生活において課題を抱える子どもや保護者が教師に「助けてください」と悩みを相談することはあまり多くない。その意味で子どもや保護者に「いつでも相談に乗るので困ったときに相談してください」と言うだけでは，現実の子どもの課題は解決しない。この事例であれば，A君がどのよ

うな援助ニーズをもっているのか，1カ月近く遅刻を繰り返すという状況から仮説を立て，その仮説に基づきさまざまな援助を提供していくことが必要だ。

A君にどう対応したらA君は遅刻せずに登校することが可能であろうか。また，A君ではなく，A君を支える家庭や保護者自身に課題がある可能性も否定できない。しかし，いたずらに「保護者が悪い」といったところで問題は解決しない。それどころか，家庭との信頼関係が切れてしまう可能性すらある。A君とB先生の信頼関係も保ちたい。またA君は虐待の被害者という可能性も捨てきれない。食事や風呂といった最低限の生活のケアを受けていないかも知れない。さらに，母親が病気になっている可能性や背景に貧困からくる生活の苦しさがあるかも知れない。

A君は遅刻や欠席が続いても困っていない。電話を切った父親，連絡がなかなか取れない母親も学校に相談する気配はない。「チーム学校」の概念が文部科学省から提唱され（文部科学省 中央教育審議会，2015），教師は，子どもの心理面を支えるスクールカウンセラー（以降，SCと言う），福祉面を支えるスクールソーシャルワーカー（以降，SSWと言う）などの対人援助の専門家と連携する重要性が指摘されている。しかし，この事例の場合，困っているのはB先生である。学校現場の多くの教師はA君のような子どもを迎えに行ったり，家庭訪問をしたりさまざまな支援をしている。

しかし，教師は，30名以上の子どもとの人間関係をつくり，学級集団をつくり，それを土台に授業を実践し，そして，A君のように援助ニーズの高い子どもにも関わる（水野，2017b）。集団づくりと個別支援を同時にするという極めて専門性の高いことをするのが教師である。

そこには教師としてのやりがいがある。しかしやりがいは，裏からみれば責任の重さとも取れる。深刻な個別支援に関わることは時間的なエネルギーのみならず，感情をも疲労させるのである。事実，矢部・東條（2011）は中学校教員用感情労働尺度を開発し，家庭の貧困によって劣悪な教育環境に置かれた児童生徒のへの対応が教師自身の感情を疲弊させてそれがバーンアウトにつながる可能性を指摘している。A君のようなニーズの高い子どもを援助するために

は，教師自身が余裕をもって対応する必要があるのである。

では，教師が学級を経営しながら，さらに集団づくりをしながら同時にA君のような子どもを支えるにはどうしたらよいのか。1人で頑張らずに周囲の先生とチームで子どもを支える以外に方法はない。本章では，こうした役割を担う教師がどのように効果的に子どもを援助できるのかをチーム学校の考え方を核にしながら述べる。

2　チームによる子どもの援助

(1) コア援助チームによる子どもの援助

A君のような子どもは，チームで支えることが大事である。学校内にはさまざまな役割を担う教師がいる。生徒指導（生活指導）担当教師，特別支援教育コーディネーターなどが配置されている。またA君が健康課題をもっているかもしれない。その場合は養護教諭によるアセスメント（査定）も重要な視点となる。B先生は校内にどのような援助資源があるのかを知り，それらとうまく連携していく必要がある。

チーム学校答申が出される10年以上前からチームで子どもを支えることを提案してきた学問領域がある。学校心理学である。学校心理学は石隈（1999）より提唱された。そしてそれから20年近くにわたり，日本全国で子どもを支える仕組みが研究されてきた。チームで子どもを支える仕組みが援助チームである。田村（2001）は，援助チームとは，「援助ニーズの大きい子どもの学習面，心理・社会面，進路面，健康面における問題状況の解決をめざす複数の専門家と保護者によるチーム」であると説明する。その最も基本的な形を「コア援助チーム」という（石隈・田村，2003）。図12-1はそのイメージである。田村（2013）は援助チームの機能を，①複数の専門家で多面的にアセスメントを行い，②共通の援助方針のもとに，③異なった役割を担いつつ，④相互に補いながら援助を進めることと説明している。

そして田村らの援助チームは，保護者を援助の単なる対象者とするのではな

く，援助チームの一員として位置づける。保護者を，教師とともに子どもを援助するパートナーとして位置づけるのである。田村・石隈（2007）は，わが子の不登校に悩む母親が教師にとって援助のパートナーとなり，子どもを援助する役割を担うプロセスを詳細に記述している。

現実にはA君の事例のように保護者との連携が難しい場合が多い。その場合は，保護者をチームに取り込むことで大きな摩擦が起きて問題解決が遠のく可能性す

図12-1　コア援助チーム

注：コーディネーターは，スクールカウンセラーや特別支援教育コーディネーターなどを意味する。

出典：石隈・田村（2003）。

らある。別の連携のかたちを模索することが大事である。その形式が表12-1に掲載した「コア援助チーム」「拡大援助チーム」「ネットワーク型援助チーム」である（田村，2013）。「コア援助チーム」は問題状況に応じてつくられる子どもの支援隊である。そして，「拡大援助チーム」は，校内の援助資源を必要に応じて組織していく。「ネットワーク型援助チーム」には，校外の外部機関やPTA，ボランティアなどが加わる。A君の場合は，表12-1の「拡大援助チーム」が模索された。

表12-1　援助チームの分類（規模別）

コア援助チーム	問題状況に応じてつくられる支援隊であり，保護者，学級担任，SCや特別支援コーディネーターが直接的に子どもの援助を主導する。
拡大援助チーム	コア援助チームをベースに子どもにとって必要な校内の援助資源（学年主任，教育相談担当，養護教諭）に参加を依頼し，作戦会議を定期的に持ちながら援助していく。コア援助チームに4，5人を加えた8名程度を目安としている。
ネットワーク型援助チーム	拡大援助チームが保有するネットワークを通じて，広く援助を要請する形態。外部機関やPTA，ボランティアの援助など，様々な援助資源が関わる。コーディネーターが他の援助者と連絡，調整役を担う。コーディネーターは，1人～複数存在する。

出典：田村（2013）。

（2） A君に対する援助チーム

　教師3年目にして初めてA君のような子どもを担任したB先生は戸惑いながらも周囲の先生にA君のことを相談し，対応を考えていった。そして，B先生は学年の先生や生徒指導の担当の先生とチームを組み，常時，情報交換するようになった。生徒指導担当の先生が懸念したのは，A君が虐待の被害にあっている可能性である。A君は何らかの適切な生活ケアを受けていない可能性がある。ネグレクトである。B先生は，管理職とも相談しながらA君を注意深く観察した。A君の健康状態の確認は養護教諭にお願いした。B先生は，A君の学級での様子，衣服や表情，給食の食べ方など細かくチームの先生方に報告した。また，管理職の発案で，市の拠点小学校に週1回配置されている福祉の専門家であるSSWにも相談することにした。

　A君に対する援助チームは，日常的には生徒指導担当，担任のB先生，学年主任，養護教諭が連携し，短時間であるが毎日，A君の遅刻や登校の状況，生活や学校での様子，衣服の汚れや体調などを確認していった。そして，2，3日に1回，生徒指導担当から管理職に状況が報告された。またSSWは，教頭から，週に1回，電話で報告を受けた。

　このようなことがしばらく続いた後，11月はA君の登校は少し改善され，週3日，月曜日，水曜日，金曜日は朝から登校できるようになった。月曜日，水曜日，金曜日は市で行われる綱引き大会の選抜チームの朝の練習がある。運動神経抜群のA君は5年生の選抜チームのメンバーに選ばれたのである。

　しかし，綱引き大会終了後12月になると遅刻が多くなった。その後，A君の母親が体調を崩し朝起きられない状況であることが，A君の弟が通園する幼稚園の先生から学校に連絡があった。そこで小学校では幼稚園の担任とも情報交換をしていき，SSWのみならず中学校校区に配置されているSCとも連絡をしながら，母親をどう支援していけるのかについて話し合った（図12-2）。まず，小学校の2学期末に行われる担任と保護者の懇談に母親が来やすいように話し合った。母親からの連絡も辛抱強く待ち，面談の日程を決定した。そして，担任は学年主任と一緒に母親と懇談し，A君の遅刻の状況について母親と直接

第12章 教育相談の担い手である教師が子どもを支える仕組み

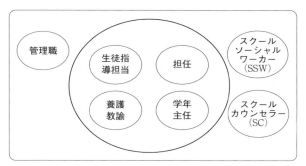

図12-2　A君に対する援助チーム
出典：筆者作成。

話をする機会がもてた。学校側は、母親を責めたり質問攻めにしないように細心の注意を払い、A君が、綱引き大会で活躍したこと、学校の友達に慕われていること、低学年の子どもに優しいことを伝えた。そして、遅刻が多いことについて、B先生は「心配している」と伝えた。母親は体調の関係で朝起きることが難しいことを素直に話してくれた。そこで、学校側はあらかじめ準備していた、中学校に配置されているSCの面接予約を取り付け、中学校のSCが小学校で母親に面会することとなった。

3学期になってもA君の遅刻はあまり改善しなかったが、母親がSCとつながり、SCとの面会を続けていること、SCもチームに入り、担任や保護者とも連携できていった。その結果、虐待の疑いはなく、むしろ母親の体調が遅刻の背景にあることが理解できたことや、A君は行事があると自分で起きて登校できることが明らかになった。また、その後のA君との話し合いで、家では幼稚園児の弟の世話をしており、母親が起きるのを待って、弟が登園する時間に合わせて登校している事実も判明した。こうしたA君の素晴らしい点も認めつつ、A君の学級での居場所の確保、役割などを充実させて、A君が「学校に行きたい」と思える日を増やしていることが大事であることが確認された。3学期になると、父親が長期出張から帰ってきたこともあり、遅刻はまだするものの、欠席はなくなり、朝から登校できる日が週に4日ほどになってきた。

197

3　教師の連携を疎外するもの——なぜ連携がうまくいかないのか

（１）教師の被援助志向性

　現実の学校場面において連携はそれほど簡単ではない。連携がうまくいかない理由として教師の多忙化があげられる。教師が多忙であればあるほど，連携してじっくり子どもの状況を解決する時間的，心理的な余裕はない。教師に限らずカウンセラーでもそうであるが，深刻な事例を分析したり，深刻な事例に関わることは援助者のエネルギーを奪う。感情が疲弊し，話を聴くことすらできない状況に陥ることもある。であるので，まずは教師の多忙化を防ぐことが大事である。そのための具体的な取り組みも始まってきている（文部科学省，2016）。

　加えて，教師の助けを求めるときの意識が関係していると筆者は考えている。たとえばA君が遅刻して困っていることはB先生がその状況を開示し，連携につなげていく必要がある。困っていることをどのように他者に相談するかの意識は被援助志向性と呼ばれている（水野，2017a）。教師の被援助志向性とは，教師が他の教師にどの程度助けを求めたいのかを意味する。

　田村・石隈（2001）は155名の中学校教師を対象に教師の被援助志向性尺度を開発している。この尺度は，「困っていることを解決するために，他者からの助言や援助が欲しい」「自分が困っているときは，話を聞いてくれる人が欲しい」などの7項目からなる〈援助の欲求と態度〉，「自分は，人に相談したり援助を求めるとき，いつも心苦しさを感じる（逆転項目）」「他人から助言や援助を受けることに抵抗がある（逆転項目）」などの4項目からなる〈援助の関係の抵抗感の低さ〉がある。そして，被援助志向性が低い教師はバーンアウト傾向が高いという結果を見出している。同様の傾向は，貝川（2011）の小学校の教師151名を対象の調査でも確認されている。田村・石隈（2002）は214名の中学校教師に対する調査から，41歳以下の男性教師の場合には，自尊感情が低い教師ほど被援助志向性が低いが，41歳以上の女性教師は，自尊感情が高い教師

ほど，被援助志向性が低いことを示している。なぜこのような傾向が確認されるのだろうか。

被援助志向性が低い教師は，子どもや学級のさまざまな課題をほかの教師に相談しないので，バーンアウトする可能性が高い。つまり，子どもの支援がうまくいかないと教師自身のメンタルヘルスに悪影響を及ぼす可能性すらあるのである。

これは仮説の域を出ないが，学校において，教師が助けを求めるのはあまり肯定的に捉えられていないような感想を筆者はもっている。筆者は教員養成課程に勤務しているので多くのゼミ学生が小学校，中学校，高等学校の教師として活躍している。卒業論文を指導した学生だけでも，50名近い学生が教壇に立っている。こうした卒業生と時折話していて思うのだが，教師はひとりで学級を切り盛りして，授業を組み立て，指導が難しい子どもに対しても，独立してひとりで切り盛りできるように育成されるように感じている。

また田村・石隈（2002）の調査でも指摘されているように教師の自尊心と被援助志向性には関連があるのであれば，教師の自尊心を脅かすような問題行動や学級崩壊に接した教師ほど助けを求められない状況に陥る可能性を想像するのに難しくない。

このように考えると，教師が連携して子どもを支援するためには，教師自身が助けられ上手となり，周囲と連携しながら子どもを支援していく必要がある。どのようにしたら教師の被援助志向性を高め，教師が連携しながら子どもを支援することができるのだろうか。ひとつは，チームで子どもを支えることをシステムとして導入することである。小坂・朝日（2012）は，チームによる援助を導入したことで，援助を求めることに対して抵抗感をもつ教師が抵抗感を低め，より支援を求めやすくなることを報告している。また，田村（2012，2016）は，大学生を対象に不登校やいじめ被害に悩む子どものケース分析を行い，授業前と授業後で，被援助志向性得点の改善を報告している。水野（2014）は，小学校・中学校教師29名のリソース発見研修（「事例を分析する視点を養う」「事例の捉え直し・例外探し」「子どもを叱る基準の明確化」）についての研修（梅川，

2011) の効果を検証している。研修前と研修後での被援助志向性得点は望ましい方向に改善したが，1カ月後の時点ではその効果は持続しなかったと報告している。

　水野 (2014) の実践の効果はなぜ，1カ月後の時点では持続しなかったのか。さまざまな要因が考えられるが，筆者は，学校の教師どうしの雰囲気が関係していると考えている。筆者は，学校におけるケース会議や緊急支援，カウセリング，教育実習で学校現場を訪れるが，雰囲気のよい学校とそうではない学校がある。雰囲気のよい学校はいつまでもそこにいたいと思うし，雰囲気の悪い学校は早く帰りたいと思う。水野ら (2011) は，地方都市Ａ市の251名の小学校と中学校の教師を対象にチームで連携を組むことに対する不安や期待感に関連要因を抽出するために調査を実施した。その結果，〈協働的職場風土〉，〈教師の被援助志向性〉がチーム援助に対する期待感に影響を示していた。〈協働的職場風土〉は，「教師一人ひとりの意欲が大切にされており，各自の個性を尊重し，発揮し合う形でよくまとまっている職場である」や「教育実践や校務分掌に関する教師間の多様な意見を受け入れてみんなで腹を割って議論できる雰囲気である」といった項目からなる。

　この結果は，職場を協働的雰囲気にすることと教師の被援助志向性を高めることがチーム援助を学校に定着させるために重要であることを示している。

(2) チームでの援助が定着するためには

　しかし，教師が被援助志向性を高めそして，学校現場が協働的雰囲気に恵まれ，校内にいくつもの援助チームが生まれても子どもの支援がうまくいかないことがある。

　筆者は，多くの学校現場で不登校やいじめ被害に悩む子どもの支援の仕方について話し合うケース会議に招かれることが多い。その時に現場の教師から必ずでる言葉が「他の子どもにどう説明したらよいのか」である。たとえば，冒頭の事例のＡ君が，さまざまな要因から，教室に居づらくなったとする。Ａ君が教室以外で落ち着ける場所を用意することがＡ君に対する援助になる可能性

がある。A君を支える援助チームには養護教諭も参加しているので、教室以外の居場所として保健室が提案されたとしよう。A君はしんどい状況になると、B先生の許可を取り、校舎の一階にある保健室に下りていくのである。しかし、教室の他の児童から「先生、なんでA君はすぐに保健室で休めるのですか。A君だけずるい。僕も休みたい」という意見が出たらどうなるのか？ A君が抱える生活環境のしんどい状況は守秘義務が発生する。「A君は家庭の状況がしんどいから、保健室で休めるのです」と教室で他の子どもには言えないのである。

　B先生やB先生を中心とした援助チームは、A君の援助案が他の子どもにどのような影響を及ぼすか考慮に入れ、援助案を考える必要がある。もしA君が保健室で休むとしたら、A君自身、保護者とも連携しながら休む理由を他の子どもにどう説明するのか検討する必要がある。また保健室はA君だけのものではない。体調の優れない児童を優先しなければならない。援助ニーズのあるほかの子どもが保健室を利用している可能性もある。

　校内に複数の援助チームが設置されたら複数の援助チームの援助方針や子どもの状況を校内ですり合わせする必要がある。教職員どうしで子どもへの配慮や援助をすり合わせていく活動であり、これを提唱したのが、家近・石隈 (2003) の「コーディネーション委員会」の考え方である。これは、問題行動が頻発する学校への援助の実践から提案されたものである（図12-3）。

　コーディネーション委員会は、①コンサルテーションおよび相互コンサルテーション機能、②学年、学校レベルの連絡・調整機能、③個別のチーム援助の促進機能、④マネジメントの促進機能の４つの機能があるとしている。コンサルテーションとは、教師どうし、SCやSSWが教師に対して、どのように子どもに対応したらよいかについて一緒に考え、アドバイスをすることを意味する。相互コンサルテーションとは、異なる役割の教師（たとえば担任と特別支援コーディネーター）やSCと教師がお互いの専門性を尊重しながら、援助案を考えることを意味する。コーディネーション委員会によるコーディネートがなければ、学校での援助は促進されない。コーディネーションは学校におけ

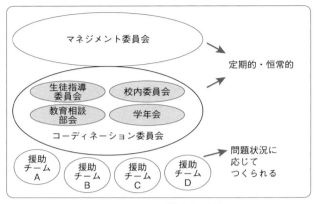

図12-3　子どもを援助する仕組み
出典：家近・石隈（2003），山口（2012）をもとに筆者作成。

る生徒指導委員会，教育相談部会，校内委員会，学年会などで行う。こうした委員会は校内に常設されており，定期的に開催される。

　コーディネーション委員会は，学校のマネジメントの促進という側面がある。子どもを援助するとき，学校全体の運営を考慮に入れる必要がある。子どもの援助を学校全体で調整することを山口（2012）は「マネジメント委員会」という概念でまとめている。山口（2012）は，中学校の教師のなかでの主任層といわれる主幹，教務主任，学年主任，生徒指導主事，保健主事，進路指導主事の392名の教師を対象に調査を行い，マネジメント委員会機能がどのようにチーム援助体制を媒介し，チーム援助行動に導くのかについて分析している。「情報共有・問題解決」「教育活動の評価と見直し」「校長の意思の共有」からなる〈マネジメント委員会の機能〉は，「学年会・委員会の活用体制」「保健室・相談室の活用体制」「学年会・委員会の会議の運営」からなる〈チーム援助体制〉を経て，「援助チームへの積極的関与」「援助チームの役割遂行」からなる〈チーム援助行動尺度〉に影響を与えていた。

　つまり援助ニーズの高い子どもの「情報共有・問題解決」「教育活動の評価と見直し」「校長の意思の共有」からなる〈マネジメント委員会の機能〉がチーム援助には重要であることを確認した。このように，援助ニーズの高い子

どもを援助するためには個別の援助チームを充実させるだけではなく，学校全体で子どもを支える仕組みづくりが重要である。このために具体的な仕組みがコーディネーション委員会，マネジメント委員会である。

4 チームで子どもを支えるためには

本章では，教師が子どもを効果的に支援するためには，教師の被援助志向性を高めると同時に学校現場に協働的職場雰囲気を醸成することが大事であることを指摘した。さらに，子どもを支える援助チームの立ち上げのみならず，各援助チームで実施されている援助実践を上手に校内でコーディネートしていることが必要であること，そしてこれを学校経営レベルまでに高めていくことが必要であることを指摘した。チーム学校時代の教師は，ひとりで子どもを支えるのではなく，チームで，そして学校全体で子どもを支える仕組みづくりが大事である。

引用・参考文献

阿部 彩（2012）「『豊かさ』と『貧しさ』――相対的貧困の子ども」『発達心理学研究』第23巻4号，362〜374頁．

家近早苗・石隈利紀（2003）「中学校における援助サービスのコーディネーション委員会に関する研究――A中学校の実践をとおして」『教育心理学研究』第51巻2号，230〜238頁．

家近早苗・石隈利紀（2011）「心理教育的援助サービスを支えるコーディネーション委員会の機能尺度（中学生版）の開発――学校全体の援助サービスの向上をめざして」『学校心理学研究』第11巻，57〜68頁．

石隈利紀（1999）『学校心理学――教師・スクールカウンセラー・保護者のチームによる心理教育的援助サービス』誠信書房．

石隈利紀（2016）「『チーム学校』における心理教育的援助サービス――公認心理師の誕生と学校心理士のこれから」『日本学校心理会士年報』第9号，5〜20頁．

石隈利紀・田村節子（2003）『石隈・田村式援助シートによるチーム援助入門――学校心理学実践編』図書文化社．

梅川康治（2011）「教師のためのチーム援助研修――堺市の実践『リソース発見研修』」『児童心理』臨時増刊（2011年2月）No. 927, 130〜134頁．

岡本正子・中山あおい（2017）「学校における子どもの虐待問題への新たな支援に向けて――「チーム学校」での教師の役割と地域連携への視点を考える」『子どもの虐待とネグレクト』第19巻 2 号，〔特集 第22回学術集会（おおさか大会）国際シンポジウム〕200〜210頁。

貝川直子（2011）「小学生教師の被援助志向性とバーンアウトに関する探索的研究」『パーソナリティ研究』第20巻 1 号，41〜44頁。

小坂浩嗣・朝日真奈（2012）「援助チームのシステム化と教師の被援助志向性の関連について――スクールカウンセラーとのチーム支援事例から」『鳴門教育大学学校教育研究紀要』第27巻，89〜99頁。

田村修一・石隈利紀（2001）「指導・援助サービス上の悩みにおける中学校教師の被援助志向性に関する研究――バーンアウトとの関連に焦点をあてて」『教育心理学研究』第49巻 4 号，438〜448頁。

田村修一・石隈利紀（2002）「中学校教師の被援助志向性と自尊感情の関連」『教育心理学研究』第50巻 3 号，291〜300頁。

田村修一（2012）「ケースメソッドが教職志望者の『チーム援助志向性』に及ぼす効果」『北里大学一般教育紀要』第17巻，133〜149頁。

田村修一（2016）「チーム援助の事例学習が教職志望の大学生のチーム援助志向性に及ぼす効果」『創価大学教育学論集』第66号，15〜27頁。

田村節子（2001）「援助チーム」國分康孝監修『現代学校カウンセリング事典』金子書房，4 頁。

田村節子（2013）「援助チーム」水野治久・石隈利紀・田村節子・田村修一・飯田順子編著『よくわかる学校心理学』ミネルヴァ書房，72〜73頁。

田村節子・石隈利紀（2007）「保護者はクライエントから子どもの援助のパートナーへとどのように変容するか――母親の手記の質的分析」『教育心理学研究』第55巻 3 号，438〜450頁。

水野治久（2014）『子どもと教師のための「チーム援助」の進め方』金子書房。

水野治久（2017a）「援助要請・被援助志向性の研究と実践」水野治久監修，永井智・本田真大・飯田敏晴・木村真人編『援助要請と被援助志向性の心理学』金子書房，2〜11頁。

水野治久（2017b）「学級経営による子どもの援助――問題行動と学級崩壊を予防する」藤田哲也監修，水野治久・本田真大・串崎真志編集『絶対役立つ教育相談――学校現場の今に向き合う』ミネルヴァ書房，167〜178頁。

水野治久・中林浩子・佐藤博子（2011）「教師の被援助志向性，職場雰囲気が教師のチーム援助志向性に及ぼす影響」『日本教育心理学会第53回大会発表論文集』（北海道学校心理士会・北翔大学）504頁。

文部科学省（2016）「学校現場における業務の適正化に向けて」（次世代の学校指導体制にふさわしい教職員の在り方と業務改善のためのタスクフォース）。

文部科学省 中央教育審議会（2015）「チームとしての学校の在り方と今後の改善方策について（答申）」。
矢部真弓・東條光彦（2011）「中学校教員感情労働尺度構成の試み」『健康心理学研究』第24巻2号，59～66頁。
山口豊一（2012）『中学校のマネジメント委員会に関する学校心理学的研究』風間書房。

学習の課題

(1) あなたが大学において，勉強や大学での人間関係が上手くいかないときに相談できる場所はどこだろうか？　大学内のさまざまな窓口を調べてみよう。

(2) 子どもは学校生活においてどのようなことに悩み，またどのように人に援助を求めるのか？　子どもが頼れる人について考えてみよう。また子どもが相談できる窓口について調べてみよう。

【さらに学びたい人のための図書】

水野治久・石隈利紀・田村節子・田村修一・飯田順子編著（2013）『よくわかる学校心理学』ミネルヴァ書房。
　⇨学校におけるチームによる援助について初学者にもわかりやすく解説。見開きのページでコンパクトにポイントを学べる。

石隈利紀（1999）『学校心理学——教師・スクールカウンセラー・保護者のチームによる心理教育的援助サービス』誠信書房。
　⇨学校心理学のバイブルというべき書。学校心理学の考え方についてじっくりと学びたい人におすすめしたい。

水野治久（2014）『子どもと教師のための「チーム援助」の進め方』金子書房。
　⇨チーム援助の進め方について研究成果と実践をまとめた本。学校での援助をチームでどのように進めていくか解説。

（水野治久）

第13章 教育相談とリスクマネジメント

この章で学ぶこと

ここでは，学校教育におけるリスクマネジメント（危機管理，危機対応）のあり方について明らかにしながら，その時に教師が教育相談の視点から指導，支援をしていくことの重要性について検討していく。その際に，学校教育における教育相談の位置づけに関する政策動向についても確認していく。学校教育におけるリスクマネジメントについては，具体的には，3つの視点から論じている。1つには，日常の学校生活で起こる問題事象・状況への初期対応，2つには，重大事態と判断される問題事象・状況への緊急対応，3つには，問題事象・状況の発生，再発を予防するための中長期的対応である。いずれの場合も，教育相談の視点から取り組みを進めることが重要である。

1 学校教育におけるリスクマネジメント

リスクマネジメント（危機管理，危機対応）は，元々は企業経営における組織的な危機管理のあり方の課題として論じられてきた。しかし，1990年代以降，教育現場においても，個々の担任による対応を超えて，児童生徒に関わる災害・事件・事故，いじめ・不登校問題，体罰問題，虐待問題，ハラスメント，インターネット等に起因する諸問題など，学校教育における問題が社会問題としても注目され，学校としての組織的な対応が求められるケースも増えてきた。しかし，教育現場にはリスクマネジメントの専門家は配置されていない。そのために，時として問題への初期対応で適切さを欠き，逆に大きなトラブルに発展してしまうことも起きている。

こうした学校危機に際しては，次の2つの対応が必要となってくる。

① 管理職を含めて，学校内において関係する教職員がチームを組んで対応し，問題状況の把握と児童生徒理解を土台にして，組織として取り組むこと。
② 学校の管理職と行政機関が密に連携を図り，心理・福祉分野の専門家，医療機関，司法機関等とコンサルテーション会議を開き，専門的な知見を活かしながら，組織として取り組むこと。

なお，「コンサルテーション」に関して，精神科医の細田（2015，14～15頁）は，次のように述べている。

> コンサルテーションとは，専門的な事柄に対する「相談」「診断」をいう。コンサルタントは，ある分野の知識・経験を活かして指導・助言する専門家のことを指す。カウンセリングとの違いは悩んでいる個人の精神的な相談に直接携わるのではなく，その当人を援助する役割にある人物や組織（相談する側＝コンサルティ）に対して助言をすることによって，コンサルテーションを受けた人（コンサルティ）が有効な対応をとれるようにすることである。また，スーパービジョンとの違いは，その分野の専門家を育てる教育における師―弟子のような関係ではなく，対等の立場での契約であり，コンサルティはコンサルタントの助言を採用しない，もしくは，関係を破棄することが容易にできることである。

学校教育におけるリスクマネジメントは，学校生活のなかで発生する問題事象・状況に対する危機管理，危機対応を指しているが，先にも述べたように次の3つの視点から論じる必要がある。1つには，日常の学校生活の中で，まさに起きているさまざまな問題事象・状況に対して，どのように初期対応していくのかである。2つには，重大事態と判断される問題事象・状況に対して，緊急にどのように対応していくのかである。3つには，問題事象・状況の発生や再発を予防するために，中長期的にどのように対応していくのかである。

そのとき対応を求められる対象は，児童生徒，保護者，教師から，行政機関，地域・社会，マスコミなどと，説明責任を伴って，現代的なひろがりをみせている。リスクマネジメントに際して教育相談の果たす役割は，上記の3つの問題事象・状況のいずれの場合にも重要であることをはじめに強調しておきたい。

2　学校教育における教育相談と政策動向

次に，学校における教育相談に関して，文部科学省はどのように位置づけてきたのか，直近の中学校学習指導要領，および解説（2008，2017），生徒指導提要（文部科学省，2010），教育相談等に関する調査研究協力者会議報告「児童生徒の教育相談の充実について」（文部科学省，2017），『生徒指導提要（改訂版）』（文部科学省，2022）から政策動向の変遷を確認しておきたい。

(1) 中学校学習指導要領（2008）

> 【第5章　特別活動　第3-1-(2)】
> 　生徒指導の機能を十分に生かすとともに，教育相談（進路相談を含む。）についても，生徒の家庭との連絡を密にし，適切に実施できるようにすること。

(2) 中学校学習指導要領解説（2008）

> 【特別活動編　第4章　第1節-2】
> 　個別指導の代表的な形態には教育相談があるが，教育相談は，一人一人の生徒の教育上の問題について，本人又はその親などに，その望ましい在り方を助言することである。その方法としては，1対1の相談活動に限定することなく，すべての教師が生徒に接するあらゆる機会をとらえ，あらゆる教育活動の実践の中に生かし，教育相談的な配慮をすることが大切である。また，生徒との相談だけでは不十分な場合が多いので「生徒の家庭との連絡を密に」することも必要である。

2008年版の学習指導要領，および解説では，「教育相談」というキーワードが，個々の生徒への進路相談を含む概念として明記され，家庭との密な連絡も必要があるとされている。教育相談の機能については，個別指導の代表的な形態としつつ，「本人又は親などに，その望ましい在り方を助言することである」として，援助，支援といった機能を強調している。さらに，あらゆる機会に，あらゆる教育活動のなかで，「教育相談的な配慮をすることが大切である」と指摘している。このように，あらゆる教育活動や生徒指導の軸に教育相談を大

切な機能として位置づけている点は重要な到達点といえる。

(3) 中学校学習指導要領（2017）

> 【第1章 総則 第4-1-(1)】
> 　学習や生活の基盤として，教師と生徒との信頼関係及び生徒相互のよりよい人間関係を育てるため，日頃から学級経営の充実を図ること。また，主に集団の場面で必要な指導や援助を行うガイダンスと，個々の生徒の多様な実態を踏まえ，一人一人が抱える課題に個別に対応した指導を行うカウンセリングの双方により，生徒の発達を支援すること。
>
> 【第5章 特別活動 第3-2-(3)】
> 　学校生活への適応や人間関係の形成，進路の選択などについては，主に集団の場面で必要な指導や援助を行うガイダンスと，個々の生徒の多様な実態を踏まえ，一人一人が抱える課題に個別に対応した指導を行うカウンセリング（教育相談を含む。）の双方の趣旨を踏まえて指導を行うこと。特に入学当初においては，個々の生徒が学校生活に適応するとともに，希望や目標をもって生活をできるよう工夫すること。あわせて，生徒の家庭との連絡を密にすること。

(4) 中学校学習指導要領解説（2017）

> 【特別活動編　第4章　第2節-3-イ】
> 　学校におけるカウンセリングは，生徒一人一人の生き方や進路，学校生活に関する悩みや迷いなどを受け止め，自己の可能性や適性についての自覚を深めさせたり，適切な情報を提供したりしながら，生徒が自らの意志と責任で選択，決定することができるようにするための助言等を，個別に行う教育活動である。生徒一人一人の発達を促すためには，個別の指導を適切に行うことが大切であり，特に，高等学校への進学など，現実的に進路選択が迫られる中学校の段階では，一人一人に対するきめ細かな指導は極めて重要である。
> 　特別活動におけるカウンセリングとは専門家に委ねることや面接や面談を特別活動の時間の中で行うことではなく，教師が日頃行う意図的な対話や言葉掛けのことである。

　2017年告示の新学習指導要領，および解説では，これまでの「生徒指導」「教育相談（進路相談を含む）」というキーワードが，「ガイダンス」「カウンセ

リング（教育相談を含む）」という表現に変更されている。なぜ，教育相談からカウンセリングに変更されたのか説明はない。定義をあいまいにしたままキーワードとして使われる場合，教育現場では様々な異なる捉え方が生じてしまうことを危惧している。とくにカウンセリングについては，教育現場へのスクールカウンセラー（以降，SCと言う）の配置が進むなかで，個々の児童生徒や保護者が学校や家庭などで抱える諸課題に対する心理アセスメントに基づく治療モデルによる支援として定着してきている。一方で，日常的に児童生徒と関わる教師は，カウンセリングの理念や技法などの知見に学びながら，教育相談を通して，児童生徒への心理教育的な支援を行っている。こうしたアプローチが生徒指導にも生かされ，効果を促進してきたことは，教育相談は，「生徒指導の一環として位置付けられるものであり，その中心的役割を担うものと言えます」という生徒指導提要の記述からも窺うことができる。

　カウンセリングに，教育相談，進路指導，教師が日頃行う意図的な対話や言葉掛けまでを含めるといった捉え方は，治療モデルとして蓄積されてきた心理臨床の捉え方とは異なる。同時に，これまで教師の行う教育相談は，「学校カウンセリング」とも呼ばれ，「受容・共感的理解・自己一致」の姿勢をカウンセリングマインドとして重視しながら，「学業不振・友人関係・進路・部活・親子関係・異性問題・不登校など」の諸問題の解決を図るための教育モデルによる支援として実践されてきた（國分，1999，2〜9頁）。ここでは，幅広い教育相談の一部の活動内容として，個人やグループを対象としたカウンセリングが位置づけられており，その逆ではない。

　(5)「児童生徒の教育相談の充実について」(2017)

　2017年に教育相談等に関する調査研究協力者会議は，児童生徒の悩みや不安を受け止める相談体制の充実を図る観点から，「児童生徒の教育相談の充実について」を報告している。これまで，教育相談に関する調査研究については，2007年，2009年に同様の報告がなされてきたが，「教育相談の充実に関する基本的な視点や取組の指針となる提言自体の考え方は今でも変わらぬ妥当性を有する」と継続性を強調している。

2017年の報告を受けるかたちで，文部科学省は，「児童生徒の教育相談の充実について（通知）」(2017) を都道府県・指定都市教育委員会教育長，都道府県知事，国立大学法人学長等に行っている。ここでは，次の6点について適切な対応のための指導を要請している。
　① 未然防止，早期発見及び支援・対応等への体制構築
　② 学校内の関係者がチームとして取り組み，関係機関と連携した体制づくり
　③ 教育相談コーディネーターの配置・指名
　④ 教育相談体制の点検・評価
　⑤ 教育委員会における支援体制の在り方
　⑥ 活動方針等に関する指針の策定
　この文部科学省の通知は，教育相談とリスクマネジメントに関わる課題として冒頭に掲げた内容とも重なり，その具体化の促進に期待をしたい。その一方で，2017年版学習指導要領における教育相談の位置づけに関しては，用語やあり方の問題も含めて，今後の検討課題としていく必要があることを率直に指摘した。しかし，他方では，継続・蓄積されている教育相談等に関する調査研究協力者会議による報告「児童生徒の教育相談の充実について」や生徒指導提要などの関連文書の中で，教師による教育相談のあり方，SCやスクールソーシャルワーカー（以降，SSWと言う）を含めた機関連携，教育相談コーディネーターの配置を含めた支援体制づくりなど，今後の取組課題について指摘されていることも重要な到達点として確認しておきたい。
　こうした視点は，改訂された『生徒指導提要』に，発展的に継承されている。

(6) 生徒指導提要（改訂版）(2022)

【第1章 1.1.3.(2) 生徒指導と教育相談】
　教育相談は，生徒指導から独立した教育活動ではなく，生徒指導の一環として位置付けられるものであり，その中心的役割を担うものと言えます。教育相談の特質と，生徒指導の関係は以下のとおりです。
　① 個別性・多様性・複雑性に対応する教育相談
　教育相談とは，一人一人の児童生徒の教育上の諸課題について，本人又は保護者などにその望ましい在り方について助言をするものと理解されてきました。

> （中略）また，社会の急激な変化とともに，児童生徒の発達上の多様性や家庭環境の複雑性も増しています。例えば，深刻ないじめ被害のある児童生徒や長期の不登校児童生徒への対応，障害のある児童生徒等，特別な配慮や支援を要する児童生徒への対応，児童虐待や家庭の貧困，家族内の葛藤，保護者に精神疾患などがある児童生徒への対応，性同一性障害や性的指向・性自認に係る児童生徒への対応などが求められます。その意味では，生徒指導における教育相談は，現代の児童生徒の個別性・多様性・複雑性に対応する生徒指導の中心的な教育活動だと言えます。
> 　② 生徒指導と教育相談が一体となったチーム支援
> 　教育相談は，どちらかといえば事後の個別対応に重点が置かれていましたが，不登校，いじめや暴力行為等の問題行動，子供の貧困，児童虐待等については，生徒指導と教育相談が一体となって，「事案が発生してからのみではなく，未然防止，早期発見，早期支援・対応，さらには，事案が発生した時点から事案の改善・回復，再発防止まで一貫した支援」に重点をおいたチーム支援体制をつくることが求められています。

　教育相談が生徒指導の中心的な役割を担っているという指摘は，この間，筆者も含めて，教育相談に関わる学会・研究会などが，実践研究，事例研究を通して「教育相談を軸にした生徒指導の展開」の有効性を主張してきた論点が反映されていると捉えることができる（春日井・伊藤，2011 82～83頁）。

３　子どもとの出会いと学級担任——学校教育相談の構造に触れて

　毎年，教師は学級担任として，あるいは教科担当として児童生徒と出会う。クラスの子どもたちの情報を引き継ぎながら，「今年も大変だ」とため息をつき，いきなりエンジン全開で新学期が始まったりする。そのまま走り続け，放電ばかりの毎日が何年も続けば，教師もバッテリーが切れてくるのは当然かもしれない。しかし，子どもたちとの出会いや実践は，放電ばかりの日々であろうか。そういったなかで，日々教師を支えているものは何か。教え子の卒業式あるいは招待された結婚式などで，子どもたちが流してくれた涙かもしれない。どこかで言ってくれた「先生に出会えてよかった」というひと言かもしれない。

逆に「そんなんやから，先生は嫌われるんや」という率直なひと言かもしれない。このように教師という仕事は，しばしば子どもたちとの関係からエネルギーをもらい，やりがいを感じることができる職業といえる。

しかし実際には，子どもたちと出会った瞬間から，教師はすでにエネルギーをもらっているのではないか。新学期の子どもたちとの出会いの日を思い出してほしい。これは，親も同様であり，わが子が誕生し出会った瞬間から，親はエネルギーをもらっているのではないか。子どもたちが目の前に存在し，毎日発している生へのエネルギーが，教師や親の存在を意味づけ，エンパワメントしてくれているのではないか。それは，クラスのリーダーである子どもからは充電できて，課題を抱えた子どもには放電しているといったようなプラスマイナスの関係ではなく，さまざまな子どもと縁があって出会い，「ともに生きて存在すること＝共生・共存」から互いに得られるエネルギーである。では，教師は，子どもたちとの出会いからもらったエネルギーをどう子どもたちに返していくのか。そんなことを考えながら，学校における教育相談，すなわち学校教育相談の展開について考えていきたい。

日本学校教育相談学会は，学校教育相談について，「教師が，児童生徒最優先の姿勢に徹し，児童生徒の健全な成長・発達を目指し，的確に指導・支援すること」と定義している（日本学校教育相談学会刊行図書編集委員会，2006, 17頁）。また，学校における狭義の学校教育相談は，教育相談担当とすべての教師を担い手として行われている。その活動内容としては次の4点があげられる（栗原，2002, 38～40頁）。

① 個人やグループを対象としたカウンセリング
② 学級や学年などを対象としたガイダンス
③ 援助者同士が課題解決のために相互支援として行うコンサルテーション
④ 学校内外の援助資源（リソース）の連携，調整を図るコーディネーション

なお広義の学校教育相談は，これらに加えて，教育相談活動の計画立案，調査・検査の実施，資料整備・活用，研修会の企画・実施，広報活動，相談室の管理・運営，評価などが含まれてくる（大野，1997, 130頁）。このような教育相談は，学級担任だけで行うものではなく，同僚の教師やSC，SSW等，関係

者がチームを組んだ取り組みの重要性が増している。

　学校教育相談には，大きく分けて3つの機能が含まれている。1つ目は問題解決的教育相談であり，2つ目は予防的教育相談であり，3つ目は開発的教育相談である。たとえば，事例検討のためのチーム会議の取り組みや児童生徒のいじめ，不登校，荒れなどの課題への指導，支援は，主として個人やグループを対象とした問題解決的教育相談の機能といえる。予防的教育相談は，欠席が目立ったり，元気をなくしていたり，些細なトラブルが目立ったりなど，気になる児童生徒への個別の指導，支援，グループアプローチ，学級指導など，大きな問題発生を事前に防ぐことを主たる機能としている。また，開発的教育相談は，すべての児童生徒を対象として，進路ガイダンス，キャリア教育，ソーシャルスキルトレーニング，構成的グループ・エンカウンター，ピア・サポートなど，広く人間関係の形成や人としてのあり方，生き方などに関わるさまざまな心理教育的指導を主たる機能としている。

　また，学校心理学の視点からは，児童生徒の援助ニーズに焦点化した援助サービスモデルとして，一次的援助サービス（すべての児童生徒を対象とした入学時の適応や対人関係スキルなどの促進的援助），二次的援助サービス（一部の児童生徒を対象とした登校しぶり，学習意欲低下などへの予防的援助），三次的援助サービス（特定の児童生徒対象とした不登校，いじめ，発達障害などへの特別な援助）が提言されてきた（石隈，1999，144頁）。

4　具体的な問題事象・状況への　リスクマネジメントと教育相談

　冒頭で，学校教育におけるリスクマネジメントについて，3つの視点から論じる必要があると指摘した。1つには，日常の学校生活で起こる問題事象・状況への初期対応，2つには，重大事態と判断される問題事象・状況への緊急対応，3つには，問題事象・状況の発生，再発を予防するための中長期的対応である。次に，これらの危機管理，危機対応に際して，教育相談の果たす役割に

触れながら対応のあり方について述べていく。

　なお，体罰，虐待，ハラスメントなど，教師や保護者に関する問題事象・状況もあるが，ここでは児童生徒に関するものに限定して述べる。また，紹介する事例は，いくつかのケースを複合したものであり，個別の事例ではない。

（1）いじめ問題から見える児童生徒の状況と学級担任の役割

　日常の学校生活のなかで，ささいなトラブル，暴力行為，いじめ，不登校などは，どの学校でも起こり得る。トラブルをゼロにすることが，指導や支援の目的ではなく，むしろかけがえのない未熟さを抱えながら成長途上にある児童生徒が，お互いに関わって生きようとするからこそ，プロセスにおいてさまざまなトラブルが発生すると捉える必要がある。しかし，トラブルが多発するなかでは，多様な課題を抱えた子どもたちを，未熟であるがかけがえのない存在として受けとめていく教師の保水力も枯渇しがちである。児童生徒の間に問題を起こさせないという指導の徹底は，その人間関係の断絶と孤立化に拍車をかけるのではないか。「いじめ・不登校撲滅」を掲げたとたんに，失敗をしながら成長していく児童生徒の存在が否定され，問題自体がみえにくくなってしまう。大切なことは，児童生徒に孤立して一人で生きる力をつけることではなく，つながって共に生きる力をつけていくことである（春日井，2008，266～273頁）。

　こう考えたときに，問題事象・状況への初期対応は，トラブルを起こした当事者双方と周囲の児童生徒にとって，その成長につなげていくために重要である。たとえば，いじめ問題に焦点を当てて検討してみよう。「令和4年度　児童生徒の問題行動・不登校等生徒指導上の諸課題に関する調査」（文部科学省，2023）によれば，小中学校，高等学校および特別支援学校におけるいじめの認知件数は，68万1948件であり，前年度よりも6万6597件（10.8％）もの増加である。2020年から続いた新型コロナ感染症流行の影響は大きく，対面での学校生活が復活してくるなかで，トラブルやいじめが急増している。

　この結果を少し丁寧にみると，小学校の認知件数は55万1944件（80.9％），中学校は11万1404件（16.3％），高校は1万5568件（2.3％），特別支援学校は3032

件（0.4％）であり，小学校における認知件数が圧倒的に多い。また，いじめられた児童生徒が誰に相談したか（複数選択）については，学級担任（82.2％）が圧倒的に多く，担任以外の教師，養護教諭，SCなどの相談員といった学校関係者を含めると，計93.1％にのぼる。次いで，保護者や家族（22.0％），友人（5.9％），誰にも相談しない（4.5％）であった。

　こうして概観したときに，初期対応として学級担任の果たす役割の大きさ，学級担任への期待の高さを窺うことができる。キーパーソンは，担任と保護者であるともいえるのではないか。とくに認知件数の大部分を占める小学校の児童に関しては，相談を受けた学級担任がトラブルやいじめの事実確認を双方に行った場合でも，自分の言い分しか言わない，不利益なことは言わない，感情的になってしまう，教師や保護者の顔色を窺う，うまく言語化できないといった状況は多くみられる。そのことで，教師，学校が確認した事実と保護者が確認した事実が食い違い，保護者も感情的になって学校と対立してしまうようなことも起こり得る。教師のほうは，一生懸命取り組んでいるのになぜ理解してもらえないのかと，同様に感情的になる。相談した児童生徒のほうも，「つらくていやだ」といった感情を受けとめてもらえずに，形式的な和解を行おうとする教師に不信をもつ場合もある。

　いじめ問題への指導，支援にとどまらず，日常の学校生活で起こる問題事象・状況への初期対応には，このような児童生徒や保護者と教師との感情レベルのズレが生じやすくなり，問題解決を困難にしている面がある。

（2）日常の学校生活で起こる問題事象・状況への初期対応

　このような場合に，リスクマネジメントの観点から，どのように対応し，指導，支援をしていけばよいのか。「教育相談を軸にした生徒指導の展開」という視点から，日常の学校生活で起こる諸問題への初期対応のあり方について述べておきたい。

a．「聴く」という姿勢

　まず，「聴く」という姿勢と関わりを，指導，支援の入口にすることである。

教師は，授業などにおいても話すことを中心に児童生徒に働きかけることが多い。そのために，聴くという働きかけは苦手な教師が少なくない。「受容，共感的理解，自己一致」というカウンセラーに求められる３つの姿勢が，カウンセリングマインドとして，聴くという姿勢と関わりのなかには包摂されている。この児童生徒に，生活世界はどのように映っているのか，存在に敬意を表しながら耳を傾けること。自分の中に児童生徒と相似形の体験のかけらを探しながら，語られていることの意味を理解しようとする努力をやめないこと。時には，言語化への支援を急がず，一緒に考えることや一緒に居ることから聴くという関わりが始まることもある。

児童生徒のコミュニケーション力が低下している背景には，こうした大人の側の聴く力の衰退があるのではないか。日常的には，職場の同僚と，気になる児童生徒のことや自身の実践の悩みや葛藤などを語り合い，お互いに話すこと，聴くことの双方向の体験を重ねることも，教師にとって重要な練習になる。

　b．感情を聴き取る

次に，児童生徒や保護者の感情を聴き取ること，とくに負の感情への応答を大切にすることである。保護者との関わりのなかで，比較的急激で振幅の大きい感情の動きである情動への丁寧な応答を欠いたことが，取り組みのスタート時点でボタンの掛け違いとなり，問題をこじらせてしまうことが多くみられる。

たとえば，下記のようなケースについて考えてみたい。

> 　学級ですぐに暴力をふるってしまう小学６年生のＡ君がいた。Ａ君にはいつも自分の言動に対する言い分があった。加えて，Ａ君は父親から暴力的な虐待を受けて育っていた。しかし，担任としては，暴力は絶対に許すことができないという気持ちが強く，度重なる状況のために，Ａ君の言い分を丁寧に聴かないで，つい叱責してしまうことが多くなっていった。ある日，同じクラスのＢ君のほうが先に手を出したが，Ａ君はいつものように叱責された。Ａ君は，「先生は，いつも僕のほうが悪いと決めつけている」と帰宅して父親に訴えた。父親は激怒して学校にやってきた。

このような場合，次の2つの感情を受けとめて対応していく必要がある。
　① 父親がなぜ怒っているのか，その怒りの感情を受けとめながら話を聴く。そして，今回の学校の対応の不十分さについては謝ること。そのうえで，父親がA君に対してふるっている暴力の影響について，A君が暴力的な関わりでしか人間関係を結べなくなっていることを伝え，子どもの今後の人間関係と将来のためにもやめてもらうように丁寧に話していく。
　② 大切なことは，暴力的な虐待を受けて育ってきたA君の恐怖感やつらさを受けとめていくこと。そして，A君の話を丁寧に聴かずに決めつけたことを謝ること。そのうえで，暴力はやめようと根気づよく何度でも話していく。
　③ このような父親への対応は，若い担任だけでは難しい場合もある。学年で方針を立てながら，父親と同じような年齢の経験豊かな教師が，担任とペアを組んで一緒に面談することが，チームとして有効な取り組みとなる。

c．教師の理解と支援とは

　さらに，児童生徒の言動の意味を自らに問いながら，理解と支援をしていくことが大切である。教師には，ともすれば理論的な枠組みから分析的に児童生徒の言動を理解しようとする傾向がある。たとえば，担任が，中学1年生のCさんに対して，「Cさんは，発達課題があって，家庭環境にも課題があり，人間関係が苦手であり集団行動に馴染めない」といった捉え方をしていたことがある。ケース会議に参加していた筆者の問いは，「だから，担任のあなたはどうしたいの」という点にあった。具体的には，「Cさんには，どんな発達特性があり，どんな困りごとを抱えているのだろうか」「Cさんの保護者は，子育てのなかでどんな苦労をしてこられたのだろうか」「人間関係が苦手なCさんが，なぜ学級委員にいつも立候補するのだろうか」「その時に，Cさんには，どんな援助が必要なのだろうか」などといった視点から，Cさんの言動の意味を問い直すことである。すぐには解けなくても，こうした問いをもち続けていくプロセスが，有効な心理教育的アセスメントであり，指導，支援につながっていく。
　ここでも前述したケースと同様に，担任1人による問いではなく，同じ学年

の教師集団や教育相談部など，関係する教師がチームを組んで，児童生徒の言動の意味を問い合うことが，機能的なケース会議となり，児童生徒理解にもとづく有効な取り組みにつながっていくことを強調しておきたい。

(3) 重大事態と判断される問題事象・状況への緊急対応

「重大事態」と判断される問題事象に関しては，2013年に成立した「いじめ防止対策推進法」（以降，いじめ防止法と言う）の第28条1項1号，2号に明記されている。すなわち，「いじめにより当該学校に在籍する児童等の生命，心身又は財産に重大な被害が生じた疑いがあると認めるとき」と「いじめにより当該学校に在籍する児童等が相当の期間学校を欠席することを余儀なくされている疑いがあると認めるとき」であり，学校の設置者または学校よる事実関係の調査について規定されている。

学校教育における重大事態は，いじめ問題だけとは限らないが，ここでは，いじめ問題における重大事態に絞って，リスクマネジメントの観点から，教育相談を軸にした生徒指導の視点を踏まえてどのように対応，指導，支援していけばよいのか述べておきたい。

1つには，重大事態の認定については，より広く捉えて，被害を受けた児童生徒の心身の安全，安心のための支援を最優先すべきである。たとえば，いじめによる不登校に関しては，「児童生徒の問題行動等生徒指導上の諸問題に関する調査」における不登校の定義を踏まえ，年間30日間の欠席が目安とされているが，30日という日数だけにとらわれすぎると初期対応を誤り，結果として重大事態を招いてしまうことになる。また，生命・心身・財産への重大な被害に関しては，機械的に基準を設けて対応するような問題ではない。各学校における取り組みの事例を積み重ね，その共有を市町村教育委員会，都道府県教育委員会レベルで図りながら，対応していく必要がある。

この点に関しては，「いじめの重大事態に関する調査のガイドライン」（文部科学省，2017）において，いじめ（いじめの疑いを含む）により，各教育委員会等で重大事態と扱った事例として，以下の事例が紹介されている。

> 　下記は例示であり，これらを下回る程度の被害であっても，総合的に判断し重大事態と捉える場合があることに留意する。
> ① 児童生徒が自殺を企図した場合
> 　軽傷で済んだものの，自殺を企図した。
> ② 心身に重大な被害を負った場合
> 　リストカットなどの自傷行為を行った。暴行を受け，骨折した。投げ飛ばされ脳震盪となった。殴られて歯が折れた。カッターで刺されそうになったが，咄嗟にバッグを盾にしたため刺されなかった。心的外傷後ストレス障害と診断された。嘔吐や腹痛などの心因性の身体反応が続く。多くの生徒の前でズボンと下着を脱がされ裸にされた。わいせつな画像や顔写真を加工した画像をインターネット上で拡散された。
> ③ 金品等に重大な被害を被った場合
> 　複数の生徒から金銭を強要され，総額１万円を渡した。スマートフォンを水に浸けられ壊された。
> ④ いじめにより転学等を余儀なくされた場合
> 　欠席が続き（重大事態の目安である30日には達していない）当該校への復帰ができないと判断し，転学（退学等も含む）した。

　２つには，事実確認にあたっては，まず被害を受けた児童生徒，保護者の主張を丁寧に聴き取りながら，加害児童生徒の主張とすり合わせを行っていくことである。力関係を反映して，被害を受けた児童生徒が，いじめを受けていることを否定するといった事態も往々にして起こり得る。その際に，周辺の児童生徒，関係する教師らからも客観的な状況を聴き取っていく必要がある。学級，学年，全校の児童生徒を対象にアンケート調査を行うこともある。

　なお，事実確認のための調査は，①学校の教師を中心にした学校関係者で行う，②学校関係者と第三者が合同で行う，③学識経験者，心理師，弁護士等からなる第三者調査委員会を組織して行う場合があり得る。日常の問題事象・状況に関しては，学校関係者で行うことが多いが，事例の内容やその後の問題状況の展開を踏まえながら，学校と教育委員会との調整結果や市区町村長，都道府県知事等の判断によって，第三者調査委員会を立ち上げる事例も増えている。

　学校や第三者調査委員会による事実確認の際に重要なことは，学校は教育機

関であり，司法機関ではないということである。期間を区切って，関係者が役割を分担しながらチームとして事実確認を行うことが大切である。その時に，被害を受けた児童生徒と加害児童生徒の主張が，100％一致することは少ない。もちろん，周辺の児童生徒や教師の見解を聴き取り，客観的な状況を補足しながら，事実確認を進める。それでも，当事者しか関わっていない状況において，主張が食い違うことはある。こうした際には，どちらかが嘘をついていると時間無制限で問いただすのではなく，一致点と不一致点を明らかにしながら，一致点においてどのような問題があるのかを明らかにして，次の指導，支援につなげていくことである。

3つには，被害を受けた児童生徒，および保護者に対しては，その心情を察しながら丁寧に対応することである。学校，教師の想像力，察する力が問われている。とりわけ，学校の不適切な対応があった場合には，率直に謝罪すべきである。この点に関しては，先に紹介した「いじめの重大事態に関する調査のガイドライン」（文部科学省，2017）にも，「第5　被害児童生徒・保護者等に対する調査方針の説明等」として，次のような指摘がある。

- 「いじめはなかった」などと断定的に説明してはならないこと。
- 事案発生後，詳細な調査を実施するまでもなく，学校の設置者・学校の不適切な対応により被害児童生徒や保護者を深く傷つける結果となったことが明らかである場合は，学校の設置者・学校は，詳細な調査の結果を待たずして，速やかに被害児童生徒・保護者に当該対応の不備について説明し，謝罪等を行うこと。
- 被害児童生徒・保護者の心情を害する言動は，厳に慎むこと。
- 独立行政法人日本スポーツ振興センターの災害共済給付の申請は，保護者に丁寧に説明を行った上で手続を進めること。
- 被害児童生徒・保護者に寄り添いながら対応することを第一とし，信頼関係を構築すること。

（4）問題事象・状況の発生，再発を予防するための中長期的対応

トラブルであれいじめであれ，学校生活において問題事象・状況が発生したときには，学校には3つの視点からの指導，支援が求められている。

1つには，短期的視点からの取り組みである。これは，次の3点が柱となる。
① 学校による当事者双方，周辺の関係者など，児童生徒からの丁寧な聴き取りと突き合わせによる事実の確認を行う。〈事実確認〉
② その際に担任など，限られた担当者に任せるのではなく，学校がチームとして整理・分析を行い，取り組み方針を立てていく。〈取組方針〉
③ 当事者双方の保護者に対しては，事実確認と取り組みについて，中間報告，最終報告などを丁寧に行い，学校の対応に不十分さがあれば謝罪し，理解と協力を求めていく。〈理解と協力〉

2つには，中長期的な視点からの取り組みである。これは，次の4点が柱となる。
① 当事者双方に関する指導，支援後の様子について，配慮を要する存在として，経過観察を丁寧に行っていくこと。〈経過観察〉
② 観察だけではなく，定期的な面談などを双方に行いながら，その後の関係や感情などの変化について把握しながら励ましていくこと。〈定期面談〉
③ とりわけ被害を受けた生徒，その保護者に関しては，必要に応じてSC，SSW，養護教諭など，第三者による相談を紹介し，ケアを継続すること。〈被害者ケア〉
④ トラブル，いじめの背景，きっかけとなったような学校の体制や環境の見直しなどを行い，同様の事態の再発防止の努力を具体化すること。〈再発防止体制〉

なお「いじめ防止等のための基本的な方針」（文部科学省，2017）では，いじめは，単に謝罪をもって安易に解消とすることはできないとし，「解消している状態」と判断するためには，次の2つの要件が満たされていることが必要であることを明記している。

> ① いじめに係る行為が止んでいること
> 　被害者に対する心理的又は物理的な影響を与える行為（インターネットを通じて行われるものを含む。）が止んでいる状態が相当の期間継続していること。この相当の期間とは，少なくとも3か月を目安とする。

> ② 被害児童生徒が心身の苦痛を感じていないこと
> 　いじめに係る行為が止んでいるかどうかを判断する時点において，被害児童生徒がいじめの行為により心身の苦痛を感じていないと認められること。被害児童生徒本人及びその保護者に対し，心身の苦痛を感じていないかどうかを面談等により確認する。

　3つには，トラブルを双方の成長につなげていくための初期対応の重要性と，中長期的な視点から児童生徒の成長を信じて関わり続けることである。未熟ではあるがかけがえのない発展途上人である児童生徒が，他者と関わって生きようとする学校生活のプロセスにおいて，さまざまなトラブルは起こり得る。その際に，問題行動に込められた子どものSOSの意味を問いながら，深い児童生徒理解にもとづく指導，支援を行っていく必要がある。児童生徒どうしのトラブルの背景に，ソーシャルスキルの乏しさが指摘されるが，スキルは道徳や学級活動の時間で教えれば，それで身につくといったものではない。生きて働くスキルは，学校の日常生活において，失敗しても排除されない学級集団などとともに，練習を重ねながら身についていくものである。児童生徒が，失敗つきの練習ができて排除されない学級・学校づくりが，大きな問題事象・状況の予防となり，児童生徒の成長を支える自治的な集団づくりの場にもなっていく。

引用・参考文献
石隈利紀（1999）『学校心理学』誠信書房。
大野精一（1997）『学校教育相談——理論化の試み』ほんの森出版。
春日井敏之（2008）『思春期のゆらぎと不登校支援——子ども・親・教師のつながり方』ミネルヴァ書房。
春日井敏之・伊藤美奈子編（2011）『よくわかる教育相談』ミネルヴァ書房。
栗原慎二（2002）『新しい学校教育相談の在り方と進め方』ほんの森出版。
國分康孝（1999）「学校カウンセリングへの三つの提言」國分康孝編『学校カウンセリング』日本評論社。
日本学校教育相談学会刊行図書編集委員会編（2006）『学校教育相談学ハンドブック』ほんの森出版。
細田眞司・大西俊江・河野美江編（2015）『学校危機とコンサルテーション』新興医学出版社。

文部科学省（2008）『中学校学習指導要領』。
文部科学省（2008）『中学校学習指導要領 解説』。
文部科学省（2017）『中学校学習指導要領』。
文部科学省（2017）『中学校学習指導要領 解説』。
文部科学省 教育相談等に関する調査研究協力者会議報告（2017）「児童生徒の教育相談の充実について」。
文部科学省（2017）「いじめの重大事態に関する調査のガイドライン」。
文部科学省（2017）「いじめ防止等のための基本的な方針」。
文部科学省（2017）「児童生徒の教育相談の充実について（通知）」。
文部科学省（2022）『生徒指導提要（改訂版）』。
文部科学省（2023）「令和4年度 児童生徒の問題行動・不登校等生徒指導上の諸課題に関する調査結果について」。

> 学習の課題
> (1) 小中学校の時に見たり関わったりした「いじめ体験」について振り返り，その時教師や保護者にどんな対応がしてほしかったのか，話し合ってみよう。
> (2) 中学校で男子生徒から，「上級生から今週中に1万円持って来いと言われている」と相談があった。担任のあなたは，誰に相談しどう対応しますか。
> (3) 生徒指導と教育相談，ガイダンスとカウンセリングについて，その定義や歴史的変遷，欧米の状況なども含めて，違いや関連性について調べてみよう。

【さらに学びたい人のための図書】

細田眞司・大西俊江・河野美江編（2015）『学校危機とコンサルテーション』新興医学出版社。
　⇨いじめ，虐待，体罰，性的被害，事故等，危機的な問題に直面する教育現場におけるコンサルテーション活動について，事例をもとに検討している。

春日井敏之・伊藤美奈子編（2011）『よくわかる教育相談』ミネルヴァ書房。
　⇨教師が多職種連携のもとにチームとして取り組む教育相談の在り方について，問題解決，予防，開発という3つの視点から具体的に論じている。

日本学校教育相談学会刊行図書編集委員会編（2006）『学校教育相談学ハンドブック』ほんの森出版。
　⇨学校教育相談とは何か，学校教育相談の理論と実践，学校教育相談の組織と運営について，学校現場における多様な実践をもとに理論化を図っている。

（春日井敏之）

索　引
（＊は人名）

あ行

愛着　155
愛着関係の再構築　135
愛着形成　135
愛着理論　134
アイデンティティ・クライシス　24
アクティブ・ラーニング　68
アクティング・アウト　139
アセス　126
アセスメント　55, 64, 74, 131
「遊び型」の非行　11
アメリカ教育使節団報告書　9
荒れる行動　145
アンガーマネージメント　110
怒り　62
生きづらさ　140, 142
いじめ　37, 147, 148
いじめの重大事態に関する調査のガイドライン　219, 221
いじめの早期発見　149
いじめの聴衆　150
いじめの認知件数　215
いじめの未然防止　149
いじめへの対処　149
いじめ防止対策推進法　148, 219
いじめ防止等のための基本的な方針　222
一元的な能力主義　144
一次的援助サービス　214
イチャモン　175-177, 179, 186
逸脱　138
1滴のインク技法　119
居場所　145, 146
＊入澤宗寿　5
インクルーシブ教育　166
インターネット　148
SL理論　130
エビデンス　131

＊エリクソン　23
援助チーム　194
援助ニーズ　193
エンパワメント　213
応用行動分析（ABA）　111
陥りがちな思考パターン　113

か行

ガイダンス　3, 52, 209, 213
ガイドライン　45
開発的教育相談　58, 214
開発的・予防的なカウンセリング　11
外部性　46
カウンセラー　151
カウンセリング　3, 71-74, 80, 209, 210, 213
カウンセリングマインド　12, 35, 59, 211, 217
鏡のワーク技法　119
核家族化　144
拡大援助チーム　76, 80-83, 195
過呼吸　39
過剰適応　139, 140
学級づくり　123, 131
学級づくりの目的　125
学級崩壊　15
学校いじめ防止等のための基本方針　60
学校カウンセラー　13
学校カウンセリング　210
学校教育相談　71, 84
学校コミュニティ　71-73, 75, 84
学校コンサルテーション　75
学校適応感　126
過度の一般化　116
観察法　55
感情の共有体験　129
カンファレンス　154
管理統制された生活システム　145
危機介入　72, 84
聴く　40

225

聴くという姿勢　216
＊ギブ，J.R.　129,130
基本的信頼感　134
器物損壊　145,147
虐待　138,191
キャリア教育　214
教育基本法　54,122
教育相談　57,208
教育相談コーディネーター　66,68,72,73,79,81,82,84,211
教育相談等に関する調査研究協力者会議　211
教育相談のシステム　144
教育相談の専門性　151
教育相談を軸にした生徒指導の展開　212,216
教育勅語　60
教育の目的　122
教育モデルによる支援　210
強化刺激　133
共依存　150
教員のメンタルヘルス　65
共感　35
共感的理解　65
教師カウンセラー　42
矯正教育　62
協働　42,68,82
協同学習　136
協働的雰囲気　200
共労的行動　131
緊急支援　47
筋弛緩法　109
苦情　177-179,181,184
グループスーパービジョン　95
訓育的指導　123,124
警察との連携　149
芸術療法　152
傾聴　58
系統的脱感作法　110
傾聴的態度　129
軽度発達障害　15
ケース会議　218,219
嫌悪刺激　133
言語化　39

検査法　56
コア援助チーム　76,79-81,195
攻撃感情　135
攻撃性　154
構成的グループ・エンカウンター　72,214
校則指導　61
行動化　37
行動機能　106
行動理論　133
行動連携　74,80
高度経済成長　144
校内暴力　27
合理的配慮　167
コーディネーション　73,75,80,81,213
コーディネーション委員会　77,79,201
呼吸法　109
個人化　117
個人の尊重　9
誇張と矮小化　116
子どもの最善の利益　17
コミュニケーション　73,74,79-82
コミュニケーション力　217
コミュニティ・スクール　70
コラボレーション　73,75,76
コンサルタント　75,77,78
コンサルティ　75,77-79
コンサルテーション　45,68,73,74,77,78,80,81,201,207,213

さ　行

サイバーいじめ　149
察する力　221
サポート　127
三次的援助サービス　214
恣意的選択　115
自我同一性　24
自己一致　65
自己決定　52
自己肯定感　25,146
自己実現　52
自己指導能力　52,60
自己指導力のある集団　151

自己中心的思考 113
自己同一性 61
自己否定感 146
自子中心主義 173, 186
指示的カウンセリング 10
指示的行動 131
思春期 41, 59
思春期葛藤 59
自傷行為 144
自治的な集団づくり 144, 223
質問紙調査法 56
指摘・お尋ね 177-179
指導の階層性 127
児童虐待 16
自動思考 114
「児童生徒の教育相談の充実について（報告）」20
児童生徒の問題行動・不登校等生徒指導上の諸課題に関する調査 59
児童生徒理解 55
児童生徒理解・教育支援シート 32
指導と受容の融合 63
指導力 65
社会技術訓練（SST）112
社会性と情動の教育 136
社会的適応 2
社会的な自己実現 53
重大事態 207, 219
集団規範 130
集団構造 130
集団目標 130
修復的正義 137
授業妨害 145
守秘義務 14, 43, 83
受容 35, 65
受容・共感的理解・自己一致 210, 217
受容的態度 129
準言語的コミュニケーション 41
小1プロブレム 22
傷 144
消極的生徒指導 51
情動 154

情動機能 106
少年事件 154
情報共有 14
情報連携 74, 80
初期対応 207, 216
職業指導 5
人格の完成 122
心身症 38
身体化 38
心的外傷 138
親密さが抱える暴力性 150
信頼 155
信頼関係づくり 128
心理教育的アセスメント 218
進路指導 8
スーパーバイザー 78
スーパーバイジー 79
スーパービジョン 77-79, 207
スキーマ 114
スクールカウンセラー 13, 20, 42, 57, 69, 193, 210
スクールカウンセラー元年 42
スクールソーシャルワーカー 16, 20, 48, 57, 69, 193, 211
ストレス 2
生活指導 10, 52-54
生活主体 53
生活世界 153
生活綴り方 10
生活綴方教育 53, 144
精神衛生運動 4
生徒間暴力 147
生徒指導 9, 51, 54, 123
生徒指導機能論 52
生徒指導提要 52, 142, 209
生徒指導領域論 52
生理機能 105
積極的生徒指導 51
接近欲求 135
窃盗 144
ゼロ・トレランス 60, 61
全か無かの思考 117

全人的機能　112
「線」への関わり　46
専門性　43
相互コンサルテーション　75,77,80,81,201
相互理解体験　129
相談的指導　123,124
相対的貧困　16
相談室のルール　44
ソーシャルサポート　72
ソーシャルスキル　223
ソーシャルスキルトレーニング　72,112,214
ソーシャルボンド理論　131
＊ソーンダイク，E.L.　4

　　　　　　　　た　行

対応の困難　182
対教師・対生徒への暴力　145
対教師暴力　147
第三者調査委員会　220
対人関係の階層性　130
対人暴力　147
多元的な能力主義　145
多職種連携　153
田中・ビネー式知能検査法　6
＊田中寛一　6
多文化共生の学級集団づくり　144
段階的指導　61
チーム援助会議　74
チーム学校　193
チーム支援　64,66,68,69,71,73-75,77,80,84
チームとしての学校　49,68,71
中1ギャップ　22
中核的な思い込み　114
治療的教育相談　57
治療モデルによる支援　211
通級による指導　159
つながって共に生きる力　215
つなぐ　43
「点」への関わり　46
問い合わせ　181
登校拒否　145
同調圧力　150

透明化　150
特別支援学級　159
特別支援学校　159
特別支援教育　15,158
特別支援教育コーディネーター　15
特別な配慮を要する子ども　155
「どんなふうに考えた」技法　119

　　　　　　　　な　行

内部性　46
二次的援助サービス　214
日本カウンセリング学会　12
日本学校教育相談学会　13
日本臨床心理士認定協会　12
認知機能　106
認知行動アプローチ　109
認知の歪み　113
認知療法　112
ネグレクト　16
ネットワーク　48
ネットワーク型援助チーム　76,82,83,195
能力主義（メリトクラシー）　11,144
望ましい行動　133
ノンバーバルなメッセージ　41

　　　　　　　　は　行

＊パーソンズ，F.　3
バーンアウト　199
パターナリズム　61
発達障害　15,160
発達診断　15
＊パトナム，F.W.　155
＊ビアーズ，C.W.　4
ピア・サポート　86,136,214
ピア・チューター　91
ピア・メンター　92
被援助志向　198
被害者ケア　222
非言語的コミュニケーション　41
非指示的カウンセリング　10
ひみつの友達　91
飛躍的推論　115

索　引

貧困　191
富国強兵政策　7
不登校　12, 36, 145
不登校問題　37
不登校問題に関する調査研究協力者会議　36
＊フロム，E. S.　154
"べき"思考　116
＊ベック　113
ヘリコプター・ペアレント　176, 177, 181
包括的生徒指導　123
傍観者　150
報告義務　43
暴力　144
暴力行為　147, 153
暴力の加害者　154
保護者対応　173, 175, 181
保護者対応トラブル　188
ほどよい距離感覚　151

ま　行

待つ　40
学びのユニバーサルデザイン　137
マネジメント　69, 70, 77, 80
マネジメント委員会　77, 79, 202
マルチレベル・アプローチ　87
ミディエーション　90
民主主義教育　9
無理難題　175, 176, 179
無理難題要求　177
面接法　56
メンタルヘルス　199
「面」への関わり　47
モンスター・ペアレント　176, 177
問題解決的教育相談　214
問題行動　36, 54, 138, 142, 143, 146

や　行

薬物濫用　144

誘導イメージ法　110
要望　177-179, 181
予言的推論　115
欲求階層説　132
「欲求充足型」の非行　11
欲求理論　132
4つのコラム法　120
予防・開発的支援　47
予防的教育相談　58, 214
40分の1と1分の1　186, 187

ら・わ行

来談者中心療法　10, 109
ラベリング　117
リーダーシップ　69, 70, 77, 129-131
理解的態度　129
リスクマネジメント　206
臨床心理士　12
臨床的実践力　154
レディネス　127, 128, 134
連携　42, 68
連絡帳事件　173
＊ロジャーズ，C. R.　10, 74, 108
若い教師　183, 188, 189
わかり合える関係　55, 66

欧　文

AD/HD　133, 162
ASD　162
LD　161
PBIS　136
Q-U　126
SC　57, 124
SCの専門性　43
SEL　136
SST　112
SSW　57, 124

監修者

原　清治（佛教大学副学長・教育学部教授）

春日井敏之（立命館大学大学院教職研究科教授）

篠原正典（佛教大学教育学部教授）

森田真樹（立命館大学大学院教職研究科教授）

執筆者紹介（所属，執筆分担，執筆順，＊は編者）

＊春日井敏之（編著者紹介参照：はじめに，第13章）

＊渡邉照美（編著者紹介参照：はじめに，第10章）

広木克行（神戸大学名誉教授：第1章）

野田正人（立命館大学大学院人間科学研究科特任教授：第2章）

伊藤美奈子（奈良女子大学研究院生活環境科学系教授：第3章）

山岡雅博（立命館大学大学院教職研究科教授：第4章）

中村健（立命館大学経済学部教授：第5章）

菱田準子（元立命館大学大学院教職研究科教授：第6章）

免田賢（佛教大学教育学部教授：第7章）

栗原慎二（広島大学大学院人間社会科学研究科教授：第8章）

庄井良信（藤女子大学人間生活学部教授：第9章）

小野田正利（大阪大学名誉教授：第11章）

水野治久（大阪教育大学連合教職実践研究科教授：第12章）

編著者紹介

春日井　敏之（かすがい・としゆき）
1953年　生まれ。
現　在　立命館大学大学院教職研究科教授。
主　著　『思春期のゆらぎと不登校支援──子ども・親・教師のつながり方』ミネルヴァ書房，2008年。
　　　　『ひきこもる子ども・若者の思いと支援──自分を生きるために』（編著）三学出版，2016年。

渡邉　照美（わたなべ・てるみ）
1977年　生まれ。
現　在　佛教大学教育学部准教授。
主　著　『世代継承性研究の展望』（共著）ナカニシヤ出版，2018年。
　　　　『はじめての死生心理学』（共著）新曜社，2016年。

　　　　　　　　　　　　　　　　　　　新しい教職教育講座　教職教育編⑫
　　　　　　　　　　　　　　　　　　　　　　　　教育相談
　　　　　　　　　　　　　　2019年5月30日　初版第1刷発行　　　　　　〈検印省略〉
　　　　　　　　　　　　　　2024年2月10日　初版第4刷発行
　　　　　　　　　　　　　　　　　　　　　　　　　　　　　定価はカバーに
　　　　　　　　　　　　　　　　　　　　　　　　　　　　　表示しています

　　　　　　　　　　　　　　　　監修者　　原　　清治／春日井敏之
　　　　　　　　　　　　　　　　　　　　　篠原正典／森田真樹
　　　　　　　　　　　　　　　　編著者　　春日井敏之／渡邉照美
　　　　　　　　　　　　　　　　発行者　　杉　田　啓　三
　　　　　　　　　　　　　　　　印刷者　　坂　本　喜　杏

　　　　　　　　　　　　　　　　発行所　　株式会社　ミネルヴァ書房
　　　　　　　　　　　　　　　　　　　607-8494　京都市山科区日ノ岡堤谷町1
　　　　　　　　　　　　　　　　　　　　　　　　電話代表　(075)581-5191
　　　　　　　　　　　　　　　　　　　　　　　　振替口座　01020-0-8076

　　　　　　　　　　　　　　ⓒ春日井・渡邉ほか，2019　　冨山房インターナショナル・吉田三誠堂製本
　　　　　　　　　　　　　　　　　　　ISBN 978-4-623-08195-0
　　　　　　　　　　　　　　　　　　　　Printed in Japan

新しい教職教育講座

原 清治・春日井敏之・篠原正典・森田真樹 監修

全23巻

（Ａ５判・並製・各巻平均220頁・各巻2000円（税別））

教職教育編
① 教育原論　　　　　　　　　　　　　　山内清郎・原 清治・春日井敏之 編著
② 教職論　　　　　　　　　　　　　　　　久保富三夫・砂田信夫 編著
③ 教育社会学　　　　　　　　　　　　　　原 清治・山内乾史 編著
④ 教育心理学　　　　　　　　　　　　　　神藤貴昭・橋本憲尚 編著
⑤ 特別支援教育　　　　　　　　　　　　　原 幸一・堀家由妃代 編著
⑥ 教育課程・教育評価　　　　　　　　　　細尾萌子・田中耕治 編著
⑦ 道徳教育　　　　　　　　　　　　　　　荒木寿友・藤井基貴 編著
⑧ 総合的な学習の時間　　　　　　　　　　森田真樹・篠原正典 編著
⑨ 特別活動　　　　　　　　　　　　　　　中村 豊・原 清治 編著
⑩ 教育の方法と技術　　　　　　　　　　　篠原正典・荒木寿友 編著
⑪ 生徒指導・進路指導　　　　　　　　　　春日井敏之・山岡雅博 編著
⑫ 教育相談　　　　　　　　　　　　　　　春日井敏之・渡邉照美 編著
⑬ 教育実習・学校体験活動　　　　　　　　小林 隆・森田真樹 編著

教科教育編
① 初等国語科教育　　　　　　　　　　　　井上雅彦・青砥弘幸 編著
② 初等社会科教育　　　　　　　　　　　　中西 仁・小林 隆 編著
③ 算数科教育　　　　　　　　　　岡本尚子・二澤善紀・月岡卓也 編著
④ 初等理科教育　　　　　　　　　　　　　山下芳樹・平田豊誠 編著
⑤ 生活科教育　　　　　　　　　　　　　　鎌倉 博・船越 勝 編著
⑥ 初等音楽科教育　　　　　　　　　　　　　　　　　高見仁志 編著
⑦ 図画工作科教育　　　　　　　　　　　　波多野達二・三宅茂夫 編著
⑧ 初等家庭科教育　　　　　　　　　　　　三沢徳枝・勝田映子 編著
⑨ 初等体育科教育　　　　　　　　　　　　石田智巳・山口孝治 編著
⑩ 初等外国語教育　　　　　　　　　　　　　　　　　湯川笑子 編著

ミネルヴァ書房
https://www.minervashobo.co.jp/